文化部文化艺术科学研究项目最终成果
项目名称：海上丝绸之路妈祖信俗艺术研究（15DH66）

妈祖图像
审美文化研究

王英暎 著

文化艺术出版社
Culture and Art Publishing House

图书在版编目（CIP）数据

妈祖图像审美文化研究 / 王英暎著. —北京：文化艺术出版社，2021.12
ISBN 978-7-5039-7138-9

Ⅰ.①妈… Ⅱ.①王… Ⅲ.①祖先神—审美文化—研究—中国 Ⅳ.①B933

中国版本图书馆CIP数据核字（2021）第219432号

妈祖图像审美文化研究

著　　者	王英暎
责任编辑	刘锐桢
责任校对	董　斌
书籍设计	姚雪媛
出版发行	文化藝術出版社
地　　址	北京市东城区东四八条52号（100700）
网　　址	www.caaph.com
电子邮箱	s@caaph.com
电　　话	（010）84057666（总编室）　84057667（办公室） 　　　　　84057696—84057699（发行部）
传　　真	（010）84057660（总编室）　84057670（办公室） 　　　　　84057690（发行部）
经　　销	新华书店
印　　刷	鑫艺佳利（天津）有限公司
版　　次	2021年12月第1版
印　　次	2021年12月第1次印刷
开　　本	710毫米×1000毫米　1/16
印　　张	22.25
字　　数	270千字
书　　号	ISBN 978-7-5039-7138-9
定　　价	98.00元

版权所有，侵权必究。如有印装错误，随时调换。

序

福建师范大学美术学院王英暎教授传来《妈祖图像审美文化研究》手稿，嘱托我写个序言。两个原因使我无法谢绝英暎教授的抬爱：或由于英暎教授以图像为视角，切入妈祖形象的研究，与我们经年竭力倡导的"形象史学"有太多联系；抑或更是因为妈祖与我有些不解之缘。

对于妈祖，我有无法清晰描述的感情。2020年10月底，我照例应邀到湄洲岛参加一年一度的"世界妈祖大会"，但临行前，突发严重心梗，被送到医院抢救。出院后，代替我去参会的朋友对我开玩笑说："我们替你拜了妈祖，你才转危为安的。你要谢谢妈祖！"我莞尔一笑。

其实我与妈祖初次结缘，是20世纪90年代的事。那时候，我与北京大学汤一介先生共同编纂《道书集成》，从社会上收集了一些妈祖信俗的原始资料。我们不知道妈祖是否可以归入道教。为此，我专门请教了李养正先生和国家宗教局佛道司，最后的结论是妈祖应该归入道教。第一次与妈祖见"面"，很生涩。现在看来，把妈祖信俗归入道教，似乎也有点唐突。

2013年，我们受福建省的委托帮助整理妈祖文献，编纂《妈祖文献整理与研究丛刊》。是年秋季，我们课题组一行第一次来到莆田。从此，我们与妈祖的缘也渐行渐近。妈祖的故乡莆田作为海上丝绸之路文化的起点，是我们的建议；强化妈祖信俗，抵御外来宗教的侵蚀，是我们的建议；把妈祖文化的海洋观作为中国传统海洋观的主题内容，也是我们的建议。嗣后，"世界妈祖大会"也就成为每年的盛事。我每年都会来莆田，我与妈祖的缘也越结越深。

我们每个人都有母亲，中华民族也应该有自己的母亲。与妈祖见面多了，我才渐渐意识到我与妈祖的缘，其实缘自埋藏在中华民族文化骨子里的"母亲意识"。英暎教授在《妈祖图像审美文化研究》中说："在这里，人们寄情于神像，借助与和蔼可亲的妈祖神像交心交谈，来向虚拟的'母性之神'诉说委屈，寻求解除精神苦闷的途径。"英暎教授的论述恰中肯綮，是的，相较于西方文化，中华文化的"母亲意识"十分突出。母亲意识，抑或可以称为"母性意识"，是一种既有生物性又有社会性的双重心理结构，是母系社会"母性崇拜"的遗存。在历史文化发展过程中，因重构而放大为"母亲意识"，从而演变成西王母、后土夫人、碧霞元君、观音、妈祖等具象符号的"母性文化"。经学对"圣人无父"的追述，对孝敬母亲的要求，道家的母体本位、中国佛教对观音的女性化改造等，都是母亲意识的体现。在现代的语汇中，我们还常常把祖国、江河、故乡等等比喻为母亲，实际是凸显母亲的亲近与慈爱，弘扬母亲特有的养育、保护的美德。我的一位已毕业的学生，她的博士学位论文便是以妈祖为中心，研究中国文化的母亲意识。

作为读书人，我是一个没有宗教信仰的人，对信俗文化，也多认为是迷信，予以排除。但是妈祖的形象，我总感到很亲近，这或许是因为自己内心深处的"母亲意识"吧！仔细拜读英暎教授《妈祖图像审美文化研究》，这种亲近感更加强烈。书中用了很多图像对妈祖的形象进行了文化解析，其中许多图像，我还是第一次见到。有些解读，也很有深度："妈祖图像，其实代表的不单单是一千多年前那位舍己救人的林默娘，而且凝聚着五千年浑厚、庄重的中华文化，有着中华儿女的智慧和勇敢的精神，有着千千万万天下母亲悲悯慈爱的胸怀，凝缩成一句话，就是'宽容的悲悯和庄重的理想'。"其实，"宽容的悲悯和庄重的理想"也可以用来解释碧霞元君、冼夫人、观音等女神的造像，这些造像与妈祖一样，已附加上中国人对母亲的理想与追忆。

以图像为视角研读妈祖，以图释文，或以文释图，很有意义。我们称古籍叫图书。传说图书就是"河图洛书"的简称。古人说，伏羲的时代，有龙马从黄河出现，背负"河图"；又有神龟从洛水出现，背负"洛书"。伏羲根据这种"图"和"书"画成八卦，就是后来《周易》的来源。孔子曾说过："河不出图，洛不出书，吾已矣夫！"传说不是历史，但传说是历史的产物。也许我们可以得到一些启示，即在文字出现之前，图画和符号已经作为传播信息的工具了。我们倡导的"形象史学"，其目的便是强调把图像作为史料，与传世文献比较互证，把历史的形象栩栩如生地展示给读者。

英暎教授的《妈祖图像审美文化研究》一书，内容质朴率真，论述敦厚平实，版面图文并茂，文字晓白流畅，非常值得一读。兹缀数语，以弁其首。

孙 晓

2021年9月

目 录

绪 论 / 1

第一节 研究动机及目的 / 3
第二节 相关研究成果 / 5
第三节 研究范畴及方法 / 12
　　　　一、图像范畴与概念的界定 / 12
　　　　二、研究方法 / 13

第一章 妈祖形象与图像形制 / 17

第一节 中国海洋崇拜和海神形象 / 21
第二节 妈祖信仰与妈祖形象演变 / 28
　　　　一、宋代——神女 / 28
　　　　二、元代——护漕天妃 / 33
　　　　三、明代——女神之首 / 35
　　　　四、清代——圣母天后 / 38

五、现代——和平女神 / 39
    第三节   妈祖形象演变与中国民间信仰造神规律 / 42
                一、造神的宽泛性 / 42
                二、造神的世俗性 / 44
                三、造神的时代性 / 45
    第四节   妈祖信俗图像的形式与内容 / 46
                一、肖像式妈祖图像的材质与工艺 / 46
                二、妈祖圣迹叙事式图像的材质与工艺 / 51
    第五节   妈祖图像与神职功能 / 58
                一、护航 / 58
                二、祖先崇拜 / 59
                三、地方保护神 / 61
                四、财神 / 63
                五、妇婴保护与送子 / 64

第二章   妈祖图像衍流 / 67

    第一节   宋元时期妈祖图像的"写真"表现 / 70
                一、宋元文化与妈祖图像 / 70
                二、传世的宋元时期妈祖图像 / 72
                三、宋元时期妈祖图像的造型特征 / 77
    第二节   明代妈祖图像的神圣性诠释 / 79
                一、明代文化与妈祖图像 / 79
                二、传世的明代妈祖图像 / 82
                三、明代妈祖图像的造型特征 / 86

第三节　走向概念与标准化的清代妈祖图像 / 88

　　一、清代审美理念 / 88

　　二、传世的清代妈祖图像 / 88

　　三、清代妈祖图像的造型特征 / 91

第四节　近代妈祖图像的式微与变异 / 93

第五节　中国港澳台地区与海外地区的妈祖图像 / 96

小　结 / 106

第三章　图像中的妈祖服饰与相貌 / 109

第一节　妈祖图像的服饰文化 / 112

　　一、宋代妈祖图像的夫人服饰 / 113

　　二、元明妈祖图像的天妃服饰 / 115

　　三、清代妈祖图像的天后服饰 / 117

第二节　妈祖姿态 / 126

第三节　妈祖图像相貌的拓展意义 / 130

　　一、妈祖的年龄和面貌 / 130

　　二、妈祖的面色 / 132

　　三、妈祖与观音的造型姿态 / 134

第四章　妈祖肖像式图像的多元观看 / 137

第一节　妈祖肖像式图像的组合形式与视觉观看 / 140

　　一、肖像式妈祖组合群的组合方式 / 141

二、妈祖组合图像的视觉观看 / 150

三、肖像式图像中的传统美学观念 / 152

第二节　妈祖肖像式图像的性别身份与观看方式 / 157

一、妈祖图像与"符号身体" / 158

二、妈祖图像身体性别与男性视角观看 / 161

三、妈祖图像性别特征与信众心理需求的多重互动 / 162

四、妈祖图像的社会性别 / 164

第三节　室内妈祖图像的神圣空间场域 / 166

一、图像与"仪式空间" / 167

二、室内过渡空间的虚拟功能 / 169

三、室内"仪式空间"的采光 / 171

四、神像形制与神圣空间 / 172

五、妈祖神像与空间装饰 / 174

第四节　室外妈祖图像的公共空间场域 / 177

一、室外造像与自然环境 / 177

二、室外造像大小 / 179

三、室外造像的轮廓影像 / 180

四、室外造像的多视点观看 / 181

第五章　妈祖圣迹图图像 / 183

第一节　妈祖圣迹图图像的叙事方式 / 186

第二节　关于"妈祖诞降"图像的案例分析 / 193

一、叙事实践及艺术价值取向 / 193

二、文图关系 / 196

    三、观念变革 / 198

第三节 圣迹图图像在区域间的变异 / 202

    一、湄洲岛的渔女形象 / 202

    二、霞浦松山妈祖图像中的女英雄形象 / 204

    三、闽南漳浦地区的妈祖宗亲形象 / 207

第四节 莆田妈祖圣迹图图像中的双重角色 / 212

第五节 妈祖圣迹图图像中的民间形象与官方形象 / 218

第六章 妈祖图像的传承 / 223

第一节 妈祖图像的赞助者与制作者 / 225

第二节 妈祖图像技艺的交流 / 237

第三节 妈祖图像工艺的传承 / 244

第四节 妈祖图像艺术的保护 / 250

第七章 文化交流下妈祖图像的演变 / 257

第一节 妈祖图像模式化与权威地位的确立 / 259

    一、图像模式的合法性 / 259

    二、图像模式的权威性 / 260

    三、图像模式的稳定性 / 266

第二节 妈祖图像的流传 / 269

    一、妈祖图像流传的广泛性 / 269

    二、妈祖神像漂移的传说 / 273

    三、妈祖图像流传的双向性 / 276

　　　　　四、妈祖图像流传的向心性　/　279
第三节　文化视角下的妈祖图像　/　288
　　　　　一、马特里夫旅游报告中的南澳女神插图　/　288
　　　　　二、《第二、三次荷兰东印度公司使节出使大清帝国记》
　　　　　　　插图　/　291
第四节　妈祖图像的误读　/　296
　　　　　一、图像的误读　/　296
　　　　　二、图像的意义　/　299

第八章　现代妈祖图像的形象符号编码与意义建构　/　303

第一节　地域文化观念中的现代妈祖造型　/　306
第二节　现代信仰观念下的妈祖图像造型　/　312
第三节　现代审美观念下的妈祖图像造型　/　317
第四节　现代文化心理观念下的妈祖图像造型　/　322
第五节　新时代妈祖形象的图像建构　/　325

结　论　/　329

参考文献　/　335

后　记　/　341

绪论

第一节
研究动机及目的

妈祖本是福建莆田湄洲岛上的一名普普通通的渔家女子。她姓林名默,善良、勇敢,经常在海上奋不顾身地拯救遇难的渔船渔民,后来在一次救海难中不幸殉身。爱戴和敬仰她的百姓们,将她神圣化、偶像化,尊为"海上女神",直至今日被称为"世界和平女神"。妈祖信仰发轫于福建,后传播至中国其他地区及全球华人聚居地,其中又以东南沿海地区最为盛行。妈祖扶危救险、拯人济世、扬善除恶的精神被广泛传颂,并汇聚成一种文化现象。妈祖信仰是特定的文化背景下历史的共同选择,并形成文化上的延续。这种文化延续性是中国历史政治的需要,也是中华儿女精神生活的需要。这种特殊的文化延续又化作一股精神力量,将全球华人紧紧联结在一起。

妈祖信仰及社会生活中产生和存在的大量妈祖图像是笔者的兴趣点。妈祖信俗图像跨越了千年漫长的时空。妈祖的图像造型,从清秀飘逸的巫女到高髻长袖的夫人再到凤冠蟒袍的后妃,这样从朴实到华丽再到庄严,是什么左右着图像的改变?

妈祖信俗图像是在信仰中由信众创造出来的,是妈祖信仰的物质体现。那么,图像如何体现信仰意义?信仰又如何利用图像呢?

妈祖信俗图像见证了海上丝绸之路人民千百年的来往交流,那么,其中的源与宗、流与变又在哪里?脸色、年龄、服饰形象不一的妈祖图像,难道是随意而为的？

妈祖图像亦凝结着各个地区的社会意识、思潮、史观，受到诸多因素的影响，这些又是如何具体表现的呢？

在全球化的世界舞台与现代文化建构中，妈祖图像的意义何在？

在动笔前，这些疑惑在笔者心中构成一个个大大小小的问号，藏在图像后面的是一片诱人探索的缤纷而广辽的未知世界。妈祖信仰图像就像是一块未被剖切的璞玉，吸引着我用自己微薄的力量去剖析，去发现它的价值所在。

第二节
相关研究成果

20世纪上半叶德国著名作家库尔特·图霍尔斯基说："一帧图像胜过一千个词语。"宋人郑樵曾说："古之学者为学有要，置图于左，置书于右，索象于图，索理于书。"明人顾秉谦在王圻、王思义编集的《三才图会》的序中也谈到图像的重要性："夫书与言之所不能尽者，不假之图，将何以自见哉。"在人类文化发展历程中，图像蕴藏着丰富的信息，是独特又形体生动直观的见证，这在国内外已形成共识。图像研究在宗教信仰艺术研究中占有着相当重要的地位，国外很早就注意到宗教信仰图像研究的重要性。虽然中国是个民间信仰历史悠久的国度，保留了数量众多、种类丰富的信仰图像，但自古主流观念中，存在着对表现民间宗教信仰艺术的轻视态度，使信仰图像一直不受重视。曾有一段时期，宗教信仰图像还被视为封建落后的产物，极少学者涉足，很长一段时间甚至无人问津。由于政治、文化、思想等多方面原因，国内宗教信仰图像研究不仅起步晚、发展慢，而且涉及范围不够宽广。

而国外学者，很早就对中国神秘独特的宗教信仰中神祇图像产生兴趣并进行研究，获得了一些成果。如日本松原三郎在《中国佛教雕刻史研究》（东京，1966年）一书中，分析北魏至五代的佛教造像时代风格的演变，讨论不同时期不同地域的佛教雕刻图像与风格上的区域特点，为中国佛教美术史的研究开创了一个新局面。汤普森（Thompson Laurence

G.）致力于中国道教人物画研究，其《道教肖像》(*The Encyclopedia of Religion*, Mircea Ekuadem ed., New York, Macmillan, 1987) 一文重在揭示道教肖像画的象征性。神塚淑子（Yoshiko Kamitsuka）的《六朝道教造像中的老子》(*Lao-tzu in Six Dynasties Taoist Sculpture*, State University of New York Press, 1998) 讨论了早期道教中的老子偶像所具有的内涵。旅美学者巫鸿的《汉代道教美术试探》一文将美术考古与图像分析综合起来，分析对象不仅仅是西王母图像及道教中主神与群神图像，还包括了对图像创作动机、社会环境及观者反应等的深入细致考察。这些国外学者目光更多地投向中国宗教文化中处于主流地位的佛和道造像图像，而对中国广泛的民间信仰神像图像关注不足。

新时期以来，我国学术界对宗教信仰、神祇图像开始关注，发表了一批相关的论著，也取得了相当的成就。如《中国民间美术全集·祭祀编·神像卷》（山东教育出版社1993年版）一书收集了中国民间寺庙的雕塑神像图像，潘鲁生在篇首"概述"一文对中国神像的造像思想、风俗背景，以及神像的艺术形式、特征做了宏观的概括论述，但对具体作品并没有做详细深入的探讨。宋兆麟等主编的《中国民间神像》（学苑出版社1994年版）侧重于民俗学与民间文化研究。周博、孙欣、孙建君编著的《民间神像》（天津人民出版社2001年版）一书以一图一文的方式，对中国民间供奉神像的来源传说做了较详细的讲解。李淞的《论汉代艺术中的西王母图像》（湖南教育出版社2000年版）对汉画像石中的西王母神话题材和形象进行了研究与探讨。张育英的《中国佛道艺术》（宗教文化出版社2000年版）一书以两个章节介绍中国佛教和道教绘画艺术与雕刻艺术。巴莫曲布嫫的《神图与鬼板：凉山彝族祝咒文学与宗教绘画考察》（广西人民出版社2004年版）将图片与文字有机结合，揭示神图与鬼板作为一种历史悠久、蕴意深厚、形象生动的宗教文化，是毕摩巫术符咒的活化石形态与典型表征。林国平、汪洁的《闽台宫庙壁画》(九州出版社 2003 年版)收集闽台地区的二百多座宫庙的壁画资料,对宫庙壁画图像的艺术价值及其在宗教史及思想史研究中的意义做了深入的分析,填补了闽台宗教壁画研究的空白。相关论文还有段玉明的《中国祠庙的造像》(《寻根》1997 年第 4 期)、张鹏的《古代民间神祠壁画中的人神互动》(《艺术探索》2007 年第 3 期)、金立敏的《闽地寺观壁画研究》(《艺术探索》2008 年第 1 期)、汪小洋的《汉画像石中西王母中心的形成与宗教意义》(《南方文物》2004 年第 3 期)等,皆针对信仰图像做了深刻的剖析。这些著作主要侧重于从历史学、宗教学、民俗学、文献学、考古学、人类学等角度展开宗教信仰图像研究,倾注了这些学者们辛勤劳动的汗水与心血,具有相当高的文化与学术研究价值,可谓是硕果累累,为中国信仰图像艺术理论的深入研究奠定了重要的基础。

近年来,随着对中国传统文化的定位的改变,各地保存本土文化的意识抬头,本土文化与民俗艺术逐渐被重视,其中妈祖信仰较突出。妈祖信仰起源于北宋末年福建省莆田地区,妈祖开始主要是作为航海安全的守护神在中国南部沿海地区被信仰,随着福建人发展海外贸易,妈祖信仰开始在亚洲各地发展,在中国台湾、东南亚和日本等地传播尤盛。如今在妈祖文化寻根热的推动下,海内外越来越多学者开始投入妈祖信仰文化这一课题的研究中,并获得一批相当可观的成果。其中,有少数学者已经注意到妈祖信仰图像的研究价值,在他们的著作中开始涉及妈祖信仰图像的一些内容。如中国台湾学者席德进的《台湾民间艺术》(台湾雄师图书公司 1974 年版)一书对即将消失的台湾民间艺术做实地观察和采集,内容包含皮影戏、陶器、版印、彩绘、壁饰、糊纸、砖刻、家具等,并对妈祖信仰的神像艺术做了简单的介绍,这是台湾研究民俗信仰艺术较早的著作,对之后学者有一定的启示作用,可惜其篇幅有限,论及妈祖信仰艺术的部分很少。此后，妈祖图像越来越受到关注，中国台湾学者刘文三的《台湾神像艺术》(台湾艺术家出版社1981年版)一书，其中亦提到妈祖信仰及神像造型风格，指出妈祖造像的特殊风韵与美感。该书侧重于文本研究和线性描述，其间以丰富的田野资料，展现了台湾现存妈祖信仰神像的实态和存在方式。虽然字数不多，但其能以画家的视角深入民间做调查访问、收集与研究，从民间宗教中挖掘艺术之美，诚为可敬可佩。此书也成了后学者了解中国台湾宗教艺术形态的重要著作。陈清香的《北港朝天宫内供像造形初探——以正殿妈祖像和观音殿观音像为例》(《妈祖信仰国际学术研讨会论文集》，台湾台北财团法人北港朝天宫董事会、台湾文献委员会1997年版)一文从历代封号的外形服饰来对妈祖造像样式作推测研究。蔡相辉在《妈祖信仰的二元价值》(《台中县妈祖国际学术研讨会论文集》，台湾台中县文化局2007年版)一文主要是从对湄洲元代石雕像疑为泗洲文佛的考察展开对妈祖身份的猜测。谢宗荣的《妈祖的神格及其造像艺术》(《台湾妈祖文化展》，台湾历史博物馆编，2008年)对妈祖神像供奉的类型及造型做简单的分类介绍。日本学者松下久子《日本妈祖像的传播和变迁——站在美术史的视角》(《妈祖调查研究报告书》，康真堂，2010年)从妈祖像的形态分类、样式与变迁、系谱三个方面来研究妈祖像在日本的传播状况。楠井隆志、鸟越俊行的《长崎市·兴福寺所藏妈祖倚像·侍女立像》(《东风西声》2011年第7期)以雕塑学的视角对长崎市兴福寺所藏的妈祖雕像及侍女立像进行多方面的考察，并且肯定其文化意义和艺术价值。

  大陆也逐渐开始重视妈祖信仰中产生的图像，如林祖良编撰的《妈祖》(福建教育出版社1989年版)、吴玉贤主编的《海神妈祖》(外文出版社2001年版)两本书，通过收集福建各地留存的有关妈祖信仰文物、遗迹等图像，从妈祖祖庙祖祠、身世生平、信仰传播、神话传说、建筑艺术、祭器仪仗、节日庆典等几个方面,用清晰的图片、翔实的资料和精简扼要的文字为我们展示了丰富多彩的妈祖文化,阐释妈祖信仰的起源、流传的轨迹,揭示妈祖民俗文化的丰富内涵。由中华妈祖文化交流协会策划的《中华妈祖圣像大观》(海风出版社2016年版)汇集了海峡两岸暨香港、澳门地区约400座妈祖庙宇里供奉的圣像的图片,展示了妈祖造像的艺术魅力。《妈祖文献史料汇编》(中国档案出版社)共三辑,从著录、史摘、匾联、经签、方志、绘画各方面介绍了妈祖文化内容精要。这些文献史料图片丰富且精美,里面有一些有关妈祖信俗的图像资料为本文提供了很好的参考。可惜的是,这套书仅止步于对妈祖信仰文物图像的收集和简单的介绍,未能对妈祖图像的诸多价值做进一步挖掘和研究。也有一些与妈祖图像艺术、美感特征相关的论文发表,如肖一平、林祖韩的《宋代木雕天妃神像》(《妈祖研究资料汇编》,福建人民出版社1987年版),陈存洗的《略谈一尊明代妈祖白瓷像》(《福建文博》1990年第1期),陈国强、林瑞霞的《莆田清风岭天后宫及宫中妈祖神像》(《两岸学者论妈祖》第二集,香港闽南人出版有限公司1999年版)等,由于篇幅太短,读之有意犹未尽之感。还有一些是对妈祖圣迹故事式图像的相关研究,如德国鲁克思(Dr.Klaas Ruitenbak)的《绘画和木版画中的海上保护神妈祖》(《1995年澳门妈祖信仰历史文化研讨会论文》,1998年)一文中分析了壁画圣迹与版刻圣迹中的图像形式的差距与融合。李露露的《妈祖神韵——从民女到海神》(学苑出版社2003年版)以中国历史博物馆藏《天后宫过会图》及清代许叶珍配文的《天后圣母事迹图志》等作为图像文献依据,运用民俗学方法对妈祖信仰中妈祖身世、职能及信仰传播等做较深入的研究。罗春荣的《妈祖传说研究》(天津古籍出版社2009年版)以大量章节从传说的角度对《天后圣母圣迹图志》《天后圣母事迹图志》中描绘的妈祖事迹内容进行研究,从神话学角度解读妈祖传说的深刻内涵及其强大生命力的根源。徐晓望的《闽澳妈祖庙调查》（澳门中华妈祖基金会2008年版）将历史学与人类学研究方法相结合，从文献中整理有关妈祖信仰的起源、发展与传播，并对松山天后宫挂图作详细研究，挖掘其图像的思想依据。

这些论著都是妈祖文化研究值得参考的资料，其中对妈祖信俗图像虽然有所触及，但大多只是对部分妈祖信俗图像做较简单的导览式介绍，或将图像作为文献的附带材料，并没有对妈祖图像做多角度较深入的理解与评价，或者只注重图像所表现的内容，而忽略了图像本身的艺术形式美与抽象含义，而这些都将成为本文研究的重点。

另外，与本研究相关的硕士学位论文有：2002年，台湾王永裕的《台湾妈祖造像群图像艺术研究》，以美学和艺术理论方法，整理分析台湾妈祖、千里眼、顺风耳造像艺术所呈现出的台湾本土艺术风貌，文中对妈祖图像的研究更多是在图像志层次，而未对图像背后蕴含的文化意识因素做深入研究；2006年，有三十余年雕塑经验的台湾吴荣赐的《台湾妈祖造像美学研究》侧重以在场性的创作实践来研究台湾妈祖造像美学，以造像工作者的视野观察当代妈祖信仰的现象；2008年，台湾李美娟的硕士学位论文《台南地区妈祖造像研究》以台南地区现存妈祖庙内所供奉的妈祖神像作为研究的对象，企图厘清妈祖信仰传入台南后，其神话叙述和造像风格的演变，以及妈祖造像所具备的宗教性、社会性、艺术性特征；2008年，邱志军的《莆田文峰宫妈祖夫人像图像分析及年代考证》以莆田文峰宫的一尊古代文物妈祖夫人神像作为研究个例，从美学的角度进行分析，揭示其文化蕴涵，并对这尊妈祖夫人神像做出较为确切的考证。这些论文都为本文提供了很好的素材。但以上论述要么涉题甚广，常常带有线性思维的特征，对图像现象更多是作全景式简略描述；要么只截取区域性信仰艺术的部分，缺乏研究文化背景的整体性。人们对妈祖的形象是如何想象出来的，在什么样的文化形态下，以怎样的艺术形象、艺术手段来表现？不同的地理特征、历史传统和社会体制又是怎么影响这些图像的？妈祖信仰在传播扩散过程中又是如何利用图像进行宣传与吸引信众的？在海上丝绸之路的妈祖图像，文化环境不同，图像有何变化？妈祖信俗图像在跨地域文化交流中又产生了什么样的变化？这些都是本文感兴趣的研究方向。

"文化的所有向度都可以通过非语言的视觉形象来展示"，图像是视觉文化重要的一部分。我们可以从图像与文字等视觉资料中寻找物质化和浓缩了的妈祖信仰文化，探求各个时代塑造的不同妈祖信俗视觉形象出现的背景与根源，触摸不同时代人文的心跳与脉搏。

第三节
研究范畴及方法

一、图像范畴与概念的界定

本文的研究对象为图像，图像的概念在一般人心目中既广泛又模糊。在艺术研究中，图像作为艺术理论的一个重要范畴，一直广受关注。但对图像的概念定义，一直存在各种争议。如英文的图像一词，常被译为 picter、image、figure 等，每个词表达的意义都相当模糊，让人难以辨别清楚。中文汉语中"图像"一词的使用也比较复杂。北魏郦道元《水经注·漯水》中说："其神图像，皆合青石为之。"其中"图像"意为形象或肖像。晋傅咸《卞和画像赋》中说："既铭勒于钟鼎，又图像于丹青。"其中"图像"意为"画图像"，"图"为动词，"像"为名词，组成动宾结构。

按笔者的理解，图像的含义有广义与狭义两种。广义的图像是各种图形和影像的总称，是对视觉感知的映像，现代多媒体影视形象、戏剧表演形象等都可包括在内。狭义的图像仅为可视可触的静止图形与造像，即平面的"图"与立体的"像"。本文中研究的图像为狭义范围，图像范畴定为平面图形和立体造像。其中，平面图像包括版印图像、壁梁彩绘图像、纸绢图轴图像等，立体造像包括软身神像、木雕神像、泥塑神像、砖烧神像、陶瓷神像、石雕神像、纸扎神像等，根据研究需要，平面图像与立体造像都可分为肖像式、圣迹叙事式两种形式。

二、研究方法

宗教信仰图像研究虽然不是一个新话题，但以往相关研究多以综述性和概论性为主，做具体细致的个例研究不多。如果能以跨学科多维度、多视角的合构，将妈祖图像文化综合加以考察，就文化的整体性而言，应当更有利于认识妈祖文化的价值，有助于妈祖文化的重新解读。笔者在进行这项工作的过程中逐渐认识到，只有将妈祖信俗图像研究与图像学、美学、社会学、民俗学、人类学等方法结合起来，做综合性的、交叉性的研究，才能更加贴近其真实存在状况。如果能将史学资料与图像资料研究相结合，田野调查与材料分析相结合，个例分析与整体特征分析相结合，同一性归纳与差异性观察方法相结合，这样多角度解读得出的结论会更加真实而深刻。

（一）图像学

近现代意义上的图像学（iconology）一词是阿比·瓦尔堡（Aby Warburg）首次使用的。在1912年的罗马国际艺术史会议上，他宣读了自己的论文《费拉拉的斯基法诺雅宫中的意大利艺术与国际星象学》（*Italienische Kunst und internationale Astrologie im Palazzo Schifanoja zu Ferrara*），提出图像学应致力于辨别作品更深层次的意义或内容，从而成为研究图像学方法的创始人。但将图像学推向艺术史研究重要学科位置的则公认是德裔美国学者潘诺夫斯基（Erwin Panofsky）。潘诺夫斯基在其1939年出版的《图像学研究》（*Studies in Iconology*）一书中，将图像志与图像学分开，认为"图像志是美术史研究的分支，其研究对象是与美术作品的'形式'相对的作品的主题与意义"，而图像学则是提出了对图像三个层次的认识与考察，这种图像学解释方法与沃尔夫林的形式分析法大不相同，很快就被应用到各种研究领域。按潘诺夫斯基的图像学解读步骤，对妈祖信仰图像的分析可分为三个层次。第一个层次为前图像志层次（pre-iconographical），亦是形式层面，是对有关妈祖的雕塑、绘画、版画工艺等作品及实物的纯粹形式的观看，是对妈祖图像内容的直观描述。第二个层次为图像志层次（icnography），是进一步对妈祖图像的文化、知识、背景做较深入了解，辨认出图像所象征的某一特定的文化内涵。第三个层次为图像学层次（iconoiogy），是将妈祖图像置于历史环境中，挖掘不同历史条件下妈祖图像表现的文化象征，也就是说，解释创造妈祖图像的时代、地域、风俗、文化环境和艺术家个人所特有的心灵征象。

潘诺夫斯基的图像学理论更多是利用历史文献材料来挖掘图像的内在含义，用三个层次的图像理论来解读图像，这样虽然可以归纳出图像作品的题材并解释其内在的意义，但仅仅是研究比较"虚"的图像。英国学者贡布里希（E.H.Gombrich）因此提出质疑，认为这种研究方法源自神学理论，得出的结论带有不可确定性。珀尔曼（J. Perlman）干脆指出潘氏的研究方法完全就是以新柏拉图主义来解释图画中的"象征主义价值观"。

无论诸多学者如何评论与质疑，潘氏对图像学纲领式的贡献是无人可否认的。之后，现代图像学者开始把图像学与社会学、心理学、精神分析和形式分析等研究方法结合起来，进行学科的交叉研究。如被称为美国"文化三伯格（山）"之一的列奥·施坦伯格（Leo Steinberg）是潘诺夫斯基的追随者，他运用严谨的形式分析，使图像形式美分析与图像志主题分析结合起来，将图像学研究提高到一个新的高度。

我们知道，图像必须借助各种物质来承载，因此使图像具有各种形式。如妈祖图像，既可以是图轴的形式，也可以是雕塑的形式、壁绘的形式、图册的形式，等等，图像研究与形式研究是离不开的。同时，作为实体的图像，与制造者、观看者、建筑空间等都会产生密切的关系，如"像"的安置、"像"的观看角度等。图像与观者产生互动现象，而且在互动中可以更好地揭示主题意义，这也是我们在图像研究中所发现的有趣现象。形式主义的理念与主题内容的作用并不是互相排斥的对立面，而应该是互融并存的。

（二）比较学

妈祖信仰历时悠久，除中国本土之外，在海上丝绸之路各地区和国家影响也很深广，并因其产生妈祖图像的时间与空间不同、地域与受众不同，呈现出丰富的艺术形式。如果不通过比较研究，就无法发现图像的共性与个性。本文试以历史时间、信仰造像文化背景、地域地理等因素作为支点，对妈祖信仰图像进行纵横交叉的分析比较，观察因时间不同和空间不同而引发的图像符号的变化，厘清渊源流派关系，并从繁多的图像中总结出妈祖图像艺术的共性，从信仰艺术的共同脉络中发现地域文化影响所造成的差异性，促进中华艺术文化对外交流。

（三）社会学和人类学

本文企图以社会学的角度处理图像与文化背景的关系，对图像的意义进行更为深入的分析。潘诺夫斯基在对内在意义解释时认为，个人在"无意识"中把社会和文化的信息规范并浓缩在作品之中。对于如何解释"无意识"，潘氏使用了先验的"艺术意志"的概念，具有浓厚的先验主义与形而上学色彩，使其"图像"这一概念呈二元结构，在文化整体性的一元论中，陷于尴尬境地。

布尔迪厄（Pierre Bourdieu）的社会学理论则提出，作为文化产品的图像的制造者，是处在一个多元化、多维度的场的交叠之中的，不同的社会境遇、地位、身份、环境等，都会对图像造成影响。不同国家和地区的图像形成一种动态的结构关系，彼此之间或相邻、或重叠、或包含。笔者认为，对妈祖图像的研究应该将它放在大文化视野，站在现代人的观看角度，关注其政治、身份、性别等，同时从图像艺术的制作者（包括设计者）、资助人和观看者的角度，以现代关怀的视角来分析图像的存在意义，包括妈祖图像体现的特定信仰文化意义、图像创作者的艺术思维，以及政治和社会的心理动机等。

第一章

妈祖形象与图像形制

妈祖，是中国民间信仰中的一名女神。传说妈祖在世为人时，姓林名默[1]，福建莆田湄洲岛人；去世为神后，被加上各种俗称、尊称、封号，如姑妈、娘妈、天妃、天后、天后娘娘、天上圣母等。相传她生于北宋建隆元年（960）[2]三月二十三日，卒于宋雍熙四年（987）[3]九月初九。她生前扶危济困、不畏艰苦，广受百姓敬重，后为救海难而葬身海上，当地百姓为纪念她，特修祠祭祀供奉。随后妈祖信仰不断传播扩散，历代朝廷为利用妈祖信仰的影响力来安抚人心，对妈祖屡加敕封，从"夫人""妃""圣妃"到"天后""天上圣母"，妈祖成为中国沿海地区普遍崇拜的女神，被神圣化、偶像化，尊为"海上女神"，直至今日被称为"世界和平女神"。

提及妈祖，眼前总会闪现一幅慈眉善目的女神图形。这些图形印象，来源于我们平常生活中对家里母亲、祖母的慈爱图像信息的捕捉和积累。

---

[1] 南宋廖鹏飞《圣墩祖庙重建顺济庙记》言其"姓林氏，湄洲屿人"，明末《天妃显圣录》称其"自始生至弥月，不闻啼声，因命名曰'默'"。
[2] 妈祖的生辰，历代文献有几种说法：第一，《林氏族谱》《天妃显圣录》称其生于"宋建隆元年"；第二，《三教源流搜神大全》称其生于"唐玄宗天宝元年"；第三，《闽书》《东西洋考》等称其生于五代"后晋出帝天福八年"。
[3] 有关妈祖逝世年代，《东西洋考》等称为"宋雍熙四年"，《莆田县志》称为"宋景德三年"。

如今妈祖图像信息，有的是从小跟随长辈上香时所看到妈祖庙神像和壁画形象，有的是在人潮涌动的进香队伍中，高高抬起的妈祖神像，有的是贴在家门平安符上的妈祖信俗画像，等等。各种来源不一、形式多样中又有着相似处的图像信息，交集叠合，汇总成人们对妈祖形象的初期简单认识。

我们在收集图像的过程中发现，图像本身就是文化的产物。如果我们不能了解其深厚的文化特性，那么对图像的描述及理论的发挥也就找不到站立的"原点"了。

第一节
中国海洋崇拜和海神形象

最初妈祖信仰来源于人们对海洋的敬畏。中国是个海洋大国,其东南部濒临海洋,海岸线较长。《尚书·禹贡》里的"东渐于海,西被于流沙"就是指中国东部拥有漫长的海岸线和众多岛屿。对于"海",东汉末年的词源专著《释名》是这样解释的:"海,晦也,主承秽浊,其水黑如晦也。"用深黑昏暗来形容海,说明古代人对海一直抱着崇敬畏惧的态度,认为海是充满凶险、变化多端的地域,既神秘又恐怖。

清代史学家全祖望说:"自有天地以来,即有此海,有此海即有神以司之。"[1]人类在浩瀚的天地间感到自己的渺小和无助,于是借助各种幻想来解释世界和人类自身,产生了信仰和各种虚构诡异的神。中国传统造神的原因有三种。一是把能夺人生命的疾病称为凶神恶煞,奉祀为神,如瘟神,希望通过祭拜恶神,使之转变为保护神。二是把巨大能量的自然力奉祀为神,祈求他多为人间造福,少为人间招灾,有雷公、风神、雨师、龙王等。三是奉人间英雄为神,希望他(她)一如生前,永远福佑人间。古代人类对海神的想象就是来源于此,妈祖走上神坛的路径也离不开这三条路。

---

[1] 全祖望:《天妃庙说》,载《全祖望集汇校集注》上册,上海古籍出版社2000年版,第679页。

也间万物，离不开阳光、空气与水。自古以来，人们便依江河湖海为生、以渔为业。海赐予人类丰富的生活物资，是沿海人民赖以生存的重要资源，农耕是以后的事。与陆地生产相比，海洋气候变化多端，海面风浪无常，加上古代航海技术落后，讨海生活与陆地农耕相比，凶险何止千百倍。这种对海感恩与恐惧的双重性使古人认为，有神在主宰海洋，它能赐予人类衣食，也能随时降下意想不到的灾难，只有对神毕恭毕敬，才能得神保佑。

中国民间造神先是抽象的，逐渐转向具象，再逐渐人格化、人化。中国古代海神形象也是循此轨迹逐渐演变而来的。

早期的海神是自然界海洋的代表，形象自然是抽象虚构的，充满诡异。文献中的海神形象，最早可追溯到春秋战国时期，如《山海经·大荒东经》里云，"黄帝生禺虢，禺虢生禺京，禺京处北海，禺虢处东海，是惟海神"，说他们"人面鸟身，珥两黄蛇，践两黄蛇"。此时的海神图像充满先民丰富的想象力：四海之神虽然上面顶着人的脑袋，但自脖子以下皆是鸟的形状，有翅膀、蹼足和布满羽毛的身躯，而且耳朵和足上环绕着蛇，形状恐怖。这些形象是现实生活中并不存在的半人半动物的怪物，与人类的形象有很大的差别，更多体现的是古代先民的自然崇拜。应该说，先民想象中的海神，更多具有他们平常向往和敬畏的大自然中的禽兽外表。早期的海神图像，就是鸟图腾与蛇崇拜的结合物。希望人能像海鸥一样，飞翔于海洋之上，像海蛇（龙）畅游于海洋之中，说明当时人类对海洋的幻想与解释：海神身上充满原始色彩，其心性是人类无法捉摸和控制的。人们只能通过好好供奉，祈求它不再或少作恶。对不可抗拒的海洋灾难的恐惧引发了人们对海神的早期想象，海神代表着"海洋"本身和掌控海洋的力量。

最初，《太公金匮》中记载，"南海之神曰祝融，东海之神曰勾芒，北海之神曰玄冥，西海之神曰蓐牧"，亦称"四海龙王"。《梁书·元帝纪》中说黄帝"生日角龙颜"，舜也是"龙颜，大口，黑色，身长六尺一寸"，都是以"龙颜"形容王侯将相奇特的相貌。龙王的形象也是蛇、鳄鱼、蜥蜴、马、牛等各种动物的组合，由蛇身、兽脚、马鬃、狮尾、鹿角、鹰爪、牛耳、鱼鳞和鱼须构成。作为人类想象中的一种神物，龙的面目狰狞，没有完全蜕尽半人半兽形原始宗教和图腾神灵信仰的影子。海龙王开始具备了人性化、社会化属性，仿照人类社会家庭成员组成，配备为海神海龙王的家族，龙王不但拥有居住的宫殿龙宫，生育太子、龙女，还有一批虾兵蟹将供其使唤。龙王身上也有着七情六欲及喜怒哀乐，虽然开始具备人的性格，但仍然没有摆脱动物崇拜的影子。这个时期的龙王崇拜是人类造海神的另一方式，即对自然界巨大能量的敬崇。龙的形象受外来文化特别是佛教的影响，又有着中国特色。龙王性格多变、暴躁，并非善良可亲。人们在供奉尊崇龙王的同时，也对龙王充满畏惧，担心不小心触犯"龙须"，逆了"龙鳞"，会招来祸难。龙王代表自然界的神奇力量，而这些自然力又是人类自身无法控制的。

宋代，人们开始用现实人物来代替以前虚构的神灵，逐渐转为崇拜人类中的英雄，反映了人类强烈的生存本能。当时莆田境内就供奉各种各样的真实人物作为地方保护神，其中有诸多海神是人化的神：

长寿灵应庙，在荔城左厢街后。神姓陈名寅，唐观察使陈岩之侄也。因侍岩仕闽，后家于莆。乐善好施，年九十卒。未卒先一日，历言五幻事，后皆验，民乃祀之。五代唐长兴元年始创庙宇……淳熙九年，海寇陈才逋诛，假梦于方士确，迄就擒……景定五年，海盗林长五猖獗，民见神拥旗鼓与湄洲神协力擒捕，加封"善佑"。

显济庙，在黄石之林井。神姓朱名默，黄石人唐代古田令曦之后也。父强，母张氏。默在孕胎中时有啼声，及弥月，张氏梦神人长丈馀至堂下，惊觉，遂生默。默生而神异不类凡儿，尝喟然语同舍曰："丈夫当大立功名，终日讲空言何益哉！"……年二十二不疾而卒。宋建炎四年，高宗渡江，舟至中流，风涛大作，忽见默拥朱氏旗至，风遂息。既济，诏封默为章烈侯。

灵感庙，在醴泉里秀屿。以祀唐观察使柳冕。冕贞元间观察福建，巡管之内，福清、莆田、仙游皆置马监领牧，悉以万安为名，而秀屿其一也……故莆人立庙于此。凡有所求祷必应验之，舟行者尤恃以为命。或风涛骤起，人们仓皇叫号，神灵为之变现，光如孤星，则获安济。其灵响与湄洲之神相望。

大蚶光济王庙，在府城东奉谷里大蚶山。《泉南录》云："昔尝海溢，有物如瓦屋乘潮而来，郡人异之，为立庙，凡商舟往来必祷焉。"五代晋开运二年，南唐始封光济王。

祥应庙，在尊贤里白社。五代时已有祠宇，号火官庙。宋大观元年，部使者奏上其灵迹，赐今额。宣和四年封显应侯。初，睦之妖贼占有江浙数州之地，欲掠舟于海以踞七闽，闽人奔窜，多失所者。莆民先祷于神，得吉卜，后贼果就擒……他若旱蝗疾疫之灾，商贾风涛之险，祷之多有灵应。

灵显庙，在涵江盐仓之西。神姓陈名应功，涵江之东山人，母甘氏……宋建炎初，里人陈倅宣抚淮南，每出师讨贼，空中时见陈将军旗，前导所向，贼锋披靡。他如海道风涛之恐，岁时雨旸之咎，事无巨细，随叩辄应。宝佑五年，锡号孚善侯。咸淳以来，累封广利嘉泽侯。[1]

---

[1] 黄仲昭修纂，福建省地方志编纂委员会主编：《八闽通志》卷六十，福建人民出版社1990年版，第563—570页。

这些人，生而神异，乐善好施，死后显神迹佑民、擒捕海盗、平风浪，受到当地人的尊崇。对充满未知的海的世界，古代人类寄希望由人类英雄来制服它，妈祖为神就是属于这一类。

宋代初年，经济重心逐渐南移，位于南来北往的海上交通要道之旁的泉州、莆田，航海业在当时是相当发达的。妈祖出生地湄洲也曾是一个重要港口，航海技术跨入了昌盛时期，浮泛波涛，舳舻相接。尽管当时的经济与航海技术已相当发达，但变化无常的风浪随时都有夺人生命的威胁，对海上航行的安全保障，人们仍然是无能为力。妈祖生前，"驾风樯浪舶，翻筋斗千秋""拯溺手援波涛间""乘席渡海海怪伏"，也是扶危济困、行善济世、救助海难，给无助的人们带来很多帮助。妈祖因救海难离开人世，百姓感激于她的舍己为人的精神，在湄洲山上立庙奉祀她，希望她能继续庇佑海上平安。能出入风浪之中救苦救难的林默，自然被视为神奇的救助力量，设或有人一提林默为海神，其提议便会迅速在闾里乡间传播开来，并得到响应支持。妈祖信仰就这样应运而生，妈祖理所当然成为地方海上航行的保护神。由于妈祖是女性神祇，其形象具有女性美，能唤醒人们对母亲的依赖与崇拜心理，因此更受到人们的欢迎，从而逐渐淘汰其他的海神，成为航海的第一保护神。

中国有着漫长的海岸线，很早之前就与世界各地区有所往来，后来逐渐形成了一条贸易往来及文化交流的海上丝绸之路。[①] 海上丝绸之路的形

[①] 1877 年德国地理学家李希霍芬（Ferdinand Paul Wilhelm Richthofen）在其著作《中国》一书中首次提出将汉代中国与中亚南部、西部和印度之间以丝绸贸易为主的交通路线称为"丝绸之路"。之后，法国汉学家沙畹（Edouard Chavannes）在 1913 年的著作《西突厥史料》中指出："丝路有陆、海两道，北道出康居，南道为通印度诸港之海道。"他提出了"海上丝绸之路"的概念。1967 年日本学者三杉隆敏在《探索海上的丝绸之路》中正式使用了"海上丝绸之路"这一名称。

图1-1-1 首批国家级非物质文化遗产——湄洲祖庙妈祖祭典

成和发展不但促成了经济交流，也促进了包括妈祖文化在内的各种文化的传播交流。妈祖信俗是海上丝绸之路的文化使者，也是海上丝绸之路发展的见证者。妈祖文化在不同文化背景的国家中落地、生根，2009年9月30日，妈祖信俗被联合国教科文组织正式列入人类非物质文化遗产，成为中国首个信俗类世界遗产。这标志着妈祖文化作为中华民族的一份宝贵的文化遗产，受到全世界的肯定。

在国家"十三五"规划纲要中，特别提到"鼓励丰富多样的民间文化交流，发挥妈祖文化等民间文化的积极作用"。妈祖信俗虽属精神文化，却与现实社会生活和物质生活紧密联系在一起，形成了一系列信仰思想与现实生活相结合的珍贵文化遗产。湄洲祖庙在每年农历三月二十三日举行隆重的妈祖诞辰祭典，2006年被国务院列入首批国家级非物质文化遗产。（图1-1-1）寻求妈祖信仰艺术的传承与保护发展途径是中华文化史研究的必要。

妈祖信仰图像是信仰艺术的一个重要部分，大规模、大范围妈祖信仰艺术的异地传播，形成一个巨大的环流，涌动着中华文化的精神内涵。在

环流过程中，它吸收了许多其他地域艺术的精髓，从而丰富并扩大了妈祖文化的内核与外壳，使得妈祖文化在与世界其他先进文化进行文明对话中充满深厚的底蕴与鲜活的气息。

第二节
妈祖信仰与妈祖形象演变

妈祖形象之原型究竟如何？古代文献资料对其描述阙如，如今我们很难追溯。历代文人用了洋洋洒洒的文字、繁巨浩大的篇章歌颂妈祖的感人事迹和丰功伟绩，但对她的具体形象却吝于着墨，不透丝毫信息。我们只好在字里行间寻找痕迹，并结合历史地域背景做推测。

一、宋代——神女

（一）宋代初期的"女巫"

宋代文献提及当时妈祖相貌类型，可以总结为"女巫"二字。李俊甫的《莆阳比事》中说："湄洲神女林氏，生而神灵，能言人休咎。"[①] 宋人黄岩孙撰《仙溪志》载："当地有所谓仙妃庙三座，其一顺济，其一昭惠，其一慈感，皆巫也。顺济谓湄洲林氏女，能知人祸福，即妃也。"[②] 宋淳熙三年（1176）《莆阳志》亦称妃为"里中巫"，可以确认妈祖原型为女巫。

---

① 李俊甫：《莆阳比事》，载《宛委别藏》卷五十，江苏古籍出版社1988年版，第282页。
② 黄岩孙：《仙溪志》，载《宋元方志丛刊》卷八，中华书局1990年版，第8309页。

宋代社会早已是皇权阶段,神权社会已去几千年,但皇权还要借助神权来维护,巫的社会角色虽然不如昔日,尚有存在空间。而且宋代的闽地还是巫风盛行的地区,在一般百姓心目中,巫是有地位的深受尊敬的职业。所以,妈祖的女巫身份时人并不讳言。

祭祀妈祖的庙宇最早建在湄洲屿。林默殉难后不久,当地渔民百姓就立祠纪念,称她为"通贤灵女"。当时的祠宇不过是间小房子,仅寥寥数椽,极其简陋,祠堂中有无神像也不得而知。目前发现最早记载妈祖神像供奉情况的是南宋绍兴二十年(1150)廖鹏飞所作的《圣墩祖庙重建顺济庙记》,其中透露出一些有关妈祖早期形象的信息,现将此文摘录如下:

里有社,通天下祀之,闽人尤崇。恢闳祠宇,严饰像貌,肖然南面,取肖王侯……墩上之神,有尊而严者曰王,有晳而少者曰郎,不知始自何代;独为女神人壮者尤灵,世传"通天神女"也。姓林氏,湄洲屿人。初,以巫祝为事,能预知人祸福;既殁,众为立庙于本屿。圣墩去屿几百里,元祐丙寅岁,墩上常有光气夜现,乡人莫知为何祥。有渔者就视,乃枯槎,置其家,翌日自还故处。当夕遍梦墩旁之民曰:"我湄洲神女,其枯槎实所凭,宜馆我于墩上。"父老异之,因为立庙,号曰"圣墩"……宁江人洪伯通,尝泛舟以行,中途遇风,舟几覆没,伯通号呼祝之,言未脱口而风息。既还其家,高大其像,则筑一灵于旧庙西以妥之……独公所乘舟,有女神登樯竿为旋舞状,俄获安济……承信郎李富,居常好善,首建其议,捐钱七万,移前而后,增卑而高,戒功于中秋,逾年月告毕。正殿中峙,修廊翼翼,严祀有堂,斋庖有庐,磨砻割削之工,苍黄赭垩之饰,凡斯庙之器用,殆无遗功……神之来兮何方?戴玄冠兮出琳房。玉鸾佩兮云锦裳,俨若存兮葵幽香……神之住兮何所?飘葳蕤兮步容与。礼终献兮彻其俎,鹤

驾骦兮云旗举……①

廖鹏飞在文中提到由于"祠宫偏迫，画像彤暗"而重建庙宇，说明当时原来妈祖神像是以画像的形式来供奉的，但对画像中的妈祖具体形象并无直接描述。我们可以从其他句子中间接窥测妈祖的风姿。

"有女神登樯竿为旋舞状"，旋舞状的舞蹈动作具有浓郁的巫术性质，是巫舞的一种，暗示了妈祖的巫女出身。原始先民由于对大自然的客观物质世界和人类自身缺乏认知而产生对神的依赖和恐惧心理，于是产生了原始巫术。巫觋是人与神沟通的桥梁，而中国古代之巫的主要活动是以舞降神，取悦神灵。妈祖作为一名"里中巫"，应该是仙风道骨、轻盈善旋舞了。

廖鹏飞还以"戴玄冠兮出琳房。玉鸾佩兮云锦裳，俨若存兮葵幽香""飘葳蕤兮步容与""鹤驾骦兮云旗举"等语句浓笔描绘了当时供奉的妈祖神女的翩翩风貌。正如我们所知道的，巫师在行巫术时往往要穿戴特殊的衣冠，佩戴特殊的装饰，以显示其具超自然力。"玄冠""云锦裳""玉鸾佩"这些装束打扮都具有巫的色彩。玄色当为天玄之色，"云锦裳"即绣绘有云霞花纹的衣裳。这种仿天上景观的装饰，表明人们对升仙思想的追求。中国古代曾有一段神玉文化，"以玉事神，玉是巫通"，巫必佩玉，把玉作为通神之具、避邪之物，玉佩起舞时叮当作响，也是作为伴舞的乐器。

---

① 廖鹏飞：《圣墩祖庙重建顺济庙记》，载郑振满、[美]丁荷生编纂《福建宗教碑铭汇编》，福建人民出版社1995年版，第15—17页。

这些进一步证实了当时妈祖的神巫身份，当时妈祖的神像形象也应当与这个身份相符，应是在清俊美丽中带有一股飘逸的仙气。

(二)宋代中期的"红衣女神"

南宋时期，朝廷偏安江南，为发展海上贸易、增加国库收入，大力发展海运业，海神妈祖因此得到重视。妈祖因历次被上奏具有护佑庶民、驱逐海寇、解除旱灾等方面的功绩，先后得到南宋朝廷的11次褒封。其中绍兴三十年（1160），妈祖被上奏显灵护佑民舟驱逐江口海寇，受赐于"夫人"的封号。光宗绍熙元年（1190），妈祖因应民祈祷、解除旱灾，被封为"灵惠妃"。"夫人"和"妃"，在宋朝都是女性尊贵名分，特别是"妃"，为宋代对女性神明封号的最高爵位。随着妈祖神名显赫，不仅仅是闽、粤、江、浙，其他各省也都纷纷建起了妈祖庙。妈祖的爵位高了，沿海各省的妈祖信仰者多了，妈祖也随之被塑造成盛装艳服的贵夫人形象。

宋光宗《加封灵惠妃诏》诰词曰："居白湖而镇鲸海之滨，服朱衣而护鸡林之使。"[1]这让我们首次看到了身着绯红衣裳的妈祖女神的鲜活身影。此后，着朱衣成为妈祖的形象的一个重要符号。

首先，朱衣是为了表现妈祖的高贵。传统的五行五色观念中，人们的服饰色彩被赋予了表明身份的特殊含义。孔子曾说过："君子不以绀緅饰，红紫不以为亵服。"(《论语·乡党》)只有高贵的人才有资格穿戴大红的衣饰，红紫是高贵的颜色。明宣宗时，画家戴进被召入宫作画。他画了一张《秋江独钓图》，图中有一个红衣人在水边垂钓。朝廷侍诏谢廷看了此画向宣宗进言，说红色是官服，穿着官服钓鱼有失体统，戴进因此被赶出

---

[1] 宋光宗：《加封灵惠妃诏》，载蒋维锬编校《妈祖文献资料》，福建人民出版社1990年版，第4页。

宫去。戴进的遭遇说明，当时普通百姓是不能穿朱衣的。作为普通巫女的妈祖本不应身着朱衣，但对于神灵，人们宽容得多。其次，朱衣表现了困境中人们对妈祖救难的渴求。中华民族传统文化中，红色是生命力最强的一个颜色，它与太阳、生命、血液、希望、光明、热情、胜利这些充满吉祥寓意的事物与概念紧密相关。红色还有一种神奇的力量，即辟邪，可以抵御灾难和不祥。从心理学角度讲，活跃、明亮的红色作为高饱和度的色彩，能引起高度的兴奋和造成强烈的刺激。荷兰阿姆斯特丹国立博物馆藏妈祖圣迹图之《红衣护使》中描绘，海船遭遇险恶风涛，"纤云召阴，劲风起恶，洪涛腾沓，快帆摧撞，束手罔措，命在顷刻"[1]。（图1-2-1）此时樯端赫现红衣神女，积极、热烈的红色让人们看到了生的希望，"如婴之睹怙恃矣"，重新鼓起与风浪作战的勇气。在蓝天碧海之间，妈祖鲜艳的朱衣成了一面鼓舞与激励的旗帜，对漂泊于海洋之中的人们来说，也是平安与吉祥的象征。

封妃的妈祖形象出现了第二个变化——"青圭蔽朱旒"。刘克庄《白湖庙》中云："驾风樯浪舶，翻筋斗千秋……封爵遂綦贵，青圭蔽朱旒。"[2] "圭"为瑞玉，上端圆或三角形，下端呈正方形，古代贵族执之作礼器。"朱旒"的"朱"字同"珠"。古代大夫以上可戴冕，冕前垂珠旒，以蔽面容，并按爵位高低定旒数多少。妈祖有了妃的封号，地位变高贵了，形象自然随之变化，手执"青圭"，头戴"朱旒"，俨然与帝王诸侯同等气象。

---

[1] 舍利性古：《灵慈宫原庙记》，载蒋维锬编校《妈祖文献资料》，福建人民出版社1990年版，第28页。
[2] 刘克庄：《白湖庙》，载蒋维锬编校《妈祖文献资料》，福建人民出版社1990年版，第16页。

图 1-2-1　荷兰阿姆斯特丹国立博物馆藏妈祖圣迹图之《红衣护使》

二、元代——护漕天妃

元朝商业繁盛，海洋交通发达。元王朝定都燕京大都（今北京），官民粮食仰赖江南粮区供给。《元史·食货志》中说："天下岁入粮数，总计一千二百一十一万四千七百八石。腹里二百二十七万一千四百四十九石……江浙省四百四十九万四千七百八十三石。"一个江浙省的岁粮就占全国的三分之一，所以，"元都于燕，去江南极远，而百司庶府之繁，卫士编民之众，无不仰给于江南"，但因运河经常淤塞和遭截劫，南粮北调主要依靠海上运输。当时海运风险仍然很大，船工在生死难料的海上航行时只能时时祷告妈祖保佑。元政府深明海运的重要，设专职官员管理海运，在多次领教了海上风浪的凶猛之后，朝廷在心理上更加依赖妈祖神明的庇护，前后对妈祖晋封了五次，赐庙额一次。六次的褒扬中，五次都是有关助漕运、海运、护粮船的。赐予妈祖的封号，长达 22 个字，特别是至元十八年（1281）诏封妈祖为"护国明著天妃"。文宗天历二年（1329）特地诏沿海各州郡修建天妃宫，每年春秋两季，派有关官员前往各宫庙祭祀，从直沽庙到泉州庙的15座妈祖庙成了官方祭拜的庙宇。妈祖信仰因此随元代海运的航线不断扩大，迅速在沿海传播。

元代以降，妈祖形象中附会引进大量的佛、道两教文化因素，抬高其出身。元初黄渊《圣墩顺济祖庙新建蕃厘殿记》云："按旧记，妃族林氏，湄洲故家有祠，即姑射神人之处子也。泉南、楚越、淮浙、川峡、海岛，在在奉尝；即普陀大士之千亿化身也……系以诗曰：穆穆天子，前圣后圣……赫赫公家，有齐季女。生也贤哲，岳钟渎聚。殁也神灵，云飞电吐……"[①]说妈祖是姑射神人之处子，是观音大士化身之一，来历不凡。元程端学在《灵慈庙记》里把妈祖生平描述得更详细："神姓林氏，兴化莆田都巡君之季女。生而神异，能力拯人患难，室居未三十而卒。"[②]文中说妈祖出身于显赫家庭。这种出身美化反映了元代社会群体普遍的心愿特征，从朝廷至民间，需要妈祖来历有突破性转变，提升妈祖的出身及神性，以配称朝廷祭祀规格。

人们崇拜妈祖，因为她是历史真人，与敬畏其他自然神不同。元代官方祭祀妈祖与祭祀四海龙王是有所区别的，在《元史·祭祀志·祭祀五》中，祭四海龙王是一般神灵祭祀，事宜记载于"诸神篇目下"，而祭祀女神妈祖同等于那些对国家有功的英雄，事宜记载于"忠臣义士"祠祀篇目

[①] 黄渊：《圣墩顺济祖庙新建蕃厘殿记》，载蒋维锬编校《妈祖文献资料》，福建人民出版社1990年版，第25—26页。"姑射"即藐姑射，语出《庄子·逍遥游》："藐姑射之山有神人居焉，肌肤若冰雪，绰约若处子。"
[②] 《四明续志》，载《宋元方志丛刊》卷七，中华书局1990年影印本，第6566页。

中："凡名山大川、忠臣义士在祀典者，所在有司主之。惟南海女神灵惠夫人，至元中，以护海运有奇应，加封天妃，神号积至十字，庙曰灵慈。直沽、平江、周泾、泉（州）、福（州）、兴化等处皆有庙。皇庆以来，岁遣使赍香遍祭，'金幡一合，银一铤，付平江官漕司及本府官，用柔毛酒醴，便服行事。祝文云：'维年月日，皇帝特遣某官等，致祭于护国庇民广济福惠明著天妃'。"所以，此时的妈祖崇拜更具有纪念圣女义举的文化内涵。

元代《台州金石志》中记录了台州路重建天妃庙，并将神像引回的场景："乃以吉日，迎置神像，冠服尊严，绘饰炳焕。络绎瞻仰，且骇且欣。"原来的妈祖神像经过重新绘饰，焕然一新，加上外着簇新的冠服，让瞻仰圣容的信众感到一种威慑和惊喜。"广莫兮披披，纷珠盖兮拂虹霓。"[①]可见，此时妈祖造型开始出现雍容、富态的转变。珠盖霞帔装饰下宽衣博带的妈祖神像俨然一副矜持的贵妇人形态，已经让人难以回想起宋代曾经"驾风樯浪舶，翻筋斗千秋"的那个普通渔家女子了。

三、明代——女神之首

明王朝统治者大力崇奉利用妈祖，主要是用于海外出使与对外交往。当时倭患频仍，明王朝实行海禁政策，限制沿海百姓出海，中国民间的航海事业遇到重挫。但为了逞国威、抚夷邦、获朝贡，明王朝官方多次派遣使船出国，来回都要祭告妈祖庙，并将使船的顺利来往归功于妈祖的庇

---

① 《台州金石志》卷十二，浙江人民出版社1986年版，第48页。

佑。如郑和七次下西洋,都载着妈祖神像随行护佑,返回后均上奏途中遭险受到妈祖庇佑的灵异事迹,请求敕建天妃宫。《御制弘仁普济天妃宫之碑》为明永乐十年(1412)郑和第四次下西洋归来,请求明成祖朱棣亲自撰文而立的。(图1-2-2)妈祖信仰也随着郑和的行迹,远传至东南亚各国。所以明朝的妈祖信仰仍持续发展,并未因海禁而中辍。

图1-2-2 《御制弘仁普济天妃宫之碑》

明代的道教对妈祖形象进行了全新的包装和打造。在明初《太上老君说天妃救苦灵验经》中,妈祖海神形象发生了变化:"赐珠冠云履,玉佩宝圭,绯衣青绶,龙车凤辇,佩剑持印。前后导从,部卫精严,黄蜂兵帅、白马将军、丁壬使者、桂香大圣、晏公大神,有千里眼之察奸,顺风耳之报事,青衣童子、水部判官,佐助威灵,显扬正化。"[①]妈祖一跃成为戴"珠冠"、穿"云履"、饰"玉佩"、持"宝圭",穿"绯衣"、披"青绶",乘"龙车"、坐"凤辇","佩剑持印"的"辅斗真人"和"齐天圣后",被道教奉为女神之首。经书卷首插图中的妈祖高坐神殿宝座上,众仙陪侍,气势煊赫。受此影响,当时扬州

---

① 《太上老君说天妃救苦灵验经》,载《正统道藏·洞深部·本文类》卷三百四十二,台湾新文丰出版社1988年版,第60页。

图1-2-3 《太上老君说天妃救苦灵验经》卷首的妈祖图像

天妃宫妈祖神像也是"为冠裳朝天之仪,巍然高博"①。珠冠长裳,形象高大庄严,让人瞻仰,有天庭统领仙班威严之气派。(图1-2-3)

明代吴还初的《天妃娘妈传》用小说家笔调对妈祖形象作了进一步描述,第十五回写真人(即天妃妈祖)与其兄在庙中见面时的情景:"未及二鼓,异香彻壁,灵光曜日,真人乃乘鹤轩,拥从神女登殿。"②第十九回写教场真人显身一幕:"顷刻间辄然祥云罩座,紫雾笼坛;忽见天将分列左

---

① 魏禧:《扬州天妃宫碑记》,载蒋维锬编校《妈祖文献资料》,福建人民出版社1990年版,第154页。
② 吴还初:《天妃娘妈传》,载《台湾文献汇刊》第5辑第15册,九州出版社、厦门大学出版社2005年版,第159页。

右,现出真人。"① 文中妈祖的每次登场,神女天将前拥后簇,富贵无比,其服饰、仪仗在很大程度上是借用了神话中王母娘娘的排场构成。这样作为女神之首的妈祖,地位提高了,属下侍从也增多了,增加的部下属臣,有千里眼、顺风耳、晏公大神、水部判官、黄蜂元帅、白马将军等。这些众多的属臣,一来表示妈祖的地位提高了;二来为妈祖"斩鬼除妖"派上用场。到明代晚期,以顺风耳、千里眼为妈祖左右对称侍从的三人"偶像式"构图,已经成为妈祖图像的标准模式。

四、清代——圣母天后

清代也非常重视妈祖信仰,借助妈祖在漕运、出使、解旱、海上军事活动等各方面发挥护佑作用,因而清代朝廷给予妈祖的封诰最多,也最尊贵。康熙二十三年(1684),清朝出兵台湾获胜,施琅上奏称是妈祖相助,遂请礼部致祭敕建神祠于原籍,纪功加封妈祖为"天后"。中国古代君主称后,皇后与后同义,后来君主之妻专称为后,妈祖贵为"天后",其形象自然无比尊贵,比前朝更为华丽。清嘉庆十年(1805),黑漆金字"天上圣母实录"木匾记录了妈祖事迹及宋元明清各朝廷对妈祖从"夫人""天妃""天后",直至"天上圣母"的褒封。(图1-2-4)到清光绪元年(1875),妈祖的封号全名达68字之多,妈祖成为中国历史上受褒封最多的神。除此之外,清代官方对修建妈祖庙也表现了极高的热情,以期

---

① 吴还初:《天妃娘妈传》,载《台湾文献汇刊》第5辑第15册,九州出版社、厦门大学出版社2005年版,第200页。

图 1-2-4　现藏于厦门市博物馆的"天上圣母实录"匾

利用妈祖的影响来安抚民心。在清统治者的大力提倡下，全国掀起兴建妈祖庙的热潮，妈祖神像需求也大量增加，产生了模式化。

　　清代妈祖图像的庄严富贵，让人耀眼炫目。1840 年，新加坡记者对当地福建商人隆重迎接的妈祖神像之场面隆重富丽连连惊叹："天上圣母的神像是安放在一顶极其华丽的杏黄色绸纱的彩轿上，四周是身着杏黄色短袄的'天神'护卫。这位女神究竟拥有哪些象征，我们尚不清楚，但看来她显然是受到人们的高度崇祀。"[①]天神随侍、黄轿置身的妈祖神像极其尊贵，让异乡记者也感受到她在华人信仰世界中的不凡地位。

五、现代——和平女神

　　20 世纪 80 年代以来，随着世界性寻根文化的兴起和我国改革开放政策的实行，妈祖形象内涵又有了新的拓展。1991 年妈祖诞辰日，在湄洲祖庙所在地山巅竖立了一尊高 14 米的妈祖石像（图 1-2-5），面朝东南。1992

[①] 蒋维锬等辑纂：《妈祖文献史料汇编·史摘卷》，中国档案出版社 2009 年版，第 165 页。

图 1-2-5 湄洲祖庙山巅妈祖石像

年,湄洲祖庙复制了一尊与湄洲祖庙石像一模一样的妈祖像赠予台湾北港朝天宫,面朝西北。两尊妈祖像隔海遥望。这两尊妈祖已被赋予缔结和平愿望的象征。1997 年,湄洲祖庙妈祖像千年首次出游台湾 100 天,在海峡两岸引起轰动,"妈祖金身所到之处,车水马龙,信众们欣喜若狂,奔走相告,扶老携幼,争先恐后朝拜湄洲妈祖金身",闽台之间掀起新一股妈祖热。

2008 年,来自世界 18 个国家和地区的 300 多尊从湄洲分灵出来的妈祖神像,集中回娘家,寻根溯源,赴湄洲妈祖祖庙省亲谒祖。其中有新西兰、澳大利亚等国家以及我国广东、广西、天津等地区的大批信众参加。妈祖图像以海峡和平女神和世界和平女神新形象,创造了超越地域、国界、族籍的世界海洋"和平文化"。

为进一步推动妈祖文化"走出去",扩大妈祖文化在"海上丝绸之路"沿线国家和地区民心相通的影响力,2017 年 7 月,湄洲妈祖神像首次赴马来西亚、新加坡等地,开展"妈祖下南洋,重走海丝路"活动。2019 年 11 月,妈祖又下南洋,重走"海上丝绸之路",湄洲妈祖神像巡安泰国,促进了中国与海上丝绸之路沿线国家的民间交往、文化交流和民心相通。

在特定的时期和地域,妈祖形象被赋予海的保护神的特定意义。妈祖形象一旦面世,便具有了磁石般的力量,吸引了众多的信众,接纳了各种思想汇入，妈祖神迹广为流传。在当代国际社会"和平与发展"的大背景下，妈祖以海上和平女神的形象被广泛推广，不仅契合了我国推行的海上丝绸之路的主旨——促进区域间的文化和经济交流，而且增加了海峡两岸以及海内外华人之间的凝聚力，将"和平"的主题深入人心。

第三节
妈祖形象演变与中国民间信仰造神规律

妈祖形象演变反映了人们美好的愿望与追求，是中国民间造神中体现愿望与追求的一种生动独特的形象表达。妈祖形象产生和演变与民间文化传统密不可分，我国民间信仰造神规律很大程度上影响了这位海上女神形象的塑造，具体体现在造神的宽泛性、世俗性以及时代性。

一、造神的宽泛性

中国神像的造型美学受到中国社会发展史和社会思想史两方面的影响。中国夏商时期是鬼神主宰的社会，当时凡有大事均向神鬼问卜，作为神与人的中介，巫的地位很高。上古时期神像造型倾向于鬼状，是由人的骷髅联想出来的形象，从《幼学琼林》插图中可窥，盘古氏、有巢氏、燧人氏、伏羲氏、神农氏、天皇、地皇、人皇皆为人形鬼相。因为鬼状象征人的死亡，鬼状恐怖，足以威慑世人。周朝之后，中国进入王权（皇权）社会，神的外貌逐渐和人趋向一致，神像造型倾向于帝王将相模样，这是人们把人间等级社会拿来演绎神的世界。

中国皇权时期的神像崇尚威仪气象，象征握掌人间命运大权。愈到封建末期，神的规格愈模糊：有些是朝廷褒封的，称"敕封"，等于官方认可的；有些是民间道士封的，口气更大，号称"玉封"——玉帝褒封，道士就是玉帝的代言人，他口含天宪，想封什么就封什么。所以民间宫庙中供奉的神灵，所谓大帝、帝君、真君、圣王、大王、元帅、大人之类，多得数不胜数，谁也说不清神灵哪尊职位高，哪尊职位低。就是官方对民间神灵的褒封，也是越封越高，没有什么依据。从历代对妈祖的封号中我们也可以窥视到这一点。在现实生活中，皇家是很讲究爵位礼序的，最忌僭越。篡权夺权是大逆不道、罪不容赦的，可是对神的褒封就宽容多了，动辄就封帝封妃封后，出手大方，再出格也无人去计较。孔子生前最大的官位只是鲁国的司寇，然而山东济宁曲阜孔庙大成殿的孔子像头戴十二冕旒，身着十二章服，俨如人间帝王。宋高宗还在孔子画像题赞中明白写道："帝王之式""贤于尧舜"。可见皇权社会里希望神权越大越好，这样皇权可以借助神权来约束世人。

宋代祠祀颇滥，封神更是不拘。"自开宝、皇祐以来，凡天下名在地志，功及生民，宫观陵庙，名山大川能兴云雨者，并加崇饰增入祀典……州县岳渎、城隍、仙佛、山神、龙神、水泉江河之神及诸小祠，皆由祷祈感应，而封赐之多，不能尽录云。"[1] 又云："诸神祠无爵号者赐庙额，已赐庙额者加封爵。初封侯，再封公，次封王。生有爵位者，从其本封。妇人之神封夫人，再封妃。"[2] 由此可见宋代人民崇祀之便易和朝廷赐额封爵之泛滥。妈祖就是在这个时期开始被赐额封夫人，后来一步步成为至高无上的天后圣母。

---

[1] 脱脱等：《宋史·礼八·诸祠庙》，中华书局1977年版，第2562页。
[2] 脱脱等：《宋史·礼八·诸祠庙》，中华书局1977年版，第2561页。

二、造神的世俗性

中国人传统观念中认为，世界分三界，是由一个地上（人间）的世界、一个天上（神）的世界和一个地下（阴间）的世界组成的。对天上世界无比向往的人们，起先是将天上的神界美化，把它当作理想的国度。渐渐地，人们开始转向人间世界的关怀，消减了对天上神界的憧憬，看待神界时也都从人的角度出发，以人间的阶级阶层观念来构筑神的世界。

妈祖形象的种类变化与社会等级制度现象密不可分，各个时期妈祖的形象，无不符合人类社会中森严的等级制度。从"玄冠""云锦衣"的女巫形象，到"服朱衣""广莫兮披披，纷珠盖兮拂虹霓"的海上女神，从"珠冠云履，玉佩宝圭，绯衣青绶，龙车风辇，佩剑持印，前后导从"的女神之首，到天神随侍、黄轿置身的"天后圣母"，妈祖形象随着朝廷封号的荣加，地位升高，形象越来越趋向世间高贵阶层的外表特征。

海神妈祖的世界中，同样也有人间的等级关系、从属关系。在图像上妈祖与配祀神如千里眼、顺风耳、侍女等组合的群体模式，实际上是模拟当时中国社会的生活秩序与内容而建立起来的，可以说神灵图像中所有形式都与当时中国的礼制与风俗有密切关系。

中国民众以世俗"人道"对待众多的风俗神，神像的造型与安置方式一如常人。比如在山东泰安为泰山神设寝殿，立夫人像、女儿像、女婿像、外孙像等，俨然使他成为一位俗世的家长。为神们创造了一个人间的家族生活环境的同时，无形中也拉近了神与人之间的距离，神的世界已没有了像西方净土、天上云霄那样远离人世的虚幻感，也没有洞天福地的仙境那般神秘缥缈，这是中国民间信仰世俗化的典型特点。

三、造神的时代性

妈祖形象的变化适应了各个时代的需求，不断充实和发展，这种充实和发展其实又是各个时代人们根据自己的需要所作的改进或重新诠释，为妈祖形象注入了新的内容。妈祖形象的提升过程，反映了中国民间造神的另一面——神都要有不平凡的来历，神位不断升格，也折射出历代百姓对明君贤臣的渴求，期望由圣明贤惠的神来主宰世界，期望圣人出而天下太平。

各个时代对妈祖形象的要求都不同。在注重封建伦理观念的时代，人们按照封建等级观念赋予妈祖高贵的爵位，又把妈祖与"一门忠义"的九牧林氏联系起来，"里中巫"变成了"婉娈季女，俨然窈窕仪型"的名门望族千金小姐，海上救父兄，助阵平寇，给妈祖形象涂上了浓厚的忠孝色彩。在移民时代，妈祖随移民的足迹跨出家乡，人们在同自然和命运的顽强搏斗中，将妈祖图像视为母亲与母爱的象征，用来激励自己和寻求心理慰藉，妈祖形象充满母爱的光芒。现代的妈祖肩负和平的重担，促进全球华人互相团结、各地区和各国之间和谐共处，体现了现代人希望和平的共同愿望。

从护航、护漕、移民保护到和平使者，妈祖形象职能变化，反映了中国民间造神文化适应时代要求而变通。顺潮流，与时俱进，应运而昌，应是妈祖文化经久不衰的缘由。

第四节
妈祖信俗图像的形式与内容

神像的设立使神的形象进一步具象化，也使信仰的意识得以更具体的表达。妈祖信仰的图像大致可分为人物造像式与圣迹叙事式两种，前者多以雕塑造像的形式呈现，而后者主要以绘画叙事的形式展现。这两种表现形式在功能上也存在一定的区别：人物造像式更多运用在庙宇中供信众朝拜的神像，在创作中更多注重对于人物仪表的刻画，目的是为信仰塑造出一位合乎"大爱精神"的海上女神的形象，为观者更多展示一种集慈爱与端庄于一体的神明；而圣迹叙事式则倾向于用栩栩如生的人物形象和生动的情节讲述妈祖故事，在创作中以叙事和联想取胜，目的是为信众在朝拜中提供文字所不能表现的画面感，因此它更多展示的是神明的法力无边与至高无上。这两种艺术形式很好地将妈祖形象的两个侧面展开呈现，为观者理解妈祖信俗提供了不同的途径。

一、肖像式妈祖图像的材质与工艺

不同社会时期和不同地理条件，选用制作图像的材料自然也不同。人物造像式的妈祖造像在历史的发展中使用了不同材质和工艺技法。民间匠人们发挥各自的创造力与想象力，结合当地的材料，创造出一尊尊优雅而又独具匠心的妈祖造像。总体而言，依据妈祖造像的材质可将其划分为泥塑神像、木雕神像、石雕神像、版印神像、砖烧神像、陶瓷神像、软身神像、纸糊神像等类。这些神像在工艺技法上各具特色，丰富了妈祖造像的艺术表现形式与手法。

泥塑妈祖造像大多放置于室内，以供朝拜，其制作工艺繁杂。制作一尊泥塑造像需要以下步骤。第一步，需依据设计图要求，将不易腐烂的木材或钢筋造成造像的基本骨架，然后用麻绳或稻草绳铁丝把骨架扎牢固，紧接着用一般黏土加沙掺和而成的粗料把整个骨架蒙上，形成粗坯。第二步，等粗坯略干后再做中坯。中坯用不含有沙粒的优质黏土做成，这样有利于制作者深入塑造形象的细部。待中坯干后再用细黏土掺和一些棉丝或纸浆（以减少干裂）补上中坯的裂处，以捏、塑、贴、压、削、刻等传统泥塑技法，进行更细致的塑造刻画。第三步，待泥塑全部干透后，再施髹漆贴金，并添加彩绘。有些地区还使用镶嵌水晶眼珠的新技术，使妈祖造像的神态栩栩如生。具有代表性的妈祖泥塑造像有湄洲妈祖祖庙妈祖殿妈祖像、台南天后宫的镇殿妈祖等，这些造像由于形制规模庞大，不易移动，因此通常作为妈祖庙宇中的镇殿神像。

木雕妈祖造像常用的材质有：楠木、樟木、柏木、黄杨、龙眼木、红木、梨木、杨木、桑树根、杉木等传统木料。根据不同制作工艺，木雕妈祖造像可分为原木木雕、漆线安金、樟木安金等不同类型。制作流程包括雕刻、接合、打磨、造底、上彩、金漆、贴金箔等主要工艺环节。还有一种神像头部、躯体及四肢用木雕就，然后再组装起来，这样四肢可以活动，方便更换衣服，被称为"软身神像"，如莆田港里天后祖祠妈祖像。也有一些妈祖造像工艺采用脱胎漆艺、剪黏镶嵌工艺等。除此之外，一些新材质如玻璃纤维、树脂、锻铜、锻铁、合金、青铜等也被广泛应用到神像的制作中。如台湾鹿耳门天后宫屋脊装饰妈祖像（图1-4-1），为剪黏制作。台湾苗栗竹南后厝龙凤宫高45米的室外坐姿妈祖像，是混凝土外

图 1-4-1　台湾鹿耳门天后宫屋脊装饰剪黏妈祖像

包玻璃纤维的塑像。澳大利亚墨尔本天后宫室外妈祖像则是采用不锈钢造像，考虑神像造型美观的同时，兼顾了材料的经久耐用。传统的石雕妈祖神像有圆雕、浮雕、沉雕等工艺：圆雕是将石材在三维空间中整体镂空成型，多用于室外的规模较大的妈祖造像，如湄洲岛山顶妈祖石像；浮雕是在平面上塑造出凸起物象，呈现出立体感，如福州金山寺妈祖半浮雕像（图 1-4-2）；沉雕是雕凿形象凹进的刻画效果，线条分明。随着科技的发展，在现代又增加了影雕的新工艺，即用电脑控制大小不同的刀锋和针尖，在磨光色沉的石片上用大小不同、疏密深浅不同的点进行精心雕琢，在平面的石板上刻画出细腻写实、富有明暗深浅变化的图像。如莆田新县巩溪宫的影雕妈祖像（图 1-4-3），富有现代气息。版印妈祖造像是指用木版印刷出的妈祖像，这种神像的主要功能是方便大数目复制，供信众在家中张贴供奉，用来镇宅辟邪，被称为"神符"或"纸马"等，在闽台地区极常见。这种版印神符造像有两类：一类是妈祖个体造像；另一类是多

图 1-4-2　福州金山寺妈祖像　　　　　图 1-4-3　莆田新县巩溪宫影雕妈祖像

位神明组合的造像，除了妈祖之外，还包括千里眼、顺风耳等各种神明。如河南朱仙镇《天后娘娘》、漳州颜锦华出品的《天后圣母》、广东佛山《赤湾圣母》（图1-4-4）、台湾嘉义新港奉天宫神符图、湄洲祖庙《天上圣母宝像》（图1-4-5）等。还有三种妈祖造像形式在此处简要介绍：一是瓷烧妈祖造像，制作时以陶土灌模、上釉之后烧制而成，如明代德化妈祖瓷像，但这类造像近年较为罕见；二是砖烧妈祖造像，经过砖土灌模、上釉烧制而成，代表性的作品有台湾台南安平窑厂在日据时期大批制作的砖烧神像，以及鹿港文昌行妈祖砖像；还有一种是纸糊妈祖神像，是运用彩纸、麦秸、芦苇、竹片等扎制而成的一种特殊的造像，在特定的仪式场合中使用后即焚化，如台湾台南王船信仰中有专为祭典用的"妈祖船"，祭日那天将纸扎妈祖像送上王船安奉，最后与王船一起烧化，纸扎的妈祖神像也被用来祭祀，制作精美。除此之外，近年来还出现了以贵重材料金、银、玉等制作的妈祖造像和以妈祖为主题的文创造像产品。经济的快

图 1-4-4　广东佛山的《赤湾圣母》　　　图 1-4-5　版印《天上圣母宝像》

速发展为使用贵重材质为妈祖造像提供了物质基础。如彰化鹿港天后宫的妈祖造像使用了 120 千克的黄金，以富丽堂皇的外表展示了造像的珍贵与妈祖形象的宏伟；台中县大甲镇澜宫和宜兰县苏澳镇的南天宫则以宫庙中的金妈祖、玉妈祖而闻名。另一方面，妈祖文创产品的出现是时代赋予的新趋势，这些产品以 Q 版妈祖造型为外形，结合现代设计手段，批量生产出与生活相关的周边产品，例如手机吊饰、文具以及玩具公仔等，很好地迎合了大众尤其是年轻人的口味，让妈祖形象得到更广泛的传播，妈祖信仰的影响力在此过程中逐步提高。

综上所述，妈祖造像的形式种类繁多，无论是传统的还是现代的，都为妈祖信仰艺术的发展提供了源源不断的活力，也为妈祖信仰的传播提供了更多的形式。

二、妈祖圣迹叙事式图像的材质与工艺

"妈祖圣迹叙事式图像"亦称"妈祖圣迹图",主要通过图像叙述妈祖的生平与神迹故事。值得注意的是,妈祖圣迹图在一些文本当中是以插图的形式出现,其功能是作为辅助理解文字内容的配图,而在一些壁画当中,它则是以一种主要的视觉形式向观者诉说着妈祖的事迹。由于视觉艺术能够更加直观地展示神迹奇事,同时鉴于广大信众的文化程度高低不一,故这种艺术表现形式在民间广受欢迎。宋代之后,印刷术技术的日趋成熟,也推动了妈祖圣迹图的创作热潮。

妈祖故事传说多散见于宋以来的历代朝廷文书、史籍、方志和文人笔记中,但是这些文献记载多简略零碎。明代万历元年(1573),吴还初编,忠正堂熊龙峰刊行的《天妃娘妈传》,将片段简单的神话演绎为故事小说;而后又有明末佚名编纂并于清代康熙二十年(1681)出版的《天妃显圣录》书稿面世。直到此时,妈祖圣迹故事才以专著的形式出现。到了清代乾隆年间,林清标在《天妃显圣录》基础上增删编纂为《敕封天后志》一书,其成为研究妈祖信仰图像的重要著作。该书录有天后神迹图共49幅,每个故事均配有图。由于该书流传较广,因而成为后世诸多圣迹图的蓝本,妈祖圣迹图的艺术形式也因之流行,各地妈祖宫庙编绘圣迹图蔚然成风。妈祖圣迹图或刻印成书,或绘刻于妈祖庙堂两壁,或绘于绢纸再装裱成轴悬壁。这些圣迹图图像可以帮助观者迅速了解妈祖信仰,推动了妈祖信仰的广泛传播,主要有以下三种圣迹图形式。

(一)刻本妈祖圣迹图

木刻版画在中国有着悠久的历史。特别是明清以来,在一些大众小说读物刻本中,为了提升读者对小说的阅读兴趣,常把生动的故事情节内容用图像展示出来。这种以具象故事图本配合文本的叙述方式,通过激发读

者对画面的想象，极力营造身临其境的效果。由于版刻工艺的特殊性，造型复杂的图像受到一定的限制，所以圣迹图版刻图像倾向于概括而简洁的设计。比较有代表性的妈祖图像刻本历史上有四部。

1.《天妃娘妈传》

晚明时期，建阳书坊主熊龙峰根据明代吴还初小说，刻版排印了《天妃娘妈传》。这部书采用上图下文字的排版模式，全书的版画约有300幅，其人物造型简洁、线条飘逸流畅，但印本较为模糊。（图1-4-6）

2.《敕封天后志》

清代林清标对《天妃显圣录》改编整理，并附以插图后，编纂出《敕封天后志》一书。"爱仿古人左图右书之法……编次绘图，以成一部信书……颇易披阅"①，该书模仿古人的"左图右书"的惯例，以每个妈祖典故配以一幅插图的方式进行排版，每幅插图高19厘米、宽27厘米。既保持了全篇圣迹故事的连续性，又各

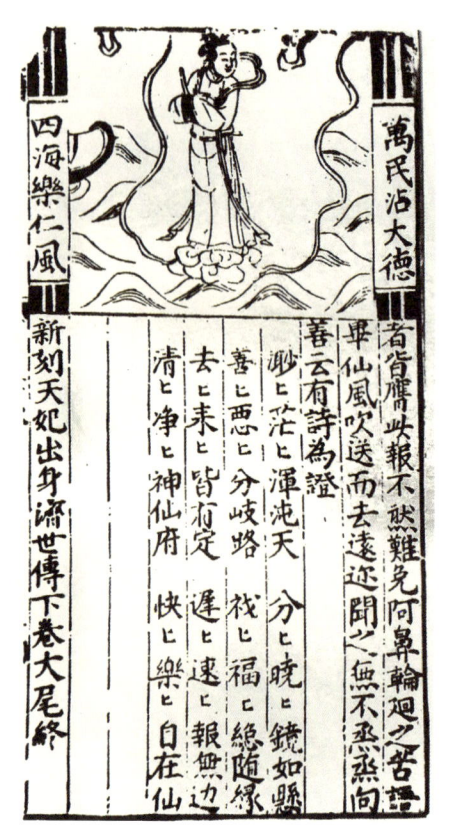

图1-4-6 《天妃娘妈传》之局部"万民沾大德四海乐仁风"

---

① 林清标：《原序》，《天后圣母圣迹图志》卷一，道光十二年（1832）上洋寿恩堂增补本。

自具有独立性，开创了"神迹图说"的新体例，对后世影响较大。该书中的插图构图饱满，取景简洁，刀法果断，造型大方又有朴拙之美。（图1-4-7）

3.《天后圣母圣迹图志》(现藏于中国国家图书馆)

《天后圣母圣迹图志》的原编者及初刊年代均不详。目前发现最早的版本是道光十二年（1832）重镌本，由苏州寿恩堂主持刊印。依据书中清道光二十五年（1845）严显跋语所记载，此书的刻印应是林氏族人所为。此书分两卷，上卷内容与乾隆版《敕封天后志》基本相同，可以说是翻刻本，但下卷"圣迹图"则与《敕封天后志》的图版完全不同，构图多样化，简略得当，雕工精细，线条圆转优美。图中的人物形象描绘得精致柔美，带有苏杭一带雅致的审美风格。（图1-4-8）

4.《天后本传》(现藏于中国国家图书馆)

《天后本传》成书于道光六

图1-4-7　《敕封天后志》之"湄屿飞升"

图1-4-8　《天后圣母圣迹图志》之"证仙班九日飞升"

图 1-4-9 《天后本传》之"白日飞升"

图 1-4-10 中国国家博物馆藏《天后圣母事迹图志》之"破惊涛遂救严亲"

年（1826）。以左图右文的方式编绘了 14 个妈祖故事，图上有故事内容标题。此书的图版绘刻风格独特，注重线条的疏密组合，并将各种物体符号化，故画面极具装饰性。（图 1-4-9）

（二）纸绢绘本妈祖圣迹图

纸绢绘本妈祖圣迹图中的题材大都是按照《圣妃显圣录》文字记载的固定顺序，并采用模式化的妈祖神迹奇事组画。与刻本相比，纸绢绘制更易发挥线条和色泽的不同变化，所以也更精美细腻。以下四部纸绢绘本妈祖圣迹图比较有代表性。

1.《天后圣母事迹图志》（现藏于中国国家博物馆）

此绘本为纸本设色，由 48 幅彩色册页构成，每图高 31.4 厘米、宽 32.4 厘米，是清代彩色绘画珍品，图画作者不详，光绪十八年（1892）经许叶珍汇辑成书。画面精美，富有文人画的韵味。（图 1-4-10）

2.《妈祖圣迹图》(现藏于福建省莆田县博物馆)

此绘本为清代欧峡绘作,纸本设色。原4幅屏今缺一屏,每条屏轴高270厘米、宽170厘米,绘妈祖出生至清康熙年间的显圣事迹48节。画面故事构图巧妙,内容多而不乱,画风古朴细致。(图1-4-11)

3.《妈祖圣迹图》(现藏于福建仙游县大济枫塘宫)此绘本作者不详,为纸本设色,共4轴48幅,每图高61厘米、宽38厘米。前24幅描写妈祖生前的事迹,后24幅描写妈祖升天后的神迹。(图1-4-12)

4.《妈祖圣迹图》(现藏于荷兰阿姆斯特丹国立博物馆)此绘本共有7幅,为纸本,每幅高54厘米、宽86厘米。7幅图的内容分别为:朱衣护使、助擒周六、涌泉给师、起盖钟鼓楼及山门、托梦护舟、澎湖神助得捷、琉球阴辅册使。全图勾勒精细,设色雅致。(图1-4-13)

图1-4-11 莆田县博物馆藏清代欧峡绘作《妈祖圣迹图》局部

图1-4-12 现藏于福建仙游县大济枫塘宫的《妈祖圣迹图》的局部

图 1-4-13　现藏于荷兰阿姆斯特丹国立博物馆的《妈祖圣迹图》之"起盖钟鼓楼及山门"

（三）壁画妈祖圣迹图

在妈祖庙宇中以壁画的形式来宣扬圣迹是十分常见的，尤其在福建沿海一带有近一半的妈祖庙宇都绘有壁画圣迹图，形式也很多样。以前的圣迹图壁画一般直接用墨线和颜料在墙壁上作画，但绘制在墙面上的笔墨色彩所保存的时间有限，一般经过几十年就得重新绘制。所以现存民间庙宇中绘制水墨圣迹图壁画日渐稀少，现存比较有代表性的有漳浦乌石天后宫、漳浦城关天后宫、仙游龙井宫、仙游贝龙宫、莆田东峤蒲弄宫、天津天后宫、青岛蓬莱天后宫、辽宁丹东天后宫、马来西亚雪隆海南会馆天后宫等庙宇的壁画。

为延长妈祖圣迹图壁画的保存时间，现代石刻工艺和烧瓷工艺被画师引入壁画领域。如厦门何厝顺济庙、莆田新县巩溪宫、台南安平天后宫等地圣迹图壁画，运用石板的影雕工艺，由点彩或彩色影雕组成的妈祖壁画，颇具闽南地方特色；江苏昆山慧聚寺、长乐漳港显应宫圣迹图采用浅浮雕等工艺；台南安平天后宫妈祖圣迹图采用石板沉雕工艺；仙游海地龙应宫、榜头朱阳宫圣迹图采用烧瓷拼嵌工艺。采用什么方式来制作壁画都是由庙方的经济能力及主事人的欣赏习惯来决定的，内容因各地风俗、文化的不同也有所区别。

在台湾还流行一种平面画和半凸形混合的圣迹图图像，这种画面大部分面积是采用平面勾描赋彩，局部如头部、手脚等故意用油土压模做半浮雕状。这样画面高低不同，立体与平面相结合，产生丰富的层次感，给观者全新的视觉感受，深受欢迎。台湾大甲镇澜宫的妈祖组合群壁画就是采用这种表现形式。

第五节
妈祖图像与神职功能

史学家丁山认为,地理环境的变迁会影响信仰中神灵的神职功能。"埃及人尊尼罗河为生命之水,苏美尔人尊恩利尔为'山家',若干民族之古代,因其所在环境不同,在山祀岳,傍水祀河,神格无常,时因祀之者境迁而异。"[①] 伴随着妈祖在民间的地位和影响力的逐渐上升,为了适应环境变化和人们的现实需求,妈祖信仰所涉及的领域不断扩大,具体表现在其神职功能的多样化。而这种神职功能上的变化也直接反映在妈祖图像之中,现以护航、祖先崇拜、地方保护神、财神、妇婴保护与送子五种功能举例说明妈祖图像与神职功能之间的联系。

一、护航

护航、救海难是妈祖的原始职能。沿海渔民对妈祖的崇拜和依赖是随时随地的。不但渔船建造要请示妈祖选吉日并现场"监造",渔船即将航行前也是要先请妈祖神像上船举行仪式。出海时每条渔船供奉妈祖像,并时

---

① 丁山:《古代神话与民族》,商务印书馆2005年版,第391页。

时祷告，获得好收成或平安归来亦要还愿酬神。此外遇到无法决定的事时，都要在妈祖灵前掷筊杯做出决定。妈祖信仰成了沿海人民生活中不可或缺的一部分。

在一些并无河海的内地，妈祖也被赋予护航功能。始建于清康熙十年（1671）的漳州南靖梅林镇天后宫，地处内地，并无河海，但当地供奉天后甚虔。原因是明末清初当地许多魏姓族人为了生计，纷纷漂洋过海，赴海外谋生。留守原址的族人担忧漂洋过海的亲人，兴建天后宫，祈求妈祖庇佑族人的平安。漳州南靖梅林镇天后宫妈祖像造型比较趋向清瘦的中青年妇女形象。（图1-5-1）

图1-5-1 漳州南靖梅林天后宫妈祖像

二、祖先崇拜

历代统治者出于他们的功利目的对妈祖的褒封不断升级，而民间人们却将妈祖极大地世俗化，将她还原为一位亲切慈祥的前辈——妈祖（娘妈）。有些地方姓林的族群称妈祖为"姑妈"，"自宋以来，神通历著，普天之熙熙攘攘者视若孙曾，俗以'妈祖'呼"[1]。妈祖本来不是神名而是东

---

[1] 《安澜口神天》，载蒋维锬编校《妈祖文献资料》，福建人民出版社1990年版，第248页。

南沿海一带百姓对辈分高的女性的尊称，是民众对妈祖尊敬且亲昵的称呼。除此之外，各地区还有其他对妈祖亲近的称呼，如台湾民间称她为"妈祖婆"，在莆田、仙游民间称妈祖为"娘妈"，在闽西如永定县高头江氏将妈祖称作"圣母娘"，而武平县袁畲林氏则将妈祖称为"妈婆太"或"姑婆"，等等。

樟林是潮汕地区古港口，供奉妈祖历史已久。当地林姓族人亲昵称妈祖为"姑母"，还有个民俗习惯，新娶进门的媳妇，拜堂之后第二天一早要捧一盆清水，携一盘红橘去妈祖庙为"姑母"洗脸梳妆，孝敬姑母，希望妈祖福佑，今后日子像橘子一样红火甜蜜。这一民俗至今仍然在潮汕各地盛行。

在台湾妈祖进香绕境的队伍中，颇受人瞩目的有"六房天上圣母"。依据 1933 年《台南州祠庙名鉴》详记，此尊神像是林姓六兄弟从湄洲请来渡海奉祀在台湾。起先是由散居斗六、西保、土库、打猫等地的六房林姓子孙供奉，后来逐渐扩展至附近百姓，每年随六房天上圣母绕境的信众多达十万人以上，浩浩荡荡。妈祖的林氏家族对以妈祖为代表的祖先崇拜，也就这样逐渐从"林家"的小家族扩大至台湾社会乃至"中华民族"这个大家庭。

近几十年来由于特殊政治原因，台湾人民被迫隔断了与大陆亲人的联系，来自故乡的神灵妈祖被他们当作祖国母亲来祭拜，以寄托对故土的思念。其母亲神职的妈祖图像，一般是雍容丰盈的成熟妇女形象。只有健壮丰腴的成熟妇女形象更能寄托他们对母亲的想象。很多台湾妈祖图像富态、敦厚可亲。中年妇女造型似母亲形象般的妈祖，成为台湾妈祖典型的造型。

三、地方保护神

《圣墩祖庙重建顺济庙记》中记载:"独为女神人壮者尤灵,世传通天神女也。姓林氏,湄洲屿人。初,以巫祝为事,能预知人祸福;既殁,众为立庙于本屿。"[①] 妈祖生前就是因为能帮人避祸求福而被崇敬的,之后升天为神,人们希望她能继续为乡民造福,因此为她增添了更多的神职功能。

如妈祖有降雨功能,在诸多圣迹图中都有妈祖祈雨的场景描绘。(图1-5-2、图1-5-3)李鼎元的《使琉球记》记载:"六月朔日晴,连日琉球阳少雨,农家望雨甚切。因与介山至文庙天后宫行香。遂默祷于天后关帝,求赐甘霖以救一方……未刻,阴云密布,飞雨数点而止,初二日

图1-5-2 《天后本传》之"片云致雨"

图1-5-3 欧峡《妈祖圣迹图》之"祈雨"局部

---

① 蒋维锬编校:《妈祖文献资料》,福建人民出版社1990年版,第1页。

大暑，阴，午后微雨……初三日阴，未刻大雨，番薯得此不啻甘露。"这说的是妈祖具有呼风唤雨的神职功能。

作为祈雨的衍生功能，妈祖也被赋予灭火的神迹。如明代时期，广东汕头地方新建的一座火神祠屡屡发生火灾，于是当地人将火神祠移出，改奉妈祖。"从此降福淡灾，不独火安其位，而水亦效其灵。"[①]闽西偏远山区也称妈祖能帮他们灭火，传说闽西武平县武东乡太平山上曾经发生山林火灾，正当村民扑火扑不灭之时，忽然一位穿着白衣撑雨伞的仙姑自山上而下，仙姑过处，大火自然熄灭了。山火全熄后，仙姑随即隐去。后来村民发现这位仙姑就是妈祖，于是兴建庙宇供奉，这就是武平县武东乡太平山妈祖信仰的来由。（图 1-5-4）妈祖原来海上护航的职能在此被演化为救火之神。此外，在一些地区，妈祖被认为有保佑农业丰收的功能。广东从化"城北旧有天妃庙……大天妃为粤南司水之神，而从民毕岁勤勤从事于早晚二稻者，水轮灌州，唯视溪流之盈涸以为丰歉，则天妃之神最灵"。早晚二稻都需水轮灌溉，水稻收成全仰仗于溪流水量的盈涸，所以人们敬奉水神妈祖来保证农业丰收[②]。地处福建泉州市郊的鹏溪人将"妈祖"奉为"谷神"。与从化相同，鹏溪也是一个以种植水稻为生的农业村。人们在当地建造永安宫奉祀妈祖，春播秋收季节经常烧香祭祀，在神像前的众多贡品中最具特色的是一对盛满稻谷的木桶"信斗"，村里的老者说："妈祖自古以来就是本地的谷神。"意思是妈祖能

[①] 陈芝：《建南门外天后庙记》，载李书吉等修，蔡继绅等纂《澄海县志》卷二十五，嘉庆二十年刊本，台湾成文出版社 1967 年影印版，第 348—349 页。
[②] 郭遇熙：《创建天妃庙文峰塔碑》，载《从化县志·艺文志》，康熙四十九年修，宣统元年重刊，民国十九年铅印本，台湾成文出版社 1974 年影印版，第 235—236 页。

图1-5-4　闽西山区龙岩市武平县武东乡太平山妈祖庙

佑护当地的农业生产。

　　从大陆移居去台湾的人常常向妈祖神像祈求来佑护他们平安。妈祖被塑造成救苦救难、无所不能、有求必应的保护神。"威严显赫"成了台湾妈祖图像的神态特征。一些学者认为台湾妈祖较多黑面是妈祖的神职变化使然："黑面妈祖较凶悍，因此执行除煞、捉妖、镇暴等任务通常都要请黑面妈祖出巡。"[①] 如果神像造型身躯羸弱、面貌年轻，不足以承受百姓的信托依赖。

四、财神

　　移民华人在新的居住地定居之后，精神的需求也发生了一些变化，去妈祖庙上香的时候，祈愿更多的是家人平安健康，还有能够赚钱发财。

---

① 林茂贤：《台湾的妈祖传说及其本土化现象》，台湾《静宜人文学报》2002年第17期。

在越南会安这个地区，当地还有一个风俗，就是大年初一的时候到妈祖庙去求平安，然后向妈祖借钱。到了年底的时候，他们就会过来还愿和还钱。在顺化妈祖庙中，信众经常会给妈祖像手臂挂一个钱包，希望妈祖能保佑发财。

日本横滨、神户一带的商户们供奉天后圣母，也是把妈祖当作商业保护神来供奉的，希望妈祖能佑护他们财源兴旺。

马来西亚吉兰丹的圣春宫，每年农历三月二十三日妈祖诞辰那天都会举行仪式，通过掷筊杯向妈祖请"金龟"或"金牌"，然后把"金龟"或"金牌"迎回家中或店铺里，希望妈祖能给他们带来财气。镇兴宫和镇安宫也会举行同样的仪式，只不过是在农历正月十五元宵节那天。镇兴宫妈祖殿上的柱子上还悬挂着一副"福照人间财骏发，神通宇庙利丰亨"的对联，强调妈祖能给他们带来"财"和"利"。

就这样，随着社会商品经济的发展，妈祖的职能也跟着改变，成了财神。扮演财神角色的妈祖一般造型憨厚拙趣、一团和气。

五、妇婴保护与送子

由于妈祖的女性身份，很早文献中就有记录将妈祖当作妇女儿童的保护神。清代郁永河在《天妃神》一文中记："至今湄洲林氏宗族妇人将赴田者，辄以其儿置庙中，曰：'姑好看儿！'遂去。去常终日，儿不啼不饥亦不出阈。至暮妇归，各认己子携去。"[①] 妈祖成为湄洲林氏族人看护儿童

---

① 郁永河：《天妃神》，载蒋维锬编校《妈祖文献资料》，福建人民出版社1990年版，第206页。

的保护神。

闽南及闽西客家一带,至今还流行将孩子契于妈祖名下的习俗。新生儿女,都要来妈祖庙献上一份"新丁告",在庙中为孩子命名。武平一带称妈祖为"姑婆太"或"太太菩萨"等,所以给孩子起名时,要在名前冠上"太"字。泉州惠安一带有契妈祖名下为"孙儿""孙女"的风俗,在妈祖庙中挂红纸书写的契约书,希望妈祖娘娘保佑孩子平安健康成长。人们希望妈祖能赐予子嗣,将孩子契于妈祖名下,希望妈祖庇佑孩子健康成长,显然是将妈祖当作母亲之神来供奉。如龙岩市培田天后宫的妈祖像,故意拉近两眼间的距离,紧拧的眉眼构成倒三角,借助几何状显现出庄严、神奇,鼻梁挺直,嘴角夸张上扬,下巴微翘。形象老成持重的妈祖,已不是28岁未婚的年轻女子,而化身为山区乡野的某些精明能干有某些特殊能力的婆婆了,这倒是很符合当地信众给予的护婴姥姥的身份。

在台湾地区,也有给妈祖做义子(谊子)的习俗,待孩子顺利成年时,父母会领他去答谢妈祖庇佑。妈祖还具有送子功能。"(妈祖)尤善习孕嗣,一邑供奉之。邑有某妇醮(即嫁)于人,十年不孕,万方高谋,终无应者。祷于妃,即产男子嗣。是凡不育者,遂祷遂应。"[1]台湾新港奉天宫壁上曾刻有清林玉书的《笨港进香》一诗:"约伴笨津去,红旗系小铃。一心期获福,百里忍老形。香气浑笼雾,灯光讶落星。奴家无别祷,只赐早添丁。"[2]俱表示妈祖能让妇女圆当母亲的梦想。台湾历史博物馆所藏民俗版画画面下方,摆满祭品的案桌两侧,各立一人手抱幼婴,描绘的是人

---

[1] 《三教源流搜神大全·天妃》,载蒋维锬编校《妈祖文献资料》,福建人民出版社1990年版,第121页。
[2] 刘福铸等编:《历代妈祖诗咏辑注》,中国文史出版社2005年版,第375页。

图1-5-5 现藏于台湾历史博物馆的妈祖民俗版画

间祈求神灵福佑孩子的祭祀场景。画面中间的天后圣母妈祖宽脸广额，双腮下垂，法令纹明显，双下巴，亦是慈眉善目的老年形象。（图1-5-5）

人们根据各时期各地区的具体要求，赋予妈祖各种职能，所供奉的妈祖图像面貌特征也相应发生一些微妙的变化。其中原因是人们把妈祖当作现实生活中的各类女强人来看待。

第二章

妈祖图像衍流

由于信仰虔诚，各时期的人们以最精致的工艺来绘造妈祖图像。妈祖图像是历代人们对妈祖形象的理解与塑造的最直观载体，亦是中国宗教信仰文化中神像造型审美文化的见证者与传播者。要剖析这些跨越时空的图像，必须了解产生图像的特定时代的文化传统。

第一节
宋元时期妈祖图像的"写真"表现

宋代是资本主义商业经济的萌芽时期。随着商品经济的发展、城区都市化的扩大、市民意识的萌芽,社会文化氛围日益浓厚,同时又是儒家理学大行、佛教禅学大盛的时期。活字印刷术的发明为信仰图像文化传播创造了条件。商业的发展为造像提供了经济基础。此时妈祖造像所采用的材料多为泥和木,强调了彩绘的作用,石雕造像则很少见。

一、宋元文化与妈祖图像

经历了盛唐时代的壮丽辉煌后,宋代文化的审美趣味先逐渐化雅为俗后,进而化俗为雅,由丰腴而趋于枯瘦,由宏丽而归于平淡,在美学上更重视规范和章法,呈现出纤弱、沉着、平淡、静谧的时代审美特征。通俗和平易的市井化艺术充满了朝野,这一社会审美观落实到造像上就是重神似、尚简略。文人画家苏轼大力推崇这种"平淡"审美:"大凡为文当使气象峥嵘,五色绚烂,渐老渐熟,乃造平淡。"① 趋于淡定平和的审美心态决定了他们所

---

① 周紫芝:《竹坡诗话》卷二,载《文渊阁四库全书》第1480册,台湾商务印书馆1983年版,第674页。

创造艺术形象的美学趣味，其总体特征是趋于内敛、精微、沉潜的，相对盛唐造像的大气和活力，自然显得有点死气沉沉。怪不得梁思成先生这么苛责宋代造像："此时代造像，就形制言，或仿隋唐，或自寻新路……要之大体似唐像，面容多呆板无灵性之表现，衣褶则流畅，乃至飞舞。身杆亦死板，少解剖之观察……普通石像亦有，然不如李唐之多矣。至于菩萨木立像，率多呆板，不足引起兴趣，亦缺美术价值，不足为宋代雕刻之上品也。"[1] 虽说是一家之言，但一针见血道出了宋代造像比较质朴和表情拘谨的特点。

首先，宋代图像的艺术风格明显带有隋唐遗风。隋唐艺术造型风格的延续性制作，特别在宋代民间是很普遍的。宋代理学大师朱熹对隋唐画家推崇备至，明代徐渤《闽画记》记载有朱熹学吴道子画法，亲自为自己画像的事，民间还流传有《朱熹对镜自画像》徽州刻石拓本。朱熹是否真的能绘画并能对镜绘自画像，我们目前无法确认，但起码可以从中得知，朱熹对吴道子的绘画风格相当推崇，宋代人物图像的审美趣味与当时民间绘画意趣是相契合的。妈祖出生于宋初，在宋代并未盛行妈祖图像，但我们从现存的宋代妈祖图像中窥见宋代造型特色：造像面貌、衣袖纹路一律简单概括，身躯偏清瘦，更注重平面的团块对比组合和线条的疏密处理，不注重立体感。这些都构成了宋代妈祖图像的平朴、素雅、少装饰的艺术风格。

其次，宋代是个理学盛行的时代，理学家们对传统儒释道等思想传承的同时做了整合，提出心性之学，提倡"性情中和"，社会风气淳朴，服饰也比较拘谨与保守。理学重建封建礼法秩序，妇女的从属地位又一次

---

[1] 梁思成：《中国雕塑史》，百花文艺出版社 2006 年版，第 225 页。

被强调。朱熹曾在福建任官，见漳泉等州的男女有自由结合的风俗，深恶之，下令严禁，还命令当地妇女鞋底下皆要装上木头（称为"木头履"），一行动皆有声响，可以防止妇女"私奔"。在这样的大文化背景下孕育的宋代早期妈祖造像风貌，自然纳入和融合了宋文化的品性。此时大多图像明显淡化了其宗教信仰神圣的色彩，直接塑造为当时世俗的常见形象。所以从现存的宋代妈祖图像中我们可以看出，神像完全是当时日常生活的普通市民的真实写照，如同理学思想束缚下的宋代普通妇女形象一样，通常是低眉端坐，身材平直，没有女性的性征特点，神态平静淡泊，表现出当时女性拘谨、敏感的特点。这都符合理学所规定的妇容、妇德的要求，却远离了妈祖作为女神的雍容妙曼与灵秀，怪不得梁思成先生斥之"面容多呆板无灵性"了。

到了元代，文人画思潮影响巨大，文人士大夫对于民间绘画执偏见和歧视态度。当时道释宗教题材雕绘作品均出自民间画工与雕匠，文人士大夫不屑参与与关注，致使对于民间画工的名字及其艺术活动，文献中几乎不记载。元代寺庙造像基本保留了唐宋风格，即通过对不同人物动作、表情、神态的刻画，突出人物内心世界，为现实人物的真实写照。元代的神像特点在追求浑厚的体积感，如元代山西永济永乐宫壁画，造型严谨丰富，人物的神情面貌各异，给人丰实的观感。

二、传世的宋元时期妈祖图像

宋代的妈祖信仰影响只局限在民间，范围也还没有超出福建，所以保存至今的妈祖图像也弥足珍贵。

鉴定宋代妈祖造像，是专家颇为困扰的问题，亦是本文图像研究的一个难点，其原因有两点。其一，年代久远，无相关的文献记录参考。

其二，宋代福建民间信仰迅速发展，祠庙众多，供奉神祇无数，其中有不少女性神，如临水夫人陈靖姑、祈雨的严氏等。而且经常出现几位女神同祠供奉的情况，如仙游的"三妃宫"，将妈祖与临水夫人、法主仙妃同祀。宋代的妈祖图像大多为夫人造型，与其他女神没有明显的区别，所以即使鉴定为宋代造像，也很难断定是妈祖神像还是其他女神像。对于现存宋代的妈祖神像，众说纷纭，但被专家口径一致认定为包含宋代妈祖造像的三尊木雕像，多为封妃前的夫人像造型。姑且以此做图像形式的分析。

图 2-1-1　莆田城内文峰宫南宋木雕妈祖像

现供奉于莆田城内文峰宫的南宋木雕妈祖像（图 2-1-1）高 73 厘米、宽 28 厘米、厚 24 厘米，是南宋名相陈俊卿建于白湖庙中的原物。此为樟木硬身像，坐姿，双手自然垂于腹前作拱状，以巾帕覆住了双手，姿态舒展自然。梳高髻，为典型的宋代夫人发式，三环式发髻，脸形为丰满的瓜子脸，额头凸出，眼睛细小而有神，目光慈和，两个嘴角稍向上翘，笑容典雅，拉近了人与神的距离。肩围刻有梅枝与云朵等中国传统纹样图案的云肩，身披袍服，腹部扁平，裙摆下露出尖尖的三寸金莲。造型有疏有密、有方有圆，衣裙和披带的线条用的是简练流畅的直线，云肩和覆巾则是弧线与直线并用，整个衣纹线条如水波荡漾般生动柔和，散发出一股淳朴安详之美。

另一尊南宋时期的夫人神像（图 2-1-2），1990 年出土于仙游县枫亭

图 2-1-2　仙游灵应堂南宋木雕夫人像

图 2-1-3　仙游灵应堂南宋木雕妈祖像

海滨村灵应堂，高 43 厘米、宽 18 厘米、厚 15 厘米，为硬身坐像。神像头顶大盘高髻，由五片发髻紧扎组成浑圆的髻形，中间用绘有花鸟凤蝶的簪钗和梳篦来装饰固定。额头开阔，脸颊丰满，重睑，眼神睿智，细而薄的嘴唇紧抿，略含笑意。双臂垂横于腹部前，着圆领大袖衣，腰系玉带，腹部微微有点圆鼓，女官式的服饰让神像端庄的神态中带着一点儒雅之气。故意夸大长袖造型，长垂并拢、宽大的衣袖遮住了双手与双膝，而且约占了整尊神像的三分之一。衣纹采用阴刻手法，线条如春蚕吐丝，柔软绵长，衣纹摆布呈八字形，朝两边拓展，使神像添加了一些大方的气势。这尊造像高雅娴静，特别是衣纹线的流畅灵动让人印象深刻，但在人物面貌的具体刻画上平淡有余，生动不足，给人拘谨之感。

南宋光宗绍熙元年（1190），妈祖受封"灵惠妃"。所以南宋妈祖像有神妃打扮。原存仙游灵应堂的另一南宋木雕妈祖像（图 2-1-3）就是头戴冕旒、手执玉圭的神妃形象。此尊神像高 28 厘米，冕旒具体形状因破损而无法准确推测。双手举至胸前做覆巾拱举状。身披霞帔，云肩，袍衣大袖，足履金莲。脸庞清秀，神态端庄娴静。

除了这三尊神像，在莆仙地区诸多妈祖神像中，有一尊妈祖造像不能不提。这尊传为南宋作品的莆田港里天后祖祠妈祖（图 2-1-4）为软身木雕像，来历不凡。乾隆年间林清标在其编辑的《敕封天后志》一书中提到："世传祠内宝像，系异人妆塑，各处供奉之像，皆不能及。"[①] 说港里天后祖祠这尊神像是一位有神异才能的匠师雕刻的，并给予极力的赞扬。

图 2-1-4　莆田港里天后祖祠妈祖像

港里，古称贤良港，位于莆禧半岛南端，面对着湄洲岛，历来为林姓族人聚居之地。港里天后祖祠也是妈祖信众朝拜的重要之地，明清时期编修的一些《林氏族谱》和清乾隆年间林氏后裔林清标编纂的《敕封天后志》等都说妈祖诞生于湄洲湾畔的港里村，与宋元记载妈祖出生地湄洲岛隔水相望。港里天后祖祠始建于宋代，清顺治十八年（1661）朝廷下令迁界清野，港里村民内迁莆田涵江，祖祠内所有神主、神像寄奉于涵江天后宫。康熙二十年（1681）沿海复界，林姓后裔从涵江天后宫迎回神像重建祖祠。这尊神像为软身木雕，具有独特的魅力，风格与同一时期的神像截

---

① 林清标：《敕封天后志》，载蒋维锬等辑纂《妈祖文献史料汇编·著录卷》，中国档案出版社 2009 年版，第 300 页。

然不同，眉眼生动，神采飞扬，观之可亲。现在看来，这位传说中的"异人"匠师自有其神异之处，在神像的塑造上他很好地把中国传统女性五官美——柳叶眉、丹凤眼、樱桃小口等——与南方海边女子的灵慧勇毅性情结合在一起，在世俗性的美感中融合神圣感。这尊神像至今依然敬奉在港里祖祠里，神像双手平举做朝天持笏式，脸颊丰满，鼻锥挺而唇小，柳眉弯弯，单眼皮的丹凤眼眼角高高挑起，仿佛在认真倾听祠外潮起潮落的涛声，欣喜地等待远航的渔船归来。宋代的神像造型多朴实，与现实人物形象更靠拢。前文所述的几尊妈祖神像，虽然外形接近现实人形象，但面貌还都比较拘谨，神态克制。港里的这尊妈祖像不但塑造了现实生活中的人的外形，还栩栩如生。神像的脸型较其他神像更为丰满，雕刻师很好地在圆润的脸庞上处理了五官的分布，故意拉大了眉眼的距离及两眉之间与两眼之间的距离，这样眉开眼笑给人慈和的观感。现在流行的Q版形象，在造型上故意拉大眉眼距离，加上小嘴唇以求可爱和生动，与此像有异曲同工之妙。林清标的记载中没有说明此尊神像具体的制作年份，但不管如何，此尊神像代表妈祖渔家出身的里中巫的形象，是海边经常可以看到的勤劳的年轻渔家女子的面貌，其眉宇间又有不同常人的聪灵和英气，完全是一位活力四射、热情开朗的青春女子，以现代的造像审美观来审视这尊神像，依然是不可多得的杰作。

令人遗憾的是，现在可以看到的妈祖神像中，鲜有元代时期的妈祖造像。1987年湄洲天后宫出土的一尊石雕像据说为元代妈祖石雕像。在《湄洲妈祖游台湾纪念专刊》中"湄洲妈祖游台三大宝物亮相"的单元中，是这样记载"元朝石雕妈祖原始金身"的："湄洲祖庙珍藏的这一尊妈祖石雕像，高29厘米，宽22厘米，青石质，圆雕，型制古朴，披巾帕首，大襟博袖，垂拱跌坐，脸颊丰实，具有唐宋妇女典型风格，是20世纪80年代初在祖庙寝殿修复时出土的，同时出土的还有一些宋代陶筒瓦、瓦当、青瓷片、石避邪等。"①据说这尊元朝石雕湄洲妈祖神像，迄今已逾800年历史。这尊妈祖石像已不再是宋代的南国女子打扮，衣饰十分简单，头戴披巾，双手拱于胸前，俨然一位贵妇。整个神像造型古朴如三角锥形，浑然一体，分辨不出颈部和腰部，脸部和衣纹俱没有做细致塑造。本来元代神像造像延续了宋代写实的传统，手法上趋于精巧细致，但这尊妈祖像雕刻手法却相当简拙，实在无法代表元代的神像雕塑水平，因此也很难以此来推断元代妈祖造像的整体风格。同时，石像的造型与宋代妈祖神像相去甚远，台湾学者蔡相辉为此撰文，认为此尊"圆脸蒜鼻"石像应是莆田民间另一信仰普遍的神灵——泗洲文佛。②笔者在田野调查中也发现莆田地区的泗洲文佛造型与此石像很相像，如鲤江城隍庙所藏泗洲文佛便是这种短脖缩身、头有披巾的形制。因此推断，此尊祖庙原址出土石像为元代造像不假，但应是共祀的泗洲文佛，这是元代的妈祖神像与佛教神像共祀的实例。

三、宋元时期妈祖图像的造型特征

（一）形象接近写实世俗

虽然宋代上层主流美学思想为重理学轻文学、重道轻器，追求温润、含蓄的美学趣味，但由于社会经济发展，市民阶层开始形成，表现生活、享受生活的市民思想必然会影响宗教神像。因此宋代的宗教神像往往也充

---

① 陈春木：《湄洲妈祖游台湾纪念专刊》，湄洲妈祖祖庙董事会，1997年。
② 参见蔡相辉《妈祖信仰的二元价值》，载《台中县妈祖国际学术研讨会论文集》，台中县文化局2007年版，第48—50页。

斥着世间的市民表情，在这种美学思潮影响下的宋代妈祖神像，仿佛是来自现实生活的民间女子，这是完全可以理解的。

（二）形式较简朴

宋代妈祖图像外形都比较简朴，没有做太多的装饰，轮廓线较平直，在体积上也没有刻意追求凹凸有致的起伏感，形象优美清秀。身姿平直，身材适中，比例合度协调，姿态多为持笏朝天状。脸庞虽圆润但偏瘦长，如椭圆状。五官平和，没有太大的弧度变化，神态也是非常平淡。

（三）造型工艺熟练

在宋代遗留下来的为数不多的妈祖木雕神像作品中，我们可以欣赏到工艺家们圆雕、透雕、阴刻等艺术手法的熟练运用。经过几百年时光冲刷，木质已老化，色彩斑驳，但还可以隐约窥探到圆劲精巧的刀线和沉着的色泽，想象其曾经的辉煌。

总体上说，宋代的妈祖神像具有典雅、朴实的艺术风格，一副世俗化的宋代妇人打扮，细部塑造写实生动，线条优美明快，含蓄不张扬。已完全不同于五代的周文矩、顾闳中作品中那富丽温柔、体态丰腴的女子形象，而是代之以洗尽铅华的优雅女子，集中了当时现实生活中妇女美的典型，具有简朴又凝重之感。其形象表情动态体现出的矜持和克制，是符合当时理学社会合于礼的规范美的，说明了儒家思想对宋代妈祖造像的深刻影响。元代妈祖图像则延续了宋代的造型特征。

第二节
明代妈祖图像的神圣性诠释

一、明代文化与妈祖图像

（一）明代审美的求真求趣

明代社会属于中国封建社会的晚期，在日益发达的集市贸易中逐渐形成新兴的市民阶层。商品观念导致了新的价值观念的形成，在意识上产生了感性、个性、平等的追求，改变了已往保持千年的以农耕文明为基础的传统观念，逐渐萌发出个体的文化。明代闽派思想家李贽提出了"童心说"："夫童心者，绝假纯真，最初一念之本心也。若失却童心，便失却真心；失却真心，便失却真人。人而非真，全不复有初矣。"①这说明明代社会开始自觉肯定人性中的真情。袁宏道《寿存斋张公七十序》中说："山有色，岚是也；水有文，波是也；学道有致，韵是也。山无岚则枯，水无波则腐，学道无韵则老学究而已。"②无"趣"，无"真"，则无"韵"。一切人为美学光彩褪尽、韵致消失，而"趣""韵"则蕴藏在奇异的自然美中。

---

① 李贽：《焚书·童心说》，载《中国历代论文集》中册，台湾木铎出版社1980年版，第332页。
② 《袁中郎全集》卷二，世界书局1935年版，第269页。

明人习惯于从不同题材、类别和特征上确定审美倾向,他们陶醉于自然材质的质感美。"趣""韵"的审美新标准成了美学内核和灵魂,强调真实性成了社会价值取向的核心内容。渐渐地,"童心初发,以真为美"的美学特征成为明代审美思潮的时代特质,在艺术上,追求个性化、感情化的审美情趣,在妈祖图像形式表现上,则是重材料的自然属性以及创作的天真状态。

(二)明代审美中的女性意识

在明代商业经济发达的社会背景中,女性的才能得到了施展,男女平等的观念也逐渐出现在一些文学作品中。如"三言""二拍"中赞美女性智慧、才能的故事"苏小妹三难新郎""刘小官雌雄兄弟"等,对女性的才能进行了由衷的夸奖。明代汤显祖在剧作《牡丹亭》中刻意塑造了"情不知所起,一往而深。生者可以死,死者可以生"的大胆追求爱情的杜丽娘形象。"寻园"一折戏中,杜丽娘悱恻凄凉地在园中寻找曾经爱的痕迹,其实,她寻找的更是一种追求男女爱情平等和自由的权利。这些看似题材的突破,事实上是一种新的美学观念的突破,是在新的社会经济基础上对女性各方面才能的肯定,正面歌颂了男女平等的思想。

(三)明代审美的个性化

明代的福建画坛名家辈出,八闽画风在全国卓有影响,其中值得一提的是出生在妈祖故乡的两位画家:别具一格的画坛怪杰吴彬和富有创意的肖像画家曾鲸。吴彬擅白描,他的创作从不重复别人的面目,无论是人物画,还是山水画,都力求大胆夸张变形。他创造的五百罗汉形象无一雷同,把法力高强、形象超俗的罗汉们组成一幅情趣诙谐、富有人间生活气息的生动画卷。其山水画作品也是别有一番气象,山石嶙峋怪诞、扭曲变形,超乎人们的想象,但繁而不乱,多而不堵,组合成气势宏伟又不同于现实的山水画卷。明末画家曾鲸则在肖像画上留下生动璀璨的笔墨。其肖像画作品强调墨骨用笔，虽借鉴西画的立体感塑造方法，但神韵生动，富有中国画传统的蕴藉雅致之美。我们从这两位画家别具一格的作品中可以领略到明代画家个性鲜明的独创精神，他们对生活有自己全新的个人体会，在艺术上也是强调独特的个人感受，创作出来的作品自然面目清新、个性十足。这种对自我肯定的态度也影响了许多明代妈祖图像制造者。

（四）明代奉神的奢华习俗

明代民间信仰兴盛，妈祖庙祀遍布天下，从北方沿海的天津、山东到内陆的安徽、甘肃、江西、贵州等省都建有妈祖庙。每逢节日，"商众崇祀天后，以三月二十三日为神诞，每三年辄异神出游。先数日，十二街俱张灯结彩，点缀花鸟人物，旋奉神舆巡行城乡内外。金鼓喧潮，炉烟缭绕，并以女子扮演各种故事，仪从甚盛。沿途居民焚香膜拜，供张络绎，耗费以巨万计"[1]。人们以自己的心态去揣摩神的喜好，以祭品供奉、娱乐排场的方式来与神相沟通。人们坚信，神虽为神，神也应该享受人的生活，所以为了表示对神的敬意，他们在神前奉上人间最喜爱的金银首饰等财物。对于女神妈祖亦是如此，"如鸾镜、凤钗、龙巾、象栉、床帐、衣服、金银器皿、珠玉异宝，堆积满前"[2]。这些信众奉献的金银珠宝饰物数量众多，以至于当时任南京太常博士的汤显祖感觉把妈祖神像打扮得如现实的帝后一般，而"神无求于人，而慈悲人"[3]，人们如此来侍奉，是违背妈祖神意的。所以他决定把多余的金银首饰变卖成纹银，增置祭田，造福

---

[1] 张以诚修，梁观喜纂：《阳江志》卷三十八，民国十四年刊本，台湾成文出版社1974年版，第1838—1839页。
[2] 《崇福夫人神兵》，载蒋维锬编校《妈祖文献资料》，福建人民出版社1990年版，第23页。
[3] 汤显祖：《续天妃田记》，载蒋维锬编校《妈祖文献资料》，福建人民出版社1990年版，第117页。

百姓。供品如此豪华，神像理所当然亦是。这件事从一个侧面反映了明代妈祖神像精微妙造、选材考究、追求奢华富丽的习气。

二、传世的明代妈祖图像

明代妈祖图像依然延续头戴凤冠身着霞帔的形式，为典型的天妃形象，有的凤冠耳后有博鬓垂下，造像的工艺和造型都与宋代妈祖像有所不同。现存的明代妈祖图像不但品种多，而且神情兼备、各具特色，给人眼前一亮的感觉。

河北石家庄毗卢寺精美的壁画中的天妃圣母形象，是现存最早的妈祖壁画造像（图 2-2-1）。天妃圣母头戴凤冠，着霞帔，双手于胸前持笏板，身着红色大袖服装，颈戴缨络，衣袖当风，佩带飘飞，庄严慈祥。两侧各立侍女一人，右侧一人捧印，左侧一人执扇。天妃脸庞圆润，一字眉下凤眼凝视远方，丰隆的玉鼻下樱唇含笑。此像以墨线勾勒，运笔如行云流水般挥洒流畅，设色以朱红、石绿、石黄等重彩灵活运用，艳而不俗，完美地勾画出天妃仙逸的形象。

受奉神的奢华习俗的影响，明代妈祖图像形成厚重温润、工艺精湛、传神华丽的风格。现藏于仙游城关贝龙村天后宫的明代漆金木雕

图 2-2-1 河北石家庄毗卢寺壁画中的天妃圣母

妈祖神像（图 2-2-2）高 36 厘米、宽 14.5 厘米，妈祖头戴冕冠，前后垂旒无存，只是在冠冕之沿隐约有为设置垂旒做洞的痕迹，这也是明代妈祖冕冠的特色。肩披霞帔，袍服上绘有精致的图案，两臂做传统的拱手覆巾式，无持笏或圭，疑是失落。脸庞修长，双眉高高挑起，五官并没有做太多的美化修饰，带有浓浓的海边女子韵味。神像采用圆雕工艺，通体髹金①，底座漆红，技艺娴熟。由于髹金是在神像通体上单色平涂，所以很讲究神像衣纹线的凹凸感。璀璨的金色增添了雍容神圣的气质，也给周身衣纹带来绸缎般的质感美。袍服局部还运用泥线纹饰手法，泥出花纹，金光夺目。繁密的泥金装饰，更增加了造像的精致与立体感。

图 2-2-2　仙游城关贝龙村天后宫的明代漆金木雕妈祖神像

莆田市城郊乡南箕灵慈庙奉祀的木雕天妃像（图 2-2-3）高约 23 厘米，为樟木整段制作。妈祖头戴冕冠，拱手朝天覆巾持圭。所刻座椅极

---

① 髹金，即上漆贴金，是一种神像装饰传统工艺。明代闽漆工黄成在《髹饰录》一书中特别为此工艺做了详细的研究记录。

图 2-2-3　莆田南箕灵慈庙木雕天妃像

为简洁，只是在台座上安一弧形靠背，未做任何修饰。当时雕刻师为了不破坏木料本身的完整性，采用整块木头来制作神像而不加任何拼木，以示神圣。因为受木头尺寸限制，所以座椅只能顺着木头浑圆的外形来塑造。神像虽然尺寸较小，却精致工整，脸部光润柔和，刻画细腻。周身饰以彩绘，为了更好地进行彩绘，更清楚地衬托出彩绘的图样纹理，木雕衣纹线故意疏且浅，而且起伏变化也较少。彩绘的木雕神像色彩绚烂，更具华贵之感。有句古话，"三分塑七分绘"，神像上的彩绘使妈祖形象神采倍增，虽然因年代久远色泽褪去，但依稀可以辨认出上面的鲜艳锦纹，还可以看出描金工艺的娴熟运用。

明代还出现了陶瓷制作的妈祖神像。元明时福建德化的白釉窑驰名天下，俗称"建白窑"。明代闽地宗教气氛浓厚，德化窑生产了大量的宗教人物瓷器，千姿百态，妈祖造像是其中之一。现藏于福建省博物馆的一尊明代妈祖白瓷坐像（图 2-2-4）高 19 厘米、宽 11.5 厘米、厚 5.5 厘米，瓷质温润，呈乳白色半透明状，系德化在明中晚期所特有的"建白窑"产品。"建白窑"的特点就是造像地子均匀，滑腻刚坚，洁白中微见淡黄，光洁如绢。造像师利用釉色乳白滋润的光泽很好地衬出妈祖形象的温柔素雅。妈祖头戴平顶冠，正襟端坐，两手平举至胸前，覆巾做拱举状。不加座椅。为了不破坏材质的朴实感，两耳边下垂博鬓没有做过于复杂的刻画，只写意性地刻了一些隐隐约约的云纹，显得很大气。肩颈上所围云肩也是朴素得无任何装饰图纹，只是在轮廓的曲线上稍稍做一些弧形的修饰。顺风耳和千里眼一左一右侍立身边，俱光头、暴目、瘪嘴，形似罗汉的造型，穿着短衫露着胸，胸骨清晰可数，形状怪异，表示他们被降伏的妖魔的身份。两尊护神的身躯故意被缩小很多，显得憨态有趣。三神身下有底座，布满表

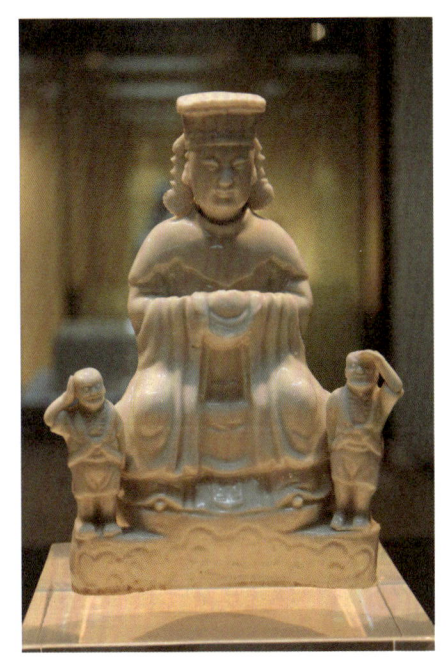

图 2-2-4　现藏于福建省博物馆的明代妈祖白瓷坐像

现祥云缭绕的浮线纹，将三神像围托起。造像师为了强化艺术表现力，不惜改变妈祖造型的比例与解剖关系，妈祖的头部体积被故意夸大，使头部与身体比例接近1∶3，增加视觉的沉稳效果。妈祖身体略微前倾，千里眼和顺风耳分别左倾和右斜，构图上宽下窄，形象变得有趣且生动，打破了沉闷感。自明代开始就有些妈祖神像随移垦台湾的闽人传入台湾。大约明中叶，妈祖信仰随商人、渔民、垦荒者等传入台湾。明天启二年（1622），荷兰舰队进入澎湖，发现岛上有三个汉人在看护一座小堂，即天后宫。妈祖图像估计也是在这个时期传入台湾的。

现存台南市北区自强街小妈祖庙的妈祖神像（图2-2-5）为贴金神像。神像背面刻有"崇祯庚辰年湄洲镌造"字样。经历三百多年岁月风霜，妈祖神像面部外漆裂痕斑斑，但依然掩盖不了慈祥和蔼的五官——

图 2-2-5 台南市北区自强街小妈祖庙的妈祖神像

弯眉，细目，略呈蒜头状的扁平鼻，上翘的嘴角。整体线条细腻而柔和，有一股朴实敦厚之感。身材显得较为丰腴，特别是腹部略显圆鼓，腰部较粗，如中年妇人形象。妈祖端坐于凤椅上，两臂自然平放于凤椅靠背两端两拱形扶手上，脚踩踏板，姿态庄严。此后的清代妈祖造像基本沿用这种造型模式。头顶的冕冠与两耳边的博鬓布满繁杂的弧状纹饰，身上的袍服应用漆线盘结了很多细密的蟒龙与波浪纹图案。漆线雕是一门古老的手工艺，即用大漆调和铅粉等材料制成如面团似的漆面，可搓成细长的"漆线"，精细的漆线可以贴在作品的坯上，灵活表现神像身上的细致装饰，如璎珞、饰品或服装的花纹等，既可提高制作的效率，又增加造像的精细观感。从这尊神像可以看出明末造像逐渐走向精致化和装饰化，并逐渐走向威严化。

三、明代妈祖图像的造型特征

（一）多样化

传世至今的明代妈祖图像各有各的风格特色，可以看出明代神像艺术品位的多样化。匠师利用自己的经验，在神像中注入自己的理解，使神像形态多姿，呈现不同的造型追求。

（二）厚重温润，传神华丽

这一时期图像的风格是在写实的基础上进一步的世俗化和装饰化。衣纹根据身体结构而成形，呈深浅、虚实、繁简变化，不但衬托了面部表情和手势，也使端庄的身姿有了变化。衣饰模仿绸锦质感，厚实垂重，光滑柔顺，给观者栩栩如生的真实感。座椅与人物造像连为一体，并未做细致刻画。比起宋代造像，明代造像更注重装饰的运用，外形也更加华丽，但依然延续儒家的审美观念，形象上更强调内在精神所形成的高贵气质，或敦厚，或文雅，或沉稳。

（三）形象饱满，体积感强

明代的妈祖神像为封妃后的造型，图像中妈祖的外貌已经脱离了宋代造型的清秀，偏向丰腴与华贵，与接近真人写实的宋元时期的造型有了很大的变化。外形强调凸显饱满的体块，体积感强。

（四）图像动态及图像群模式定型

明末妈祖像除了继续延续宋代双手合拢或朝天持圭状坐姿造型外，逐渐出现两手放置两边，扶椅或持物的坐姿造型方式，与千里眼和顺风耳组合的图像群格式也被固定下来。

（五）灵活运用各种材料和工艺

明代的妈祖图像无论在材料应用还是工艺技巧上都有了明显的进步。在雕刻时，选材考究，有木雕、陶塑、彩绘、木刻等多种，且善于将材料的自身特点，如石质的硬度、木料的厚度，陶瓷的滑润等，与神像形象气质完美结合起来。明代德化的瓷塑善于利用陶瓷的釉色来衬托造像的光润圣洁。木雕上髹金和彩绘的技艺也非常娴熟，明代福建木刻版画技术的成熟亦使木刻版画妈祖圣迹叙事式图像成为图像传播的另一主要形式。

第三节
走向概念与标准化的清代妈祖图像

一、清代审美理念

清代亦推崇古雅文化，但其崇古思潮有别于明代。他们把儒家"温柔敦厚"与道家"平和恬淡"相结合、相浸透，形成淡和的审美观。到了清末，这种审美观走向了极端，宫廷艺术本着"清真雅正"为宗的艺术，奴性般趋附于统治者的审美规范中，保守规范，导致了审美形式的单一性，单调枯燥，反而衬出民俗文化的活泼生机。

清代的艺术和美学过度追求贵族化的缠绵情调，缺乏阳刚之气。清代中后期政治腐败，灾荒不断，社会出现混乱衰败的现象。在生活中出现许多怪诞的癖好与审美，如欣赏"病梅""奇石"等。受社会颓气的影响，艺术创作上也出现病态的审美，表现在仕女画上就是追求审美上的柔弱纤瘦。纤瘦形象大行画坛，画中的女子无不是长长的脖子，瘦骨嶙峋，脸上的杏眼小嘴，体现出一种过于静谧安详的性格。

二、传世的清代妈祖图像

从明末开始，妈祖造型出现雍容、富态的转变。到了清代，妈祖身份升为天后，再加上官方的引导，其形象更是转向威严和强势气质。

现藏于闽台缘博物馆的清代木雕妈祖造像（图2-3-1）头部轮廓浑圆，身材如中年妇女一样臃肿，垂眉敛目之中有股自信与成熟的气度。体形饱满，使用层层透雕的娴熟技艺。从神像的整体构图到线条粗细不一的纹样装饰，处处精雕细刻，体现了雕刻匠师精湛的工艺水平。

清代康雍后期，社会开始腐朽混乱，世风浮躁，社会风气萎靡不振，反映在画作上就是崇尚柔弱病态的女性美。清代出现了一批仕女画画家，如改琦、王素等，在他们笔下，女性皆纤瘦羸弱，有着削肩长颈的婀娜体态，低头垂目，一副郁郁寡欢的模样。受这种病态美风气的影响，清代的妈祖图像也出现一些瘦弱状的造型。现藏于台湾图书馆的清代木雕彩漆妈祖神像（图2-3-2）脸庞上宽下窄，下巴尖窄，与当时流行的上窄下宽妈祖脸型有很大的差异。眉弯如月且眼睛细长，下巴尖小，小嘴笑意盈盈。这种妈祖造型在清代和近代的圣迹

图2-3-1　现藏于闽台缘博物馆的清代木雕妈祖像

图2-3-2　现藏于台湾图书馆的清代木雕彩漆妈祖像

图 2-3-3　清代妈祖立轴画像

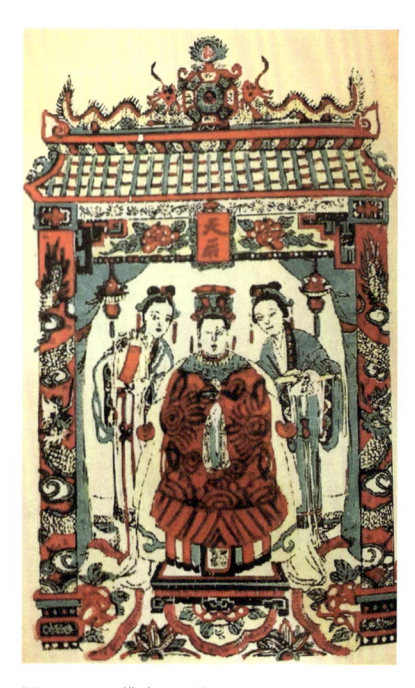

图 2-3-4　佛山天后版画

图中经常出现。但这种病态美人造型的妈祖塑像，终究与老百姓心目中英勇淳朴的妈祖形象不符，所以也难以大规模流行。

清代妈祖造像也受写实肖像画的影响。如图 2-3-3 所示，这幅清代妈祖立轴画像为纸本设色，使用墨线加赋彩。画中妈祖手覆巾持笏，脸上眼袋清楚，鼻两边人字纹突出，有中老年人形象。此像面貌绘制手法明显受清代传统祭祀肖像图像的影响，追求形象的逼真性。在塑造面部结构时，先以极淡墨线细微勾勒，再根据肌肉和骨骼，以淡赭色反复多遍晕染，形成深浅变化，使五官结构显得有立体感。最后浓墨点眼，加重眼线，使眼发神采，再以赭线局部复提面部轮廓。这样塑造出来的妈祖像栩栩如生，就像一名聪明睿智的贵族老年妇女。

清代随着妈祖信仰的推广，以及版画技术的成熟和普及，以版画来造像的艺术发展迅猛，出现了很多民俗化造型的版画木刻妈祖像。无论单色版画还是套色版画，皆雕工精细，造像夸张，简朴而别具特色。如图 2-3-4 所示的清代佛山天后版画，图中妈祖头戴冕冠，脸庞较为圆润，慈眉善目，十分招人喜爱。旁边站立二宫女，一持红联，一持卷轴，身朝中间倾斜，脸庞扭转朝向中间的妈祖。轮廓外形采用墨线勾勒，套以红蓝两色，屋脊上二龙戏珠，檐下二飞龙盘柱，到处雕花挂灯，喜庆热闹，表现出吉祥的氛围。通过版画这种百姓喜闻乐见的艺术形式，妈祖图像在民间得以更广泛的宣扬传播。

三、清代妈祖图像的造型特征

（一）男性化风格明显

清代朝廷除在漕运、出使、解旱等方面继续发挥妈祖的"护佑"作用外，还借助妈祖灵威开展其海上的军事活动，特别是对台湾、澎湖的军事活动。清廷对妈祖的褒封达 15 次之多，把妈祖的神格升到了极限。妈祖形象在传播过程中也不断提升，最后定型为最高爵位的天后圣母。妈祖图像装扮趋于中性化、男性化，完全如同身居皇位的一位女皇帝，一派君临天下的威仪。政治力的介入，使妈祖原来具有的母性温柔的特质被庄严、中性的特色所取代。形象显老态且更显丰腴，造像更加华丽和庞大。清代的妈祖神像形象大多雷同，脸部丰腴饱满，表情呆滞，缺乏别具个性的创意，其图像在之前写实化、世俗化、装饰化、商品化、典型化的基础上，进一步朝向贵族化发展。

（二）制作工艺更加精细

清代妈祖图像仪规延续明代模式，而在明代较简约的冕冠基础上加上复杂装饰，增加富贵与威严感。由于雕塑技艺进步，线条较前代更为流畅，彩绘也更为细致入微，但太过了，显得烦琐，缺乏了艺术情趣。不过，精湛的工艺也体现了民间雕塑艺人高超的传统绝技，体现了清代民间重写实，追求多层次、装饰性强等工细的艺术风格。

这一时期妈祖图像制作工艺的特色是繁茂厚重、装饰华美。妈祖像从面貌、冠服到座台、发饰，无论大小皆做细致的刻画，一派斑斓辉煌。不仅塑作和彩绘工艺细致入微，一些妈祖造像头发还用真人的头发制作，如台湾彰化市天后宫所奉祀的妈祖神像中，有两尊是清康熙年间从湄洲祖庙请过来的软身发髻妈祖，其发髻是以真发安装梳饰。每年妈祖寿诞时，彰化天后宫都要请人为妈祖神像梳发。当然，这种过于求真的神像制作完全丧失了造像艺术的意趣。

（三）典型特征是"圆"与"烦琐"

清代较为典型的妈祖图像造型是：神像手执如意端坐凤椅，脸庞如满月，两眼下垂，如沉思状。外形上强调神像体积稳重，造型趋于圆满。身上龙袍图案细密，腰系大带、束带，身上布满了疏密流畅的线条，以此来体现神的灵动，使妈祖图像透着一股威严庄重又仁慈的时代特征。另外，妈祖图像也从单尊像、三尊像增加至五尊像。二侍女和千里眼、顺风耳的随从，让妈祖拥有贵族气息，宛如人世间的皇后般排场阔气，庞大的图像群具有剧场舞台效果，可以说是世俗社会的等级制度与权力排场在神的世界的投影。

应该说，每个时代都有每个时代的审美理想及美学理念。清代妈祖图像艺术的审美趋向是求全求多，形式愈来愈趋于完备，内容较以前更丰富，造型也趋于细密、精致。精巧太过，反而产生审美的疲劳、退化现象。装饰内容过于突出局部细节，喧宾夺主，反而失去整体气势。

第四节
近代妈祖图像的式微与变异

日据时期的妈祖图像，受到日式佛教造像传统及西方雕刻艺术写实技法的影响，在写实化、世俗化、装饰化、典型化的基础上，进一步朝向外形美发展，妈祖化身为纤细优雅的美女形象。如图2-4-1所示，台湾北港朝天宫副五妈神像的比例结构明显采用西方写实技法，强调的是身材的匀称协调，不像明清时代那样强调头部、突出脸部的塑造。不但造像身躯修长，脸庞也比较清俊，装饰意味更为浓厚。借助华丽的装饰效果来烘托妈祖的气势，但其内在的庄严气度和母仪风范反而被削弱了。此外，妈祖外在形式也有明显的变化，例如，简化妈祖的冕冠形式为直筒式的平帽，不再加帽翅博鬓，这样方便在木雕像头上覆戴银制或纸制的妈祖冠。另外，由于此时妈祖身份已不如前，手持圭笏的造像样式较少出现，造像也从三尊、五尊像组合，简化为单尊像。

造型拉长身躯所占比例、面貌

图2-4-1 北港朝天宫副五妈神像

清瘦俊秀是台湾日据时期妈祖图像主要的特色。细腻的雕工和绚丽的技巧成了那个时代匠师唯一的追求。此时的妈祖图像更像一尊尊精美的偶像，美丽但缺少神韵。

中华民国成立后，推翻了封建制度，爆发了轰轰烈烈的新文化运动，反迷信的活动在文化界飙然兴起。据所谓的官方宣传，为了启迪民智、破除迷信，1927年民国政府内务部宣布取缔全国所有神庙。从此以后全国各地的官员不再祭祀神明，许多庙宇被拆除，妈祖信仰也岌岌可危。为了保有湄洲天后宫，莆田林姓族人林春声等呈请福建省民政厅上报国民政府，批准改天后宫为"林孝女祠"，加以保护。民国时期《莆田县志》里对此事这样记载："民国十八年破除迷信，林氏子孙根据族谱，神有入海救父之事，呈请保存，奉文改为孝女祠。"[①]福建《武平县志》里也有相关记载："天妃庙，县志载在溪东乡，后改在武庙对面。民国十六年，民国政府废除淫祀，准改林孝女祠。"[②]民国十八年（1929），国民党政府为改变妈祖庙名发出通告，把全国各地的妈祖宫庙改为孝女祠。莆田城厢文峰宫山门原有的"文峰天后宫"竖匾也被用板贴上匾心，换上了清翰林张琴手书的"林孝女祠"四字。

妈祖的地位从显赫的天后降至林氏孝女，图像中的妈祖也从天上女神回落为普通的人间女子。图 2-4-2 为福建漳州颜锦华木版年画馆所藏的天后圣母木版画，其高 43 厘米、宽 39 厘米，图中妈祖面朝左端坐凤椅，双手执书垂放在腿上，两旁侍女手持羽扇，完全颠覆了清代妈祖威严强势

---

① 石有纪、张琴：《莆田县志》卷十八，福建省图书馆藏抄本，第52页。
② 丘复：《武平县志》卷十八下册，福建省武平县志编纂委员会，1986年12月铅印本，第412页。

的造型，更像是当时社会上知书达理的闺阁仕女。妈祖面容清秀，梳清代流行发式，额覆刘海、鬓插鲜花，妩媚动人。身肢纤细，肩披华丽的流苏云肩，衣裙上也是缀满红花绿叶，百褶裙摆下隐约可见三寸金莲，这是当时贵族妇女流行的打扮。妈祖的神情和善平易中带有一种娇羞，完全是不出闺门的柔弱女子形象，符合此时妈祖的林氏孝女身份。

图 2-4-2　现藏于福建漳州颜锦华木版年画馆的天后圣母木版画

第五节
中国港澳台地区与海外地区的妈祖图像

妈祖图像跟随海外华人的步伐传播到世界各地,先是传播至东南亚、东亚各国,如马来西亚、印度尼西亚、泰国、新加坡、菲律宾、日本等国,后来又逐渐传播至美国、法国、南非、澳大利亚、加拿大等国家,信众达到两亿多人,在传播过程中形成了一定的地域图像特色。

从20世纪四五十年代开始,中国台湾纷纷重建妈祖庙、重塑神像,恢复日据时期遭受毁坏的庙宇规模。所以建筑规模都较大,造型华丽繁杂,力求工巧,多贴金描彩。与之相应,妈祖图像的制作材料也比以前更多样,出现金、银、玉等材质的妈祖像。妈祖形象体型较健壮,面貌丰满,神态比较严肃。神像的服饰追求奢华,冕冠的格制与清代亦有很大不同,使用银制或纸制的冠帽,而且大多体积庞大。图像的造型更多是延续中国传统,如唐仕女画的审美,是对中原文化的思慕复归。我国台湾地区妈祖造像大多下颌二腮略肥,脸部浑圆,额头宽,短鼻,下巴较松弛,表情从容,姿势静恬,富有丰韵。如澎湖湖西天后宫镇殿神像,脸庞丰盈圆润,眉毛较粗,眼睛小而细长,鼻子较大而厚实,体形胖墩墩,笑脸和善。台湾人民是根据"妈妈的形象"来塑造妈祖,从某些层面看也反映出"恋母情结"的心理因素。台湾移民普遍存在寻根的心理,妈祖就是他们心目中的根,瞻仰拜祭妈祖可以慰藉他们的思乡之情。他们将妈祖当作共同的母亲来崇拜,借助妈祖的精神力量来整合社群意识,团结民众、和睦社会。所以，我国台湾妈祖信仰可以说是母性崇拜的一种凝结和延续。

中国香港地区的妈祖信仰来源于福建移民，据原香港大学中文系主任许地山教授考证："香港最早的居民以福建人为多。元明两代，数以百计的莆田人、晋江人、漳州人就成批在香港岛屿定居。"[①] 自然而然，妈祖信仰跟随福建人的步伐来到香港，现在妈祖仍然是香港居民虔诚崇信的民间神祇之一。中国香港是亚洲最大的港口城市，是中国内地通向世界的通道，艺术市场交易活跃，世界拍卖行巨头如"苏富比""佳士得"纷纷进驻香港，逐渐发展为中国文物艺术品交易中心。文物艺术市场的繁荣发展使当地的文物收藏与鉴赏成为时尚活动，当地居民也对中国民间传统工艺美术更加欣赏与肯定。香港的妈祖像大都带着质朴的中国民间传统艺术制作的痕迹。香港妈祖像的特征是身材浑圆，头部比较大，圆脸，造型比较古拙。红面、粉面、黑面皆有，五官的塑造比较简略概括，嘴含笑意，表情喜悦。如香港石澳天后宫妈祖像（图2-5-1），扁平粉面，眉弯眼平，上下眼皮皆画黑眼线并以灰色晕染，衬托得眼珠和眼白格外黑白分明。鼻梁低，鼻翼宽，嘴角上扬，嘴唇涂暗红色呈三角形状，形象充满神秘的巫性。肩

图2-5-1 中国香港石澳天后宫妈祖像

[①] 《香港与在香港的晋江人》，《晋江》纪念香港晋江同乡会成立一周年特刊，第65页。

图 2-5-2 中国香港岛筲箕湾天后庙妈祖像

围红绿两色绣花填补连缀式云肩，身披红色斗篷，头戴多层凤冠加旒冕，凤冠四凤衔四串两层小珠牌，两边博鬓各垂双层大珠牌，着装打扮看起来醇和古厚。中国香港的妈祖像喜欢在造像上再加上花俏复杂的冠饰，面部表情大都夸张变形，追求造像的趣味性。如中国香港岛筲箕湾天后庙妈祖像（图 2-5-2），棕红的脸庞上大鼻子特别醒目，夸张的形象中带着一丝威严。再如浅水湾妈祖室外像，高大的妈祖像，脸上垂着眼袋，双层下巴，还有一个大大的蒜头鼻子，根本谈不上美，但是看起来平易近人、憨态可掬。香港妈祖的服装装饰上也带着民间造型的随意性，民间造像师在有限的空间发挥自己的兴趣与想象力，为袍服配上各种色彩，与沿海地区妈祖神像红、黄二色的龙袍固定模式不同，用粉、蓝等各种颜色搭配，袍上也不绘龙纹，而是画上密密麻麻的"福"字。这些淳朴的造像，体现了我国香港地区妈祖图像文化扎根在中华文化的基础上，在颇具地域特色的香港绽放出别具特色的花朵，也是一种独特的浓郁的文化积淀。明朝时澳门被称为"濠镜"。明末清初，葡萄牙人开始入居澳门。之后大批传教士以澳门为传教据点，在澳门兴建教堂进行传教，他们的信仰审美影响了当地的民间信仰艺术的表现形式。福建东南沿海一带民众也逐渐来澳门定居，他们也把来自中国沿海的妈祖信仰在澳门推广。澳门的妈祖信仰起于何时已无可考。据专家考证，最早建造的妈祖庙应是明宪宗成化年间。位于澳门半岛西南的妈祖阁见证了澳门从小渔村到船舶相接的中西文化交通枢纽的发展历程。道光二十七年（1847），《香山濠镜澳妈祖阁温陵泉敬堂碑记》中记载了一个故事："濠镜天后庙者，相传明时有一老妪，自闽驾舟一夜至澳，化身于此。闽、潮之人商于澳者，为之塑壊像立庙，并绘船形，勒石记事。"供奉在妈祖阁的妈祖，成为澳门民众共同信奉的保护神。中西文化交汇多元共存的澳门艺术，在妈祖造像图像上体现了多种艺术风格的融合。受西方写实主义造像风格的影响，妈祖图像中融入西方抽象的几何结构，传统的线条表达被削弱，更多的是注重身体和面部的体块关系。但也保留中国传统造型审美，我国澳门一带妈祖造像比较修长清瘦，脸庞较平，眉眼清秀。相对我国香港妈祖像的质朴野趣，澳门妈祖像如淑女般沉静，头戴冠饰也比较简朴，一般为筒状冠加旒冕。神像一般泥塑或木雕后，再贴金或彩绘，上面不再加衣帽覆遮，看起来整洁大方。如澳门天后宫、澳门莲峰庙妈祖木雕像，妈祖双手持笏，脸型直长，鼻长，眼睛圆睁，直视前方，镂饰繁密，服饰华丽，姿态僵硬，如表情严肃的中年贵妇。建造在路环岛叠石塘山的澳门妈祖大天后宫室外汉白玉妈祖石像高达 19.99 米，仿照湄洲祖庙的室外妈祖像形制，但体块感更强。

菲律宾距福建近，移居菲律宾的华人人数最多。何乔远的《闽书》中说："盖渡闽海而南，有吕宋国……多产金银，行银如中国行钱。西洋诸国金银皆转载于此以通商，故闽人多贾吕宋焉。"[①]据福建巡抚许孚远奏称："东西二洋，商人有因风涛不济，压冬未回者，其在吕宋尤多。漳人以彼

---

① 何乔远编撰：《闽书》卷一五〇，福建人民出版社 1995 年版，第 4436—4437 页。

图2-5-3 马来西亚槟州琼州会馆妈祖像

为市,父兄久住,子弟往返,现留吕宋者盖不下数千人。"[1]菲律宾妈祖神像眉目秀丽似年轻少女,如描东岸市天后宫妈祖像,金色冕板上垂双层旒珠,冕冠上复罩红色带须帽,脖围杂色带金须绣凤云肩,眉弯眼翘,丰神丽容。

1819年,新加坡、马来西亚二地成为英国殖民地。1850年后,英国殖民地大量招募华工开发新马,东南沿海华人出国人数剧增。早在嘉庆十五年(1810)华人移民就在新加坡奉祀妈祖,随着移民的增多,建造了天福宫、粤海清庙、琼州天后宫、兴安会馆天后宫等五十多座妈祖庙。在充满不安定因素的异国他乡,概念化、古典化的妈祖图像慰藉了他们寂寞思乡之情。新马两地妈祖图像带有浓厚的中国文化,造型服饰无不是按家乡南方沿海的妈祖图像形式。新加坡妈祖像身型、脸型偏瘦长、脖子较长,脸部表情矜持。造型简约概括,少有体形和衣纹起伏线。衣袍多塑以整块平面,然后在上面绘制细致繁杂的纹饰。新加坡的一部分妈祖像为金面,例如,半岛天后宫妈祖像全身金色,表情亲和,衣服雕饰繁密。一部分妈祖像为粉面,例如,天福宫妈祖像有一个与身体比起来明

---

[1] 陈子龙等选辑:《明经世文编》,中华书局1962年版,第4332页。

显偏大的头部，带点童趣。马来西亚槟州琼州会馆妈祖像（图2-5-3）戴金色旒冠，脸部饱满，长眼低睑，肩围镶金边云肩，服装合身，色泽沉稳，气质雍容典雅。

中国与马来西亚的交往历史悠久，至少可追溯至汉代，但是华人约在清代晚期才大规模移居马来西亚。妈祖信仰一直是马来西亚华人最主要的民间信仰，目前，马来西亚独立注册或附属于会馆内的天后宫数目有两百多个。[①] 同新加坡一样，马来西亚华人在艺术意识中有很深的中国文化情结，非常注重对中国传统艺术的传承，从中寻找历史文化的记忆，在传统图像创作中寄托对家国故土的眷恋之情。妈祖图像的造型、材料及供奉祭品大都按照故乡的习俗模式原样搬来或复制。马来西亚妈祖面色以粉色为主，似中年妇女，脸部饱满，长目圆额，弯眉敛目，眼细但上眼皮突出，富有古典仕女韵味。例如，马来西亚槟州会馆妈祖像为粉面，脸偏瘦长，眉毛较粗，鼻梁较低，唇薄，头戴九旒冕冠，露大面积黑发，穿金色龙袍，表情较严肃。神像外不复加戴冠帽与加衣袍，整洁利索，但看起来冰冷，少了股人气。

早在五代后唐同光年间（923—925）华人就开始跟随商船移居印度尼西亚，以后逐渐增多。大约公元1751年，为了祈求妈祖福佑，雅加达华侨于商船聚集的运河边，即今南班登安（Bandengan Selatan）街建造了天后宫供奉妈祖，此后，各地的妈祖庙（天后宫）也陆续建造起来。印度尼西亚妈祖像也多为粉色，造型比较古典雅致。例如，山口洋天后宫妈

---

① 参见苏庆华、刘崇汉主编《马来西亚天后宫大观》第2辑，马来西亚雪隆海南会馆（天后宫）妈祖文化研究中心2008年版，第2页。

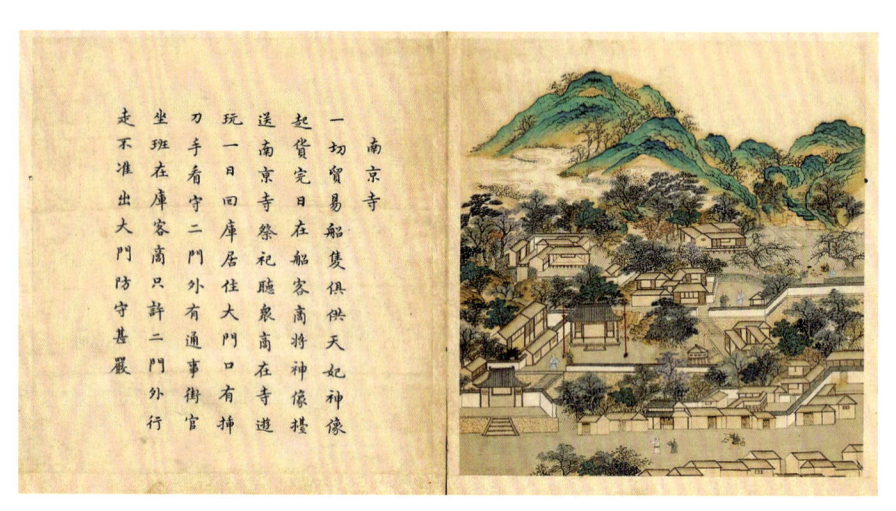

图 2-5-4　日本仿清绘本《长崎贸易图》中的日本南京寺,亦称"兴福寺",是 1620 年由日本华人创建的黄檗禅宗寺庙,妈祖堂位于寺中大雄宝殿的左侧

祖像低首敛目,额略宽,眉毛弯曲与鼻梁相连,鼻高且窄,口小,秀丽大方,头戴冠,露出额前与耳边黑发。元代,妈祖文化跟随航海船舶传入日本,后随华人不断东渡,妈祖文化从长崎传入日本列岛。此后,日本境内妈祖文化迅速传播,据日本学者洼德忠调研考证,冲绳、长崎、鹿儿岛、千叶等地俱有妈祖信俗流传。仅仅是明清时期,华人在日本列岛就修建了一百多座妈祖庙。17 世纪的长崎是中国海商出入频繁的贸易港,在那里,中国商人不仅建立了福济寺、兴福寺(图 2-5-4)、崇福寺三寺,同时每至长崎,都要把船上祭祀的妈祖请下来寄放在唐馆寺中,举行隆重的"妈祖扬"仪式。日本学者松下久子针对日本境内妈祖像的形态分类、样式与变迁、系谱等进行研究,发现在九州岛的唐人社会,崇祀中国元素较强的"金身"妈祖像,在矶原、大间町等地区日本人崇祀"和式化"的妈祖像。日本那霸久米、长崎兴福寺妈祖堂妈祖像(图 2-5-5)年龄较大,表情含蓄,面貌较威严,垂目,眼睛并不与观者对视,受明末清初妈祖造型影响较多。长崎福建会馆天后宫妈祖白脸红唇,戴冕冠有博鬓,但露出大面

积的黑发，细目上挑，鼻隆嘴小，双颊丰满，与日本传统仕女画形象极为相似，带有明显的"和式化"特征。明代开始，越南各地华人华侨就开始建造妈祖庙奉祀妈祖，这些妈祖庙一般附设在华人会馆中，主要分布在中部会安、海兴、西堤等地。

图 2-5-5　日本长崎兴福寺妈祖堂妈祖像

同为汉字文化圈的越南美术与中国有着极深的同源性，在宗教造像上深受中国佛教造型范式的影响。绘画上，越南长期学习西方绘画特别是法国艺术，吸收了印象主义和现代主义画派等艺术理念。同时有着装饰性浓厚的民族视觉符号特色，艺术上强调抽象性语言表达，比较重视形式美感，注重作品的个性化和艺术性，形成了东西方艺术元素融合的特点。越南妈祖像多为粉面，少数金面，头饰非常夸张。例如，越南薄寮天后宫妈祖像面貌不同于中国造像的垂眼下视，而是美目盼顾，神采奕奕，充满智慧，与中国模式化造型及统一着装样式的妈祖像不一样，呈现出一位亲切美丽的少女形象，其坦然自若的气质不同于中国妈祖像的沉静温娴，另有一番神采。妈祖头上冕冠造型夸张，像戴着比头部大二三倍的花冠，花冠上镶嵌华丽的珠圈，复加上珠串与宝石，色彩斑斓。高高的花冠上是垂着 15 条珠串的旒冠，华丽夺目。花冠上面布满弧状的图案纹样，突出造像的动态特征。精美多样的装饰使造像具有了绘画性。胡志明市穗城会馆天后宫妈祖脸为金面，弯眉长鼻，嘴角带笑，脖围金黄色绣花云肩，披着红斗篷，头上巨大的凤冠两边垂下两排珠串，色泽鲜艳，使端庄的妈祖像有了一股异国风情。

移民至泰国的中国南部沿海华人，也把他们供奉的神祇移至泰国。泰国境内的妈祖信仰起源于明，发展于清初。开始侨民们只在自己家里或小庙中奉祀妈祖神像，到了咸丰年间（1851—1861），华商们先后在曼谷、洛坤、素叻三地集资创建了三座天后宫。清同治三年（1864），福建会馆成立后集资创建了天后圣母庙（后改名为"新兴宫"），其成为泰国境内最大的妈祖庙。泰国在宗教信仰上持尊重包容态度，对外来文化也是兼收包容。泰国本地人亦信奉海神，在中泰文化融合过程中，中国海神妈祖很自然成了中泰两国民众共同的信仰。一些泰式寺庙也供奉妈祖。泰国的造像艺术多注重衣纹装饰的复杂变化，图案上用粗细不同的绵密的线条勾画，给人华丽优美的感觉。妈祖像造型偏向体积圆鼓，脸型较圆短，五官紧凑，对妈祖神像的冠帽、璎珞的塑造也是极尽所能的繁杂细腻。泰国妈祖像以粉面为主。例如，泰国普吉岛天后宫妈祖像身着绯色龙袍，脸部丰满，宽且圆，下巴线含糊，五官细小而集中，头戴九旒冕冠，旒串较大，垂至眼睛，冠身较低短，两边金色博鬓造型比较夸张。

海外妈祖像大都是移民随身携带至居留地后建庙供奉的，建庙后庙宇宽敞，像设也相应增大，于是重塑重雕妈祖像。为了显现信仰的正宗与传承，妈祖像要么在家乡制成迎来供奉，要么请中国造像师傅到当地现场制作，要么请当地匠师仿照移民家乡妈祖像模本重新制作，大都延续了妈祖图像的原有模式。造像以粉面为多，部分为金面，黑面妈祖比较少见。妈祖造型偏向呈现雍容优雅的气质，当然，不同国家和地区的妈祖图像也有着细微的变化。但总体上，妈祖图像模式比较一致，这显示了海外华侨对中华民族文化传统的尊崇。

海外妈祖图像造型几乎都是雍容庄重的，即使是新加坡的妈祖造型总体较为修长，但面部依然饱满。泰国妈祖造像更是脸庞圆、身姿圆，甚至有一个和乐呵呵的布袋和尚一样圆鼓鼓的腹部。总之，妈祖造型之中贯穿着一种圆融、圆满的概念。妈祖形象的"圆"体现了民族审美心理在造像艺术上的渗透。台湾学者刘文三认为，从艺术表现来看，妈祖的造像创造了一种"女性优雅气质的典型。这种丰容高贵，端庄优雅的雕塑，表现出中国人物画线条优美的本质与丰满而厚实的量感，蕴藏了中国儒道圆满厚道的精神"。[①] 亲和化与神圣化在妈祖造像上是相辅相成的。因为善的艺术必须借助形式的美感才能更好地传达伦理观念。在中国的传统美学中，"善"与"美"是结合在一起的，人们从"善"的角度去谈美，把美的作用又归结为"善"。人们希望借助妈祖女性神灵的外在美，去体现她善的行为。中国民间的审美观与道德观是交织融合的。这也应该是华人对妈祖形象的一种诠释方式。人们从妈祖美丽如真人的容颜中体会到善的力量；另外，造型的美感符合人性的伦理观念才易被人接受和敬重。端庄大方的容貌，符合社会伦理要求，艺术家与广大信众共同构筑了人们心目中永恒的女神形象。

---

① 刘文三：《台湾宗教艺术》，台湾雄狮图书股份有限公司1976年版，第24页。

小　结

在历史的时空中，妈祖图像呈现出多样的造型。从宋造型的朴实清瘦，到元明的雍容富贵，从清代的威严庄重到近现代的平和大方，每个时代都对妈祖形象有不同的理解与释义。这些图像承载了时代的印迹，反映了特定时代需求的视觉效果。

图像艺术作为符号，是人类情感的投射，亦是人类精神面貌和文化情感在空间、时间中的物化。我们试着把各个时期的妈祖图像符号形式放在妈祖文化发展的历史长河中进行考察，发现各种图像符号是妈祖信仰文化在流动时间中的一个定格，代表着各个时期的妈祖文化，串联构成了妈祖精神成长的史诗。这些图像具象地承载了妈祖精神美学，比较完整地反映出各个时期妈祖神像的造型审美观演变。从宋代的真实内敛之美、元明的夸张厚重之美、清代的装饰程序之美到现代的多元之美，妈祖神像造型的演变反映了人们多姿多彩的审美追求。妈祖神像雕刻工艺经历了从简朴到精致、从平面到立体、从写实到夸张、从单一简单的材料到多种复杂的材料、从本色到色彩艳丽，经过了漫长的过程，这成为我国民族信仰艺术宝库中的一朵奇葩。另外民间多样的审美习惯及雕刻艺术技法写实精进的影响，使妈祖图像表现手法多种多样，装饰意味更加浓厚，色彩鲜艳华丽，材质多元，妈祖图像不断出现新颖的风格。

因为庙宇多，神像自然也多，难免艺术水平参差不齐。其中不少的妈祖造像塑造得相当原生态。但这些造像师傅的原意是想尽可能塑造出他们心目中妈祖的高大圣洁形象的，只不过经济条件所限、工艺技巧不精罢了。其实，不单单每个朝代和每个国家、地区，每个人心目中的妈祖形象都是不一样的。我们每个人对妈祖的了解程度与角度不一样，也会在不同的时间、不同的环境中，在脑海中凝构出不一样的妈祖形象。有的是皓发慈眉的老妇，有的是英姿飒爽的侠女，等等，但有一点是相同的：我们心目中的妈祖形象都掺和了母亲慈颜的印迹，还有对姐妹真诚笑容的渴望。

  妈祖图像在不同历史时代的社会影响下，表现出多样的视觉形式，是对特定时代、特定文化的表现。所以，也可以这么说，妈祖图像是不同时代的一种文献存在。

第三章 图像中的妈祖服饰与相貌

笔者在考察妈祖图像时意识到，一些图像中的细节，例如服饰以及人物的相貌，对于理解妈祖图像艺术以及它所处的文化背景有着重要意义，有利于进一步分析妈祖图像中蕴含的符号意义。故本章将围绕"图像中的妈祖服饰与相貌"这一主题，结合实例展开分析。

第一节
妈祖图像的服饰文化

为人物造像，其服饰本来应该与人物所处的历史时代及身份相符。如果画家不尊重历史事实和时代生活习惯，随意给人物安上异代或不符合身份的服饰，结果只能贻笑大方。宋代郭若虚曾针对画家不加考证随意为历史人物造像的弊病提出批评："至如阎立本图昭妃房，戴帷帽以据鞍，王知慎画梁武南郊，有衣冠而跨马，殊不知帷帽创从隋代，轩车废自唐朝。"[①] 昭妃，即王昭君，汉代美女。阎立本画中昭妃所戴的帷帽，是一种周缘垂网的帽子，隋朝才出现，到唐代方在妇女中盛行。试想汉代人怎么可能有几百年后的隋唐服饰呢。另一画家郭熙则批评画院人画《尧民击壤图》不应着"今人巾帻"等，也严厉地批评了画家创作时对各个时代服饰特征不加详细考究的随意行为。

可见，只有详细了解造像人物所处的时代背景、生活习俗，才能塑造出令人信服的历史人物形象。否则，即使是画技超绝的被公认为大家的阎立本，如果创作作品时不加推敲考证，让汉代的王昭君戴上隋代才有的帷帽，依然会贻笑大方，被后人诟病。

---

① 郭若虚：《图画见闻志·论衣冠异制》，人民美术出版社1963年版，第14页。

妈祖本只是宋代一位普通渔女，宋代宣和五年（1123）首次被赐封"顺济"庙额后，历经元、明、清各朝代对妈祖封号的演变，其图像服饰也随之产生变化。

一、宋代妈祖图像的夫人服饰

从宣和五年（1123）至淳熙十年（1183）间，妈祖被逐次加封为"顺济夫人""崇福夫人""灵惠夫人"等封号，但宋淳熙十六年（1189）以前的妈祖身份只是夫人。夫人是宫廷外命妇的等级，按宋代的命妇服例制："命妇服，政和议礼局上：花钗冠，皆施两博鬓，宝钿饰。翟衣，青罗绣为翟，编次于衣及裳。第一品，花钗九株，宝钿准花数，翟九等；第二品花钗八株，翟八等；第三品花钗七株，翟七等；第四品花钗六株，翟六等，第五品花钗五株，翟五等。并素纱中单，黼领朱褾、襈，通用罗縠，蔽膝随裳色，以緅为领缘，加文绣重雉，为章二等。（二品以下准此）大带，革带，青袜、舄，佩，绶。"[①]宋淳熙二年（1775）镇江版《三礼图》中，绘制了古代后妃命妇最高级别的礼服"三翟"，有"袆衣、揄翟、阙翟"三种。（图3-1-1）因此，宋代的妈祖图像多为受封"夫人"时的服饰，梳高髻，身穿大袖袍，胸饰云肩，披帔帛，腰系蔽膝、大带、革带，着青袜、舄，佩绶。

宋代女子发式，以高髻为尚，时称"特髻冠子"。髻中多掺有假发。这个时期的高髻样式主要是盘龙髻、双环髻、流苏髻、鸾凤髻、朝天髻等。太原晋祠圣母殿中的北宋彩塑侍女像就是梳着高高的双髻或包髻。

---

① 脱脱等：《宋史·舆服志》，中华书局1977年版，第3536页。

图 3-1-1　宋淳熙二年（1775）镇江版《三礼图》中的命妇礼服"三翟"

云肩是汉民族服饰文化中一种独特的服饰款式，五代时已有。《金史·舆服志》规定宗室及外戚并一品命妇禁用"日月云肩、龙文黄服"[1]等。《元史·舆服志》中描述其形状："云肩制如四垂云，青缘，黄罗五色，嵌金为之。"[2] 云肩最初用于保护衣领，最早的样式类似垂落云头，坠于肩膀两侧，因形似云朵被称为云肩。云肩在宋金时期渐发展为绕脖一周的样式，元代始有固定的形式，多为四合如意形，常用四方四合云纹装饰，并多以各色彩锦绣制而成，装饰华美。山西晋城市郊二仙庙中北宋政和七年（1117）的彩塑仙女坐像，胸部就围着云肩。妈祖图像中的妈祖常颈脖

---

[1] 脱脱等：《金史·舆服志》，中华书局 1975 年版，第 980 页。
[2] 宋濂：《元史·舆服志》，中华书局 1976 年版，第 1940 页。

围着各式云肩，有一片式、连缀式、层叠式等。披帛，隋唐时期名曰"帔子"，亦称"霞帔"。形为两条从颈后绕过自然垂挂在胸前的长条状帛巾，下端缀有金玉坠子，类似于现代服饰中的披肩，较长而窄。到了宋代，已正式把它作为贵族妇女的服饰。高承的《事物纪原》中称："今代帔有二等，霞帔非恩赐不得服，为妇人之命服，而直帔通用于民间也。"①。

宋代贵族妇女参加重要活动的礼服为大袖衣，所着衣衫袖子宽大，故名"大袖"。福州南宋宗室贵妇黄升墓出土的墓主人广袖袍五件，形制风格相同，均为直领对襟，两袖宽大下垂呈袋状，袖口疏阔，襟、袖缘及下摆缘都加花边一道。

蔽膝又作"韨""韠"等，用于冕服时称"芾"。蔽膝最早是用韦（熟皮）做成，用革带束悬于膝前。《诗经·小雅·采菽》："赤芾在股，邪幅在下。"郑玄解释说："芾，太古蔽膝之象也。冕服谓之'芾'，其他谓之'韠'，以韦（皮革）为之，其制上广一尺，下广二尺，长三尺。"②它本是古代先人用来掩遮下体的东西，后来在设计礼服时为了纪念先人礼制，特意将蔽膝作为尊贵的礼服的装饰，以表示不忘古人着装之本。妈祖图像中，双腿间经常悬有蔽膝，有的在腰下悬于大袖袍外，有的悬挂在两件裙服之间。

二、元明妈祖图像的天妃服饰

元代至元十五年（1278），因神佑海运，妈祖被封"护国明著灵惠协

---

① 高承：《事物纪原》卷三，商务印书馆1937年版，第108页。
② 孔颖达：《毛诗正义》，载阮元校刻《十三经注疏》，中华书局1980年版，第489页。

正善庆显济天妃",明永乐七年(1409),明成祖朱棣加封妈祖为"护国庇民妙灵昭应弘仁普济天妃"。妈祖的神格地位一下子提升很高,在图像服饰上比宋代时更为豪华。

元明妈祖图像造型与宋代相比,有个很大的变化:妈祖头上改为戴冠。冠帽造型比较接近明代皇后在受册、谒庙、朝会时戴的朝冠(图3-1-2),为"其冠饰翠龙九,金凤四,正中一龙衔大珠一,上有翠盖,下垂珠结,余皆口衔珠

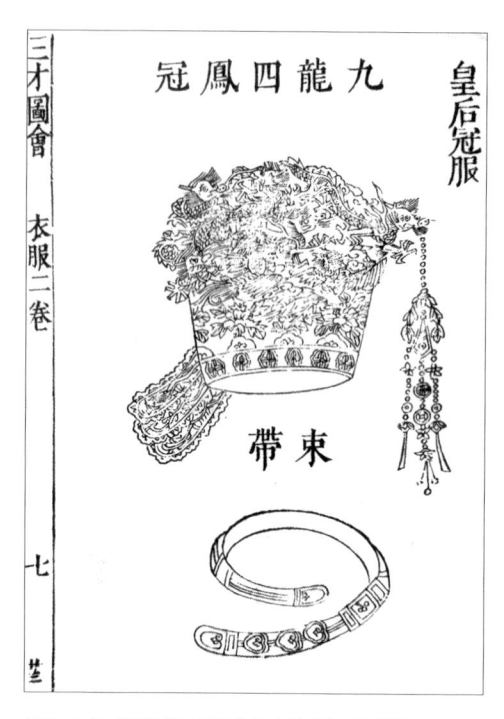

图 3-1-2 明代《三才图会》中的"皇后冠服"

滴。珠翠云四十片,大珠花、小珠花如旧。三博鬓,饰以金龙翠云,皆垂珠滴"①。皇后冠帽是在圆帽上装饰以翡翠金玉做成的九龙四凤,明代妈祖冕冠与之差别是在冠顶上加冕板。

博鬓,即冠后面垂在耳后两侧的长条状装饰物。后妃礼冠博鬓上皆用珠宝饰成游龙、翠云等形象,下部边缘饰有珠络,垂有珠滴。

还有一种是附有旒的冕冠。冕冠与其他类型的冠饰最大的区分就是冕前后带有垂旒,《礼记·礼器》记述了冕旒的形制:"天子之冕,朱绿藻,

---

① 张廷玉等:《明史》卷六十六,中华书局 1974 年版,第 1621 页。

十有二旒；诸侯九，上大夫七，下大夫五，士三。"[①] 冕的旒数有十二、九、七、五、三几种，爵位越高，旒数越多。十二旒最尊贵，天子冕旒无一例外都是前后各十二旒，"衮冕垂白珠十有二旒"[②]。明代的妈祖图像中一般为七旒冕冠。旒冠是古代礼冠中最尊贵的一种。其冠顶有板，称为"延"，为长方形，后高前低，略向前倾，以示谦逊；延前端穿挂着玉珠串，称旒。天子冕十二旒，诸侯九，士大夫七，下大夫五。南北朝后，只有皇帝用旒，象征居高临下，旒遮龙颜，以示尊贵。

三、清代妈祖图像的天后服饰

清高宗乾隆二年（1737）加封妈祖为"护国庇民妙灵昭应弘仁普济福佑群生天后"，妈祖图像上的服饰越来越尊贵华丽，戴有博鬓的九旒冕冠，是妈祖晋升天后的身份象征。妈祖头戴九龙四凤式旒冠、身着四爪金龙袍、腰系九龙玉带的图像服饰特征一直流传至今。

清代的妈祖图像，冠式仪规沿袭宋明时代龙凤冠形式——九翚四凤冠。

明代皇后大礼服是戴九龙四凤冠，穿织绣雉鸟纹翟衣，束青红各半大带、描金云龙纹革带，青色加金饰的袜舄，深青色蔽膝。以明朝永乐三年（1405）的九龙四凤冠形制为例，"九龙四凤冠，漆竹丝为圆匡，冒以翡翠。上饰翠龙九、金凤四，正中一龙衔大珠一，上有翠盖，下垂珠结，余

[①] 《礼记》，商务印书馆1914年版，第87页。
[②] 徐松辑：《宋会要辑稿》，中华书局1957年版，第2371页。

皆口衔珠滴；珠翠云四十片；大珠花十二树（皆牡丹花，每树花二朵、蕊头二个、翠花九叶）；小珠花如大珠花之数（皆镶花飘枝，每枝花一朵、半开一朵、翠叶五叶）；三博鬓（左右共六扇），饰以金龙、翠云，皆垂珠滴；翠口圈一副，上饰珠宝钿花十二，翠钿如其数；托里金口圈一副。"[1]封天后后的妈祖冠上有冕板，垂挂串串旒珠，增添了几分威严。妈祖虽贵为天后，但其龙袍形制为四爪，妈祖庙中的龙柱亦为四爪造型。这是因为古代社会等级森严，服饰有级别限制，不得逾越，"五爪金龙"的龙袍只归皇帝一人所用。

现代的妈祖图像多延续清代的天后服饰，但在此基础上冕冠更加夸张化、多样化。冕冠的材质应用更多样，有银制、纸制等，形状也极尽夸张之能事。有的冕板垂旒多层，将妈祖像的脸部遮得严严实实；有的冕冠上缀满耀眼的珠片与各色的绒球，等等。现代图像中妈祖服饰往往突破时代与身份，而突出奉祀者的意愿，随意加上自己对妈祖崇高、尊贵的理解，往往忽视了艺术效果与文化内涵。（表1）

表1 历代妈祖图像冠饰的演变

图像	图像出处	年代	冠饰形制特征
	莆田城内文峰宫	宋代	高髻，分为三髻。中央为一圆凸发型，两旁各有卷曲状发型，额头发式再分为三瓣，为典型的宋代夫人发式

---

[1]《续修四库全书·大明会典》卷六十，上海古籍出版社2002年版，第212页。

续表

图像	图像出处	年代	冠饰形制特征
	福建省博物馆	明代	冠卷加冕板和博鬓,无垂旒,冠身为圆筒状。博鬓从耳上垂至肩上,为凤凰形状
	原藏于仙游城关贝龙村天后宫,现藏于莆田市博物馆	明代	冠卷加冕板,无垂旒,无博鬓。冕板被分割为九缝,前端有为垂旒做洞的痕迹。冠身为直长的圆筒状
	莆田市城郊乡南箕灵慈庙	传为明代	冠卷加冕板,无垂旒,无博鬓。冕板呈弧状,被分割为九缝
	明万历二十年（1592）刊行的《三教搜神大全》	明代	乌纱帽分二色,上饰以花珠,冠身后斜,冠后有弧状装饰
	湄洲妈祖祖庙	清代	冠卷加冕板,无垂旒。无博鬓,冠身为高直的圆筒状。上有等分线缝装饰
	闽台缘博物馆	清代	冠卷加冕板和博鬓,无垂旒,冕板前端留有旒孔,冠身为梁冠,冠沿分为两片,博鬓凤凰状,中镂空
	龙岩汀洲天后宫镇殿	清代	凤冠加冕板,无博鬓。旒短,仅存二,其余已失。凤冠为九龙四凤,每只皆口衔挑珠牌,垂至鼻子高度
	台湾图书馆	清代	冠卷加冕板,无垂旒,无博鬓,帽沿较宽,呈弧状,冠卷后有高出的纳言

续表

图像	图像出处	年代	冠饰形制特征
	莆田市博物馆藏的《诸神图轴》	清代	明代梁冠，冠筒分三梁，两侧有洞，以玉笄插孔固定。冠后有纳言，高于冠身
	《林氏族谱》	清代	冠卷加冕板，无博鬓。冕板稍曲，后高前低，七旒，垂至下颚。冠板上绘有图饰，从板上垂下天河带。两耳之处各垂一颗充耳
	鹿港天后宫	不详	旒冠整体为金，九旒，旒珠垂至眉前，博鬓较高，为凤凰状，各衔一串红色挂穗
	台湾南澳南天宫	现代	冕冠高度夸张，冕板分为内外两层，旒串两排垂至眉端，左右二博鬓巨大，下垂至肩，上加很多装饰物，如各色珠串花、珠串圆环等
	高雄下茄定金銮宫	现代	凤冠加冕板，冕板双层，上缀多个大红绒球，九旒，旒串极长，垂至下巴。博鬓为凤状贴耳边，下垂吊穗
	天津天后宫	现代	缀珠宝凤冠，二凤口衔挑长珠牌，博鬓如翅状，低垂靠颈
	湄洲岛妈祖祖庙室外	现代	凤冠加冕板，九旒，冕板宽约脸部的二分之一。旒串较短。凤冠简化为圆筒状，上缀绒球。额上凤口衔珠滴。无博鬓，冠下加头巾
	福州郎官巷天后宫	现代	冠卷加冕板，通体鎏金，冠卷上加以彩绘，九旒，垂至额前，博鬓形制为弧状，下垂三串珠滴

续表

图像	图像出处	年代	冠饰形制特征
	台湾台中丰原镇清宫	现代	冠卷加冕板，九旒，垂至眉前。博鬓位于耳上，为夸张凤凰的翅膀形状，呈三角形，上翘
	莆田东峤魏厝瑞琳祖宫	现代	凤冠加冕板。九旒，垂至额前，凤冠额前为多圈珠口圈，并加戏曲舞台造型的额贴，博鬓为圆状，中坠亮珠
	苗栗白沙屯天后宫	现代	冠卷加冕板，双层九旒，垂直眉前，旒冠上覆以带绒球、流苏等装饰的凤冠
	台南北区西门路天后圣母祠	现代	凤冠加博鬓，无冕板，无垂旒。冠帽以纸制成，上缀绿、蓝、红各色亮片和大红色绒球，博鬓为圆环形，下垂吊穗
	香港石澳天后宫	现代	多层凤冠加旒冕，凤冠四凤衔四串两层小珠牌，两边博鬓各垂两层大珠牌
	马来西亚雪隆天后宫	现代	冠卷加冕板，博鬓为凤衔串花珠牌，九旒冕冠板上覆有金凤
	澳大利亚墨尔本天后宫	现代	冠卷加冕板，双凤博鬓与额饰连为一体，下垂红带

历代妈祖的造像服饰因妈祖受封的身份不同而发生改变。宋初妈祖被封为夫人，其造型服饰为高髻大袖，跟同时受封的临水夫人陈靖姑等的造

型服饰没有什么差别。之后被封妃、封后，头戴冕冠成为元明两代妈祖造像服饰的主流。到了清代，妈祖由"天妃"晋升为"天后"，服饰定型为头戴带博鬓的九旒冕冠，身着蟒袍套云肩披霞帔的格式。可见，服饰文化的内涵主要是体现身份，服饰是随身份变化而变化的。

历代的舆服志中皆无皇后和后妃戴冕冠的记录，而妈祖天后造型的服饰是：皇太子模式的九旒冕冠加明代皇后的凤冠博鬓，诸侯式的蟒袍加后妃的云肩和霞帔。这种整合式的服饰为什么会一直流传至今？笔者推测原因有三点。

其一是受民间神像造型观的影响。世人崇敬妈祖，总是希望神像能表现出她的高贵，显示其与众不同的神力。华丽的衣冠服饰在世人眼里最能体现尊贵的身份。于是人们仿照最尊贵的女装为妈祖打扮，绣满龙凤图案的礼服，夸张而繁杂的凤冠，尽量模仿后妃着装的奢华。这也是世人崇拜地位和权力的心理在起作用，其投射到造神的服饰文化上。人们又想，妈祖既然贵为"天妃"，在服饰上或穿着上就应该超越人间后妃一等。可是后妃服饰已是人间女装的最高等级了，还有什么服饰能代表人间的显赫呢，那应该就是天子的服饰了。在人间社会僭越是大逆不道的大罪，在神的世界是允许的。许多男性的神，生前是臣民，死后就可以称大帝、帝君。匠师突发奇想，为她加上了天子诸侯专用的冕旒，果然增加了不少气象，后来渐渐得到人们的审美认可，模仿样式的人多了，逐渐形成群体性的行为，变成了民间妈祖天后造像的一般范式。

其二是受民间服饰民族意识影响。妈祖的身份自清康熙年以后为"天后"，按照当时的仪规，应按清代皇后舆服仪规，根据清乾隆三十一年（1766）编撰的《皇朝礼器图式》：皇后服应该为绿色，绣五谷丰登，佩箴管，条皆明黄色。但妈祖的冕冠服饰显然和清代皇后不同。这又是什么原因呢？

清朝入关后，严令汉族臣民必须依照满族的制度剃发留辫，如有不遵，都要受到严酷镇压。剃发易服看似小事，无关生死，可在当时成为社会尖锐矛盾，汉民纷纷抗争，死难数十万人后，才有了"十不从"的政策，所谓"男从女不从，生从死不从，阳从阴不从，官从隶不从，老从少不从，儒从而释道不从，娼从而优伶不从，仕宦从而婚姻不从，国号从而官号不从，役税从而语言文字不从"①。所以清代的民间神像服饰一般都用明代服饰，清代的妈祖虽被封为天后，但民间的妈祖像依然穿着明式命妇服装，仍然沿袭明代形制。安平妈祖庙供奉的神像仍身着明制天妃之官服，冠冕有七条冕旒缀珠，有别于台南大天后宫妈祖的九条冕旒（为清代天后之制），就是以此象征安平人士之民族意识。

其三是对古代服饰男尊女卑思想的一种挑战与变通。"妇人无贵贱，母以子贵，妻以夫贵，古之定礼也。至于服色，无有一定。"在儒家人伦关系中，妇女一直处于从属地位，西汉董仲舒更是大力主张"丈夫虽贱，皆为阳；妇女虽贵，皆为阴""贵阳而贱阴"②。体现在服装礼制上，有一点就是"男子女子殊别"，就是说男女不同衣衫。所以历代后妃即使尊贵无比，但也与皇帝着装差异很大，无人敢挑战皇帝的装扮。

史上唯一的一位女皇帝武则天贵为天子，当时所穿的朝服并无留下记载，后代为她画像，给她八旒冕冠加五爪龙袍的特殊服饰待遇。（图 3-1-3）周锡保在《中国古代服饰史》一书中提出，武则天的画像可能是后人根据宋真宗的刘皇后的服饰来绘制的。③宋真宗的刘皇后是少数敢着男装的女

---

① 周锡保：《中国古代服饰史》，中国戏剧出版社 1984 年版，第 449—450 页。
② 董仲舒：《春秋繁露·阳尊阴卑》，载苏舆《春秋繁露义证》，中华书局 1992 年版，第 324 页。
③ 参见周锡保《中国古代服饰史》，中国戏剧出版社 1984 年版，第 30 页。

图 3-1-3 明《三才会图》中的武则天像

子。真宗去世后，13岁的太子继位，刘太后垂帘听政，而且有所作为，她成了不是皇帝的皇帝。晚年时，她想穿皇帝的祭服谒太庙，有大臣力陈不可。后刘太后自己拟定了一种比皇帝祭服"少杀其礼"的服装："服衮衣，十章，减宗彝、藻，去剑，冠仪天，前后垂珠十旒。"①

《宋会要辑稿》记载："仁宗天圣二年正月十一日，中书门下言皇太后礼服按典礼具有明文……礼院言按天宝礼，首饰花十二株，小花如大花之数，并两博鬓。"②明道年间（1032—1033），刘太后赴太庙行礼，冠饰为仪天冠，"九龙，十六株花，前后垂珠翠各十二旒……九日，太常礼院言皇太后赴太庙，乘玉辂，服祎衣，九龙花钗冠，行礼服衮衣仪天冠；皇太妃皇后乘重翟车，服细钗，礼衣……其冠用十二株花钗"③。

这种低于天子、高于诸侯的冕服，为古制所不见，既是对男女着装殊别的挑战，亦不违反所处时代的王法礼制，可以说是男权社会里的一种折中派吧。

由此看来，同样折中的妈祖冠服，不但体现了以人间服饰来为神装饰

---

① 脱脱等：《宋史》卷二百四十二，中华书局1977年版，第8614页。
② 徐松辑：《宋会要辑稿》卷二，中华书局1957年版，第1795页。
③ 徐松辑：《宋会要辑稿》卷二，中华书局1957年版，第1795页。

的中国民间信仰特点，也透露出中国男权社会对女神形象的态度。台湾妈祖研究专家林美容在《台湾妈祖形象的显与隐》一文中，通过对信仰圈、神格职能等现象进行剖析，得出一个新颖深刻的结论："我认为台湾妈祖的形象，基本上是有灵力女神（magicdeity）的形象，是台湾汉人社会对女人力量（power of women）的认知，也代表民俗宗教层面对有力女人（powerful lady）的一种塑造，因此妈祖是一种隐喻。"[1] 笔者赞同她的观点，但觉得她对有力女人的分析还不够透彻。崇拜女神并不等于尊重女性，这点在妈祖信仰方方面面的细节中都可以体会得到。有时候，香火缭绕的妈祖庙中虔诚下拜的男女信民，让笔者驻足沉思。女性一直是妈祖信仰中的活跃信众，这我们能理解，妈祖让她们找到倾诉与交流的对象。然而是什么原因让男性也膜拜在妈祖的女性袍裾下呢？妈祖作为有力女人的象征被附会了种种神异功能，已经被淡化了性别，人们将很多沉甸甸的希冀赋加给她。妈祖图像，表面有着常人所不及的威严和尊贵，但蟒袍下面的三寸金莲却揭露了妈祖形象后面占主导地位的男权社会之层层迫压。或许从中我们能稍稍领略到，在男权社会妈祖作为有力女人被崇拜后面的某种矛盾吧。

---

[1] 林美容：《台湾妈祖形象的显与隐》，载《台湾妈祖文化展》，台湾历史博物馆2008年版，第20页。

第二节
妈祖姿态

就姿态而言：妈祖图像可分为坐姿、立姿。立姿多见立于户外，或刻于木板上。

供在庙宇内的造像多数是倚坐于龙椅上，双腿垂地，裙裾下露出一点翘头绣鞋，不同于佛像的结跏趺坐式，也不同于观音的自在坐，而是采用正襟危坐式。这种坐姿有利于圣化表现的平衡构图，表现出贤淑庄重之感。身躯平正挺直，体现出妈祖受过人间儒学浸染，具有训导有素的大家闺秀风范。妈祖图像中的造型姿态，体现了儒家理学伦理观的深刻影响。中国人因为长期受儒家文化的浸淫，形成了典型的东方性格——温柔、敦厚、贤淑、典雅，而这种性格，体现在东方女神妈祖的身上则是慈祥亲和。细眉丰颐、风度雍容的妈祖造像以其特有的娴静贤淑，体现了世人对"母范"的要求和认知。明代利玛窦初到中国，为了传播宗教，身着缁衣，一副僧人打扮，想借助中国佛教形式来传播天主教。中国古代民间僧尼在社会中的地位并不高，儒家为统治思想，被统治阶级所推崇。妈祖的儒家举止与儒家打扮，也是为了便于在士大夫阶层传播，说明妈祖信仰的融入性。台南南化天后宫的妈祖像左手持圭，右手往前举，坐在椅上，但身姿稍往前倾，两腿并没有合拢平放，而是左斜，一腿微往前。这尊妈祖像可能意图在塑造妈祖倾身与信民交谈，一手前举作势，要叩拜的信民起身，这种表现与信众互动的动作造型，反而因动感太强的妈祖像无形中削弱了妈祖高贵的气场。

至于手势，宋元时期的妈祖造像虽为坐姿，但座椅皆为平台式，此时的手势大略有三种：第一种为平胸朝天持圭式，即双手相握举至胸前，朝上作拱状，手中持玉圭或象牙笏，有的十指覆以锦帛；第二种为平放式，即双手自然相握并平放于腿上，一般不露手，覆以衣袖或帛巾；第三种为双手交叠式，即双手交叠举至胸前状。到了明末，妈祖造像的座椅样式有所改变，出现了靠背。于是，妈祖造像的手势也增加了两种：一种为双手扶椅式，即两只手臂置于椅子的左右扶手之上，这种姿态可使神像因双肩张开而显得前胸挺出，更具威仪；另一种为持物式，即一只手平放于膝上，另一只手执如意或折扇、麈尾等物，或轻扶玉带，姿态变得更为威严。

以上几种形式综合构成妈祖造像的主要手势特征，延续至今。在具体形制上，由于受到匠师之间的师徒传承、买主之要求及材料限制等因素的影响，可能有所变化，但总体而言大同小异，主要有"朝天持笏式""双手平放覆巾式""双手拱举式""双手扶椅式""一手持物式""双手垂放式"等。端坐的妈祖手势亦多为对称的形态，即使"一手持笏式"，也只是两手的动作有一些细微的变化。这种明显对称的手势无疑是为了体现妈祖庄严的仪表。（图 3-2-1）

| 朝天持笏式 | 平放覆巾式 | 两手相扣行礼式 | 双手扶椅式 | 一手持物式 |

图 3-2-1　传统妈祖坐像手势图

立姿妈祖造像多为现代制作，立于室外，一般直立，面朝正前方，或侧身，头部稍扭转，保持端庄的姿态。其手势变化多端，有一手平举一手竖举，有一手搭在另一只手上臂，有两手一高一低持物状，等等。这些多变的手势突破了传统对称而平稳的模式，强调的是英雄式的造型姿态。

传统妈祖造像手持物多为笏与圭。圭笏是古代朝觐、祭祀等重要礼仪所用的礼器，宋代圭制："两旁刻十二山，若古山尊，上锐下方。"[1] 妈祖手持圭笏是礼制权威的象征。现代妈祖造像不但姿态、手势有了变化，手持物品也愈发多样：有的持如意，表示吉祥的寓意；有的持灯，寓意引航；有的持扇子或锦帕，表明妈祖淑女身份；有的捧元宝，希望妈祖能带来滚滚财源。（图3-2-2）神像手执物不同于人间生活用品，而是神界权力与神性的一种象征之物，传达了人们企求获得的东西。在妈祖神像造型中，这些手持物体作为信仰符号，以简括的形体表达了许多人对神的祈愿。泉州蟳埔位于古刺桐港畔，船舶往来频繁，为海交要津。此地民风淳朴，家家户户信奉妈祖甚虔。蟳埔女装独特，头饰更是别具一格，头发盘成髻后，用鲜花串成花环围戴在圆髻四周。关于花饰发型来源，民俗学者们意见不一，但是此风俗表现了海边渔女对鲜花的喜爱。（图3-2-3）在蟳埔顺济宫，虔诚的信女也为妈祖像手上奉上一束自己最喜爱的鲜花，显示了对美好生活的期望。（图3-2-4）

---

[1] 脱脱等：《金史·舆服志》，中华书局1975年版，第3532页。

第三章　图像中的妈祖服饰与相貌　　129

一手举夜明珠式　　一手举灯式　　一手持灯式　　双手捧圣旨式　　一手持如意式

图 3-2-2　现代妈祖立像手势图

图 3-2-3　头戴鲜花圈的女信众 　　　　　　　　图 3-2-4　手捧鲜花的妈祖像

第三节
妈祖图像相貌的拓展意义

中国传统造像对女神有一定的要求,即"貌虽端庄,神必清古"。女神必须有大方的外表,庄重矜持的神态,"使人见则肃恭,有归仰心",而不是以艳丽的容貌来取悦观者。妈祖的形象具有端正的五官和丰润的容貌,鼻梁挺直,双耳较长,低眉长目,双眼垂视,嘴角微翘含笑,带着爱怜的神情凝视众生,这是中国传统文化对慈祥女神的具象诠释,也留着中国儒家文化深深的烙印,"容"是女性四德的首位。传统妈祖图像姿态,坐姿端庄,肩平腰挺,腿脚平放,完全一副淑女形象,同时又符合中国的礼俗,动静相宜,含露得体,充分体现了中国传统文化的审美要求。

一、妈祖的年龄和面貌

人生是有限的,岁月在飞快流逝的同时,无情地催白了人们的头发,在脸上刻下皱纹,留下斑驳的印迹,让人不禁发出"红颜易老"的感叹。由人们虚构出的神灵世界是想象的世界。神灵的容貌是可以凝固不变的,八仙之一的何仙姑和为人祝寿的麻姑,几经沧海桑田,依然貌若十八女郎。人们心目中女神的形象永远定格在他们最青春貌美的时刻。

也有的神灵的容貌转老,如西王母的形象,汉代时犹是"着黄锦褡

第三章　图像中的妈祖服饰与相貌　　131

图 3-3-1　湄洲妈祖庙青年妈祖像　　　图 3-3-2　福建龙岩大池泉溪天后宫妈祖像

褐,文采鲜明,光仪淑穆,带灵飞大绶,腰佩分景之剑,头上太华髻,戴太真晨婴之冠,履玄璃凤文之舄,视之年可三十许,修短得中,天姿掩蔼,容貌绝世"[①]之年轻貌美佳人,宋元之后逐渐转为老母形象,这是为了符合人们赋予她主管婚姻与生育女神的身份的需要。

妈祖图像的面貌,有时是貌美的年轻女子(图 3-3-1),有时是富态的中年妇女(图 3-3-2),有时是笑态可掬的老婆婆。但无论哪种年龄面貌,都是为了满足信众的祈愿职能和心理审美需要。

---

① 《道藏》卷五,上海书店出版社 1988 年版,第 48 页。

二、妈祖的面色

妈祖神像有金面、黑面、粉面、红面等多种。面色的表现有多种用途。

一是突出信仰,妈祖是凡人出身,在神像的设计上大多保持了跟普通人一样的体貌。颜色表达了"生命体征",有血色活力,让神像看上去像真实的活人一样,如妈祖的粉面(图3-3-3)。所谓粉面妈祖神像就是妈祖生前的样子,粉面妈祖看起来慈祥、善良,更容易让人产生一种信任感。

图3-3-3 福建莆田黄石华东村磐石宫粉面妈祖像

二是为了提醒观者,妈祖是超出普通人类的,有着超凡的神通。不同于凡人首先必须相貌不同,体现出身份的转变,如妈祖的黑面(图3-3-4)、金面(图3-3-5)。金面有成仙升华得道之意,是受佛教中所谓功夫高超是金刚不坏身和佛教中身现金光的佛称"金人"[①]的影响。金色在民间也象征着尊贵之意。至于黑面妈祖,在中国五行五色的观念中,黑代表水,与妈祖海神职能相符。黑面

[①] 袁宏的《后汉记·西域传·天竺传》中记载,汉明帝"梦见金人,丈大,项有日月光,以问群臣,或曰,西方有神,其名曰佛,其形丈大……遂于中国而图其形焉"。《后汉记》卷八十八,中华书局1965年版,第2922页。

图 3-3-4　台湾鹿耳门天后宫黑面妈祖像　　　　图 3-3-5　山东蓬莱阁天后宫金面妈祖像

妈祖也被称为"化身妈祖"。陈金城《黑脸妈祖根在同安》一文提到银同"黑面妈祖"有两说："一说是银同妈祖原为枣红面，因长久香火熏燎变成黑褐色，后即塑为黑色……另一说为《东市林氏族谱》所载：南宋绍兴十八年（1148）同安筑城竣工，东市林氏祖佛妈祖神像被官府移祀于南门城楼上为司镇神。明嘉靖三十七年（1558）五月，倭犯同安南门，战斗剧烈，城楼上妈祖显灵，'以阴兵击贼，脸色尽紫'，终成黑面不褪。"[1]妈祖由于抗倭变成"黑面"的传说，无疑也是这场御倭战争集体记忆中的一个产物。福建妈祖造像有莆仙的粉面妈祖、闽西的金面妈祖，闽南的黑面妈祖、红面妈祖等各具地区特色的造型，但不能因此就断言，金面妈祖在闽西已本土化了，黑面妈祖在闽南已本土化了。闽中莆仙地区乃妈祖信仰的

---

[1] 陈金城：《黑脸妈祖根在同安》，《同安文史资料》第 20 辑，中国人民政治协商会议厦门市同安区委员会文史资料委员会，2011 年，第 144—145 页。

发源地，湄洲妈祖是由年轻女子升天为神，是世界各地信众膜拜的偶像，而且闽中地区庙宇造像多，影响重大。所以，一般人印象中的福建妈祖就是湄洲粉面的青年女子造型。但无论哪个面色，都没离根，都符合中华传统理念。而台湾妈祖图像由于历史原因，既有先人从湄洲迎奉的粉面青年女子造型的妈祖，又有客家人带去的闽西金面造型的妈祖，闽南移民带去的黑面妈祖等。由于闽南移民的数量占多数，所以台湾妈祖造像更多的是受闽南信仰文化和闽南造像艺术的影响，为面色偏黑的慈祥的中年妇女形象。在信众心中，黑面妈祖代表着勇敢、忠义、有能力，折射出妈祖的勇敢精神。黑面妈祖能够帮助人们解决困难、度过危机。

各个地区大都兼有各色妈祖像，只不过所占比重不同而已。海外各地区的妈祖像大多为粉面；小部分为金面，如新加坡半岛天后宫妈祖像、越南穗城会馆天后宫、日本长崎兴福寺妈祖像俱为金面；极少数为白脸，如日本那霸久米天妃宫妈祖像、长崎福建会馆天后宫妈祖像，它们应是受当地"和式化"的影响。

不但如此，在一些妈祖庙也有同时供奉多尊妈祖像的习俗。同一座神殿供奉多尊妈祖像，其中有黑面妈祖，亦有金面妈祖、粉面妈祖、红面妈祖。福建、台湾、香港很多妈祖庙都供奉多尊妈祖神像，例如，位于崇武半岛的惠安大岞天后宫供奉五尊妈祖神像，正中为红面"大妈"，其余两边俱是粉面的"二妈"。山东庙岛显应宫供奉有莆田分灵来的金面妈祖、粉面妈祖、黑面妈祖，莆阳殿供奉的神像是粉面妈祖。多种脸色的妈祖神像共祭一堂，也显示了妈祖信仰形式的丰富性与包容性。

三、妈祖与观音的造型姿态

在中国民间信仰中，观音右手执杨柳枝、左手托净瓶，瓶内装的是用来救苦救难的甘露,她是民众心中的慈母代表。妈祖着红衣飘扬于海面上,时而举红灯,时而有鹊使,千里眼和顺风耳在两边相助,代表耳目神通,哪里有难她就勇敢去救难,为民众带来平安,是民众幸福的守护神。观音与妈祖二者都秉持着慈悲为怀的救世目的、救苦救难的精神,都体现了东方海洋文化特有的宽容与大度、祥和与宁静。所以,民间经常把妈祖与观音相提并论。闽南和台湾地区许多寺庙把二神并置一室供奉,其原因就在这里。在家宅供奉的神像形式中,有一种集合观音、妈祖、灶君、土地公的众神图。这种众神图多采取版印或彩绘的形式,一般挂于大厅中堂,这种神像奉祀形式很普遍,称"神明彩仔"。如图3-3-6所示的台湾观音妈联图,观音作为主祀者居于画幅的最上方,旁边为侍立的善财童子与献珠龙女。画幅中间为妈祖和左右侍女,最下方则为司命灶君,福德正神(即土地公)分居左右。这种以观音和妈祖为主的众神图,民间俗称"观音妈联",在闽粤台及东南亚华侨中广受欢迎,说明在民间信仰中观音和妈祖地位一样显赫,关系密切。观音与妈祖都具有慈祥、雅丽、端庄的面貌,但在造型上又有着一定的差异。观音佩璎珞戴珠冠,慈眉善目,垂发于肩,袒胸露臂,双足赤

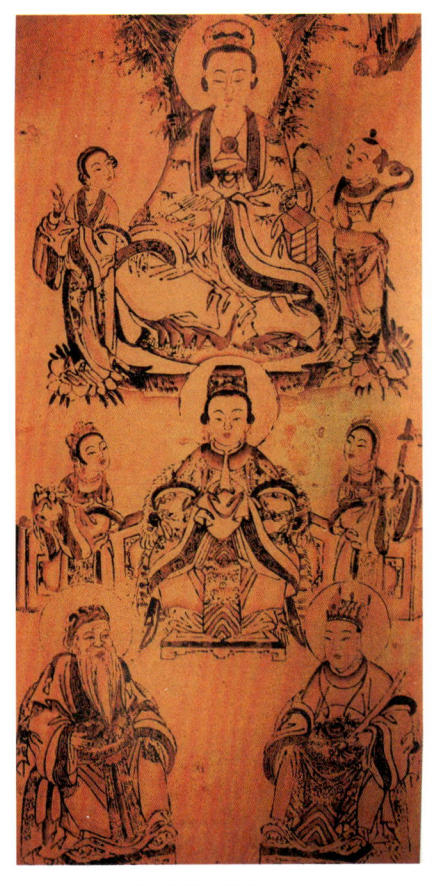

图 3-3-6 台湾观音妈联图

露,坐莲台或青石,衣饰淡雅,体态富丽而又庄严,姿态较为轻松自在,带着古印度女性风韵。与观音放松自在的造型姿态相比,妈祖的姿态就显得拘束严谨多了,无论坐姿或手势,都是端端正正的。而且,妈祖相貌始终保持温雅清秀的五官面貌和庄重矜持的神态,具有中国女性美的特征,成为东方温柔女性标志性的符号。

人类文明中充满各式各样的符号。人类用语言、文字、艺术、宗教、历史、科学等符号,创造了丰富多彩的人类文化形式,构成了整个世界文明。而对符号的解读,则成为一种极有趣味和意义的过程。妈祖图像在形成演变中,逐渐形成了相对固定的仪规与形制。这些少有变动的图像形式,反映了民间艺术约定俗成、遵循传统等特色,也因此产生了妈祖图像的符号化。能成为文化符号的文化个体必定具有普遍认同的价值,妈祖图像就是这样的一个个体。

温克尔曼曾将希腊雕塑的符号密码诗意地解读为"高贵的单纯和静穆的伟大",将静态、神秘的希腊雕塑物像作高度概括,从而使之更加明晰化。借助这种极有写意性的表达方式,我们也可以尝试剥离呈现在外的妈祖造像特征,探索妈祖图像的符号内核。妈祖图像,其实代表的不单单是一千多年前那位舍己救人的林默娘,而且凝聚着五千年浑厚、庄重的中华文化,有着中华儿女的智慧和勇敢的精神,有着千千万万天下母亲悲悯慈爱的胸怀,凝缩成一句话,就是"宽容的悲悯和庄重的理想"。

第四章

妈祖肖像式图像的多元观看

妈祖图像是一种人为建构的社会性文化符号，它基于神的观念而存在，是神在现实世界的象征和化身，承载着人们对神灵的想象。如果说妈祖信仰是一种观念存在，缥缈虚空，那么，妈祖图像让神明在现实中变得具体可见。《七修类稿·奇谑类·天妃显应》中说，明成化年间，吾杭给事中陈询受命去往日本，"下舟时梦天妃曰：'赐尔木，此回当刻我像，保去无虞也。'明日有大木浮水而来，舟人取之乃沉香，至今刻于家"[1]。虽然传说来源不可信，但也说明作为妈祖的象征与化身，神像让民众在仪式中有了可感知的祭祀对象。

---

[1] 郎瑛：《七修类稿·奇谑类·天妃显应》，上海书店出版社2001年版，第531页。

第一节
妈祖肖像式图像的组合形式与视觉观看

  诗人歌德曾说:"造型艺术对眼睛提出形象,诗对想象力提出形象。"[1]意思就是说,通过眼睛的观看产生的造型艺术形象,与欣赏诗歌时幻想出来的形象一样因人而异。因此,不同群体、不同角度,甚至不同时间、地点的观看都会产生不同的形象。在观看妈祖图像的过程中,我们平时的信仰体系、认知体系等都影响着我们观察的方式。不同的地域,不同的社会环境、社会阶层、生活习俗,乃至不同的职业,不同的年龄和性别,不同的家庭和个人经历,都以不同的道德观念、审美情趣、价值取向去理解和阐释图像本身。信众眼中的妈祖图像是超能力的象征,是感知诉求,是正义与公正的代表。非信众眼中的妈祖图像更多时候是神态和蔼的偶像而已。信仰图像的一个重要作用是让观者感受信仰的力量,所以,造像师也想方设法利用图像的直观方式试图唤起所有观者内心的体验与感悟,产生与信众一样神圣的感动。

---

[1] 伍蠡甫主编:《西方文论选》上卷,上海译文出版社1979年版,第445页。

一、肖像式妈祖组合群的组合方式

等级社会中创造的海神妈祖在其神的世界中也同样有人间的等级关系、从属关系。随着妈祖地位的提高,妈祖神像小团体规模也逐渐扩大。明代晚期以后,以顺风耳和千里眼为左右对称的侍从"偶像式"构图,成为妈祖造像的标准模式。(图4-1-1)

(一)千里眼和顺风耳

每个神话形象都需要一个能导致其相反结果的反形象。在妈祖圣迹传说中,半兽半人神千里眼和顺风耳起先扮演的是反角色。据《天妃显圣录》

图4-1-1 《天上圣母像》

记载,天妃降服了两个邪恶的妖怪,后来他们成为天妃的手下,即现在的千里眼和顺风耳:

先是西北方金水之精,一聪而善听,号"顺风耳",一明而善视,号"千里眼"。二人以金水生灾,出没西北为祟,村民苦之,求治于妃。妃乃杂迹于女流采摘中,十余日方与之遇。彼误认为民间女子,将近前,妃叱之,遽腾跃而去,一道火光如车轮飞越,不可方物。妃手中丝帕一拂,霾障蔽空,飞扬卷地。彼仍持铁斧疾视。妃曰:"敢掷若斧乎?"彼遂掷下,不可复起。因咋舌伏法。越两载,复出为厉;幻生变态,乘涛骑沫,滚荡于浮沉荡漾之中,巫觋莫能治。妃曰:"江河湖海,水德攸钟,彼乘旺相之乡,须木土方可克之。"至次年五六月间,络绎问治于妃。乃演起神咒,林木震号,沙石飞扬。二神躲闪无门,遂拜伏愿皈正教。时妃年二十三。

从目前的文献资料来看,我们不能明确半兽半人的千里眼和顺风耳是什么时候纳入妈祖图像体系的。1259 年,宋人李丑父的《灵惠妃庙记》称:"东庑魁星有祠,青衣师,朱衣吏左右焉。西侧奉龙王,而灵威嘉祐朱侯兄弟缀位焉。"[1]妈祖两旁的这两尊神像被称为青衣师和朱衣吏,这很有可能就是顺风耳和千里眼的前身。明代妈祖地位明显提高,《太上老君说天妃救苦灵验经》里谈到妈祖出巡的规模:"前后导从,部卫精严,黄蜂兵帅,白马将军,丁壬使者,桂香大圣,晏公大神,有千里眼之察奸,顺风耳之报事。青衣童子,水部判官。"[2]妈祖前拥后簇,部属众多,其中,千里眼和顺风耳担任了察奸报事、通风报信的差事。也有一种可能,妈祖陪神千里眼和顺风耳是从千手千眼观音那里演变来的。观音为了替众生救苦救难,必须信息灵通,因此有千眼,其眼既可视物,亦可观音;大千世界,苦难多多,要为普天众生救苦救难,两手忙不过来,必具千手。妈祖收伏千里眼和顺风耳,亦是其获得海上灾难信息的需要。妈祖收伏神怪千里眼和顺风耳是自身神力的一种拓展。人类形态与兽类结合起来,具有超脱人类一般躯体局限的"奇妙潜能",如孙悟空等。千里眼和顺风耳被妈祖收为麾下,使妈祖能力得到增强。

佛教中,修行到最高境界是五蕴皆空,眼观色、耳听音是五蕴中最前沿的二蕴,声色常作心的干扰,是不良信息,但善恶亦可互换,恶亦可使

---

[1] 李丑父:《灵惠妃庙记》,载蒋维锬编校《妈祖文献资料》,福建人民出版社 1990 年版,第 17 页。
[2] 《太上老君说天妃救苦灵验经》,载《正统道藏·洞深部·本文类》卷三百四十二,台湾新文丰出版社 1988 年版,第 60 页。

图 4-1-2　福州马尾船政天后宫千里眼和顺风耳神像

之为善。妈祖与千里眼和顺风耳两将的组合类比使善恶二元化，其形象带来视觉上的震撼。千里眼为"绿色脸"或"蓝靛色脸"，头上长有两个突角，顺风耳为"红色脸"或"白色脸"，头顶中间长一个突角，都是五官扭曲、面目狰狞。千里眼、顺风耳的眼睛突出，鬃毛飞扬，血盆大口加獠牙的妖怪形象，与妈祖和善慈祥的面貌形成对比。例如，福州马尾船政天后宫神像，千里眼和顺风耳皆方脸，两腮宽大、下巴上翘，瘪嘴露出四颗獠牙，头上长角，眼睛凸突，面貌里结合了虎豹豺狼的一些凶狠特征，短衣短裤，衣不遮体，袒露的胸部与肚脐历历在目，手脚皆套有环，腰部围着一块倒三角状甲片。二将皆赤脚，一脚迈前，身躯扭转，一个抬臂遮眼瞭望，一个手指耳朵专注倾听，强调肢体语言，具有动感。（图 4-1-2）袒胸露肚，塑造结实的肌肉的千里眼和顺风耳造像，目的在强调男性的雄健，以填补妈祖作为女性力量不足、柔弱的缺点。如寺中佛的慈悲，必附金刚之威武；观音之侧，必有韦驮。

在"天人合一"思维模式的影响下，中国神话人物形象并不排斥自然的力量与自身身体的结合，甚至以二者结合为神性的象征。传说中的女娲长着人头蛇身，一天能够显示 70 种变化。中国传统观念中的长寿女性麻姑，面貌如年十八九的"好女子"，但她的手是"鸟爪"。妈祖与千里眼和顺风耳两将的组合正是体现了中国人对自然界原始动物的崇拜。

（二）民间妈祖神符图像中配神的经典组合

民间神符常常采用妈祖与配神的组合图像。一方面，多神组合形式可以表示妈祖的神力强大；另一方面，多神组合的图像人多气旺，可以营造喜庆、热闹的氛围，更受百姓喜欢。

如图 4-1-3 所示：图 A 为清代彰化南瑶宫的妈祖神符，是妈祖与千里眼、顺风耳组合的三神标准模式；图 B 为鹿港祖庙妈祖神符，妈祖与两边持扇的侍女为另一种三神组合方式；图 C 为鹿港旧祖宫神符，妈祖、顺风耳和千里眼与两侍女组成五神组合的标准模式；图 D 为溪北正三妈神符，五神组合加了三太子哪吒；图 E 为彰化南瑶宫神符，五神组合加三十

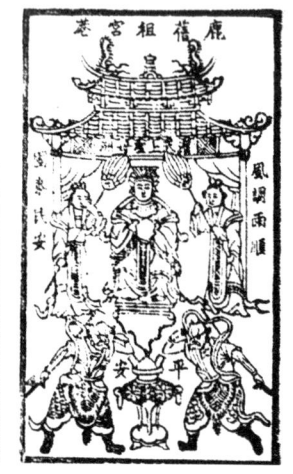

A　　　　　　　　B　　　　　　　　C

D　　　　　　　　　E　　　　　　　　　F

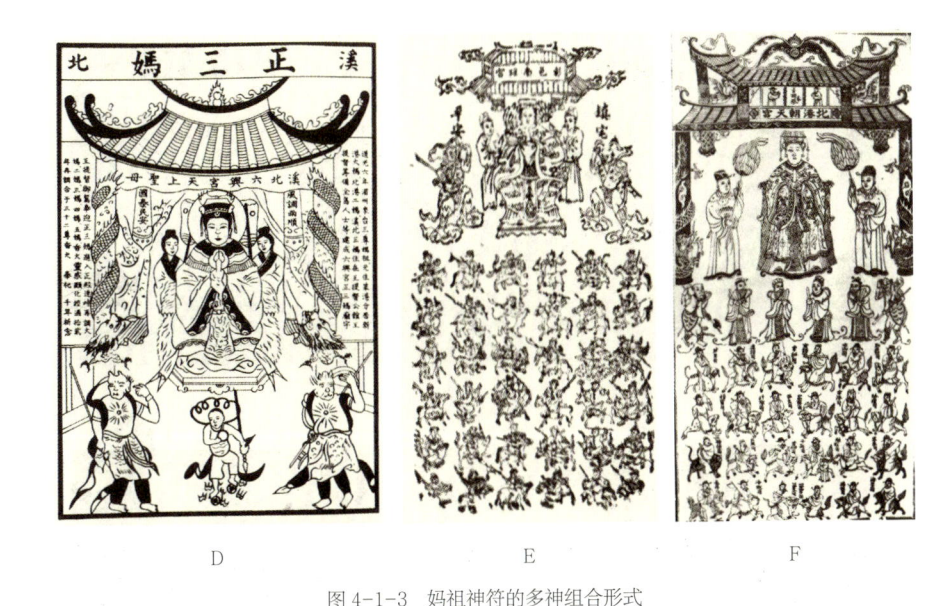

图 4-1-3　妈祖神符的多神组合形式

六官将；图 F 为北港朝天宫神符，五神组合加四海龙王及二十四司神。妈祖作为海洋主神的地位，形成气势浩荡的大团队。

（三）妈祖出巡图像组合模式

民间妈祖庙还经常绘制妈祖巡海图，意在展示妈祖慈悲为怀。如台南安平天后宫、福州马尾壶江天后宫等壁画，妈祖出巡时一般乘坐辇车，随行除千里眼和顺风耳外，还有执扇、提灯及各种仪仗仙班侍女，以此表示妈祖身份的尊贵。（图 4-1-4）

（四）妈祖庙中妈祖神像与其他供奉配神像的配置方式

1. 海洋性属臣组合

海神妈祖的神殿中大多也供奉了龙王、水神等海洋性属臣。山东庙岛显应宫正殿中，妈祖左右配神有四尊武将，为千里眼、顺风耳、黄蜂兵帅、白马将军，还有八尊文官，为东西南北水部判官和九江八河五湖四海龙王。（图 4-1-5）

图 4-1-4　福州马尾琅岐壶江天后宫石雕妈祖出巡图

图 4-1-5　台湾台南天后宫四海龙王神像（张嘉镁摄）

清姚元之《竹叶亭杂记》记载：

海船敬奉天妃外，有尚书、拿公二神。按尚书姓陈名文龙，福建兴化人，宋咸淳五年廷试第一，官参知政事，《宋史》有传，明永乐中以救护海舟，封水部尚书。拿公，闽之拿口村人，姓卜名偃，唐末书生。因晨起恍惚见二竖投蛇蝎于井，因阻止汲者，自饮井水以救一乡，因而成神，五代时即著灵异。二神亦海舟所最敬者。①

2. 生殖生产保护属臣组合

霞浦松山天后宫配祀是临水夫人陈靖姑、义妹林夫人纱娘和义妹李夫人，皆为奶娘女神。

在天津的天后宫内，天后像旁还有送生娘娘、千子娘娘、乳母娘娘、百子娘娘、眼光娘娘、耳光娘娘、瘢疹娘娘神像。瘢疹娘娘手持莲蓬，暗喻天花；耳朵娘娘双手捧耳状物，眼光娘娘手持人目，祈愿儿孙聪明（耳聪目明）。这些娘娘亦是妈祖神职的分身，每个人的手持物代表各自的职责，反映了广大女信众的心愿。

韩国义善堂妈祖像配祀为送子娘娘、眼光娘娘、耳光娘娘等。越南顺化明乡天后以三位胎神、十二接生婆神等为妈祖配神，反映出民间百姓信仰的诉求。

3. 地方信仰组合

各地妈祖庙还有各种不同的配祀组合。如惠安沙格灵慈宫配祀唐代平

---

① 姚元之：《竹叶亭杂记》卷三，中华书局1982年版，第87页。

安史叛军中以身殉国的英雄张巡等。惠安溪底妈祖宫正殿供妈祖，东侧供城隍，西侧供灵安尊王。灵安尊王为惠安县当地神，原名张悃，是五代闽国的将军，曾率兵驻扎在惠安的青山下，因抵御海寇有功，殁后乡人"庙而祀之"①。连城芷溪天后宫的妈祖配神是洪福公王和关帝以及吉祥菩萨等。洪福公王是芷溪本地的护境神，传说其生前为明朝时芷溪青山尾人，有法术，能降妖伏魔、护境安民。吉祥菩萨又叫"吉祥哥"，是客家地区常见的生殖之神。

马来西亚彭亨州关丹天后宫中，妈祖神像左侧供奉送子护产的民间神祇金花夫人。越南穗城会馆主神是妈祖，龙母娘娘与金花娘娘均是其配神。柔佛州新山县淡杯镇天后宫中妈祖配神为哪吒三太子、五营兵马司令、虎爷、大伯爷、二伯爷等几种福建地区奉祀的神祇。

汀州天后宫中正殿东廊供奉风神、云伯、雷神、电母、雨师、丁壬使者，西廊供奉白马将军、黄蜂兵帅、水利判官（司护堤）、晏公大神（司退潮平浪）、柽香大圣（司护堤疏水）、遍告使者等作为妈祖的配神。

以上这些组合皆与地方风俗习惯有关。

4. 八贤组合

近几年兴建的湄洲祖庙南轴线正殿两侧配祀为八位对弘扬妈祖文化精神有独特建树的历史人物。这八贤组合是由林文豪、蒋维锬、王琛等策划设计，方文桃塑制的。这一设计企图将妈祖信仰由神界拉向人间，使信众的信仰更坚定、笃实。里面包括北宋路允迪、南宋李富、元代左副都大元帅兼福建道市舶提举蒲师文、元代宋本、明代内官监太监郑和、明代太子

---

① 《惠安县志·山川志》。

少保礼部尚书兼翰林院学士林尧俞、清太子少保兵部尚书兼福建总都督姚启圣、清靖海侯施琅。路允迪带使团出使高丽归来,将途中遇险妈祖显灵搭救的神迹上书朝廷,妈祖因此被赐顺济庙额,名声首次上达朝廷。李富不遗余力重修圣墩顺济庙,创建白塘浮屿宫,举义兵北上抗金也不忘供奉妈祖像,宣扬妈祖神迹。宋本奉旨拟御祭文十四道,沿海自北而南致祭福州、泉州诸妈祖庙。林尧俞收集历代文献编纂《天妃显圣录》。施琅奉命

图 4-1-6 湄洲妈祖祖庙八贤像

征台，率师平台驻平海卫天妃宫祈祷掘井得水，平台后，建祖庙梳妆楼、朝天阁及佛殿、僧房。蒲师文将妈祖保护海道漕运神迹上奏元世祖，妈祖因之被封为"护国明著天妃"，并奉诏诣湄祭告。郑和先后七次奉命出使西洋，多次重修妈祖庙并铸铜钟及立石碑宣扬妈祖神迹。姚启圣奉命收复台澎，为感谢妈祖显灵相助，建祖庙梳妆楼、朝天阁及佛殿、僧房。这些人都为妈祖信仰的传播做出贡献。这八贤组合出台后，各地纷纷仿效成为新一格。（图4-1-6）

二、妈祖组合图像的视觉观看

肖像式组合图像的最大特征是形成以妈祖为中心的对称式组合，妈祖始终处于显耀的位置，而且比例明显大于其配祀人物，形成巨大的反差。以偶像为中心的布局，充分体现了图像赞颂功能。如河南朱仙镇木版年画《天后娘娘》（图4-1-7），图像群中妈祖不但处在画面的中心，而且比例明显大于其配祀人物，配祀人物与妈

图4-1-7 河南朱仙镇木版年画《天后娘娘》

祖的大小比例形成巨大的反差，具有人物纪念性特点，衬托出妈祖的高大与尊贵。

图像群中的三神组合，经常呈稳定三角形构图，手中持圭端坐凤椅的妈祖，坐姿平稳，立于妈祖座前的千里眼和顺风耳两将，一左一右，这种构图方式给信众一种心理暗示，就是这个安定、平稳的神灵组合，能给他们带来平平顺顺、安安稳稳的生活。而且这种三角形的构图格局，也符合

现实阶级社会中君主在上居中坐于龙椅上，臣僚在旁侍候，时刻听命差遣的等级规范。妈祖造像大多为静态坐姿，仿佛是在接受信众的膜拜，保持着庄严的神态。

在图 4-1-3 中，无论配神组合数量是多是少，无论构图方式是三角形还是长方形，配神的造型都是侧身或侧脸。如图 A 中，侍立于妈祖前面的两将为左右侧身侧脸，将观者视线引向画面中心的正面妈祖。图 D 中同样处于画面前方的两将虽然被安排成正面朝观者，但肢体动作却朝向中央。画师们特意夸大千里眼和顺风耳弯腰哈背的站立姿态，弯曲的身躯扭成 S 形，两脚同样一前一后，重心前倾，与妈祖挺胸端正的静态坐姿形成了强烈的反差，既增加了画面的动感，又让人感到二神塑造是动态的、真实有力的。二神脚步呈奔跑状，仿佛在观察瞬息万变的风云变化，在仔细聆听和察看千里万里之外的动静，随时准备投入救海难的战斗中。图 F 中平行排列的四海龙王与二十四司神动作各异、千变万化，与上面端坐的妈祖形成对比，给人静中有动的视觉效果。那些动态的配神，衬托画面中间正面对称式静态妈祖图像，使妈祖图像更易引起观者的注意。

肖像组合像中妈祖始终面朝观众，即使是神龛中的妈祖神像，放置的位置也只能让人从正面角度去观赏。不论是坐姿还是站姿，妈祖图像都处在静止中，而且面部表情是庄严平静的。旅美学者巫鸿指出，正面的、对称的人物画像是"偶像式"的，"中心偶像被表现成一位正面的庄严的圣像，毫不顾及环绕的众人，却凝视着画像之外的观者，尽管偶像存在于绘画体系内部，然而它的含义却依赖画面之外的观者或礼拜者的参与"[1]。

---

[1] ［美］巫鸿：《礼仪中的美术》，郑岩等译，生活·读书·新知三联书店 2005 年版，第 361 页。

作为正面中心偶像的妈祖,"形成视觉中心,而环绕偶像的其他人物及建筑配置也将观众的目光首先引导到中心偶像身上,强化了这一'向心式'视觉效果"[1]。于是,通过这种画面内外的目光对接,妈祖图像在组合中的主角地位和领导意义得以昭显。

贡布里希曾说:"正确的肖像如通用的地图一样,是经过图式矫正的漫长历程获得最后的产物。它不是忠实地记录一个视觉经验,而是忠实地构成一个关系模型。"[2]配神是妈祖职能与神力的延伸代表,妈祖与配神的组合图式一直在创造与调整中。在调整中,妈祖与千里眼、顺风耳的组合图式被固定下来,并成了识别妈祖图像的一个重要符号。另外,不同时期、不同地域、不同群体的妈祖信仰,根据自己的信仰需求,又继续创造新的组合来阐释自己的信仰理解。

三、肖像式图像中的传统美学观念

神像的形象体现着民间供奉心理、信仰观念、民众审美观念。在雕塑神像的匠师眼里,妈祖神像是妈祖真人与各种神迹的综合体。他们的使命就是使妈祖的神圣感转变为精确图像,并使之具有与其他神像所不同的一种独特的崇高美、神圣美、慈爱美的形式。

(一)图像的圆润美

妈祖图像造型几乎都是雍容庄重的,即使是宋代或明代的妈祖造型存在

---

[1] [美]巫鸿:《礼仪中的美术》,郑岩等译,生活·读书·新知三联书店2005年版,第360页。
[2] [英]E.H.贡布里希:《艺术与错觉》,林夕等译,湖南科学技术出版社1999年版,第6页。

差异，但总体而言较为修长，其面部总是饱满。清代和近代妈祖造像更是脸庞圆、身型圆，甚至有一个和乐呵呵的布袋和尚一样圆鼓鼓的腹部。(图4-1-8)总之，妈祖造型之中贯穿着一种圆融、圆满的概念。妈祖形象的"圆"体现了民族审美心理在造像艺术上的渗透。台湾学者刘文三认为，从艺术表现来看，妈祖的造像创造了一种"女性优雅气质的典型。这种丰容高贵、端庄优雅的雕塑，表现出中国人物画线条优美的本质与丰满而厚实的量感，蕴藏了中国儒道圆满厚道的精神"[①]。

图 4-1-8 现藏于一瓣香妈祖文化展览馆的妈祖木雕像

"圆"是中国文化的极致理想。中国古代哲学认为天是圆的，一切美好的事物都应该是圆的。佛教中也是以圆形来表现形象美。如《文殊师利问菩提经》曰："如来智慧如月十五日。"[②] 用十五的月亮的圆来比拟如来佛完善的智慧和完美的形象。渐渐地，这种形式美学意识沉淀在中国美学中，成为重要的审美观念：珠圆玉润。圆，意味着圆满、圆融、圆通；光滑圆润的造型，更是圆满和理想人格的一种象征。怪不得钱锺书也惊叹：

---

① 刘文三：《台湾宗教艺术》，台湾雄狮图书股份有限公司1976年版，第24页。
② 纪昀等撰：《四库全书总目》卷九十二，中华书局1965年影印版，第9页。

"形之浑简完备者，无过于圆。"圆是对世态、人情、容貌、自身理想的一种理解、设计，甚或是构想、追求。"圆"的审美观念凝化为完美型审美理想和标准，逐渐成为中国文化的仁学精神、美学人格的象征。妈祖圆润的造型，是中国圆文化在精神美学审美上的一种体现。妈祖的忘我仁慈的德行备受人们称道，形象用"如月十五日"般圆润完美的造像才堪匹配。妈祖造像圆圆的脸庞闪烁着母性的光芒，圆圆的身躯体现了妈祖慈悲为怀、包容一切的亲和力量。

（二）图像的线性美

在中国造型艺术中，"线"的作用十分突出。一方面中国传统造像不像西方造像那样，陶醉于对光影明暗、块面节奏的追求，而是恣情享受线的婉转和线的旋律。另一方面"塑容绘质""塑绘不分"又是中国传统艺术的一个特点。正如美学大师宗白华先生所言："中国雕刻也像画，不重视立体性，而注意在流动的线条。"[①]深受书法影响的中国造像，无论是雕像还是绘画，始终贯穿线的特点，以线性转折来塑造形体，妈祖图像当然也不例外。

如图4-1-9所示的妈祖造像，为了解决线和体的矛盾，先把整块木头

图4-1-9 现藏于一瓣香妈祖文化展览馆妈祖像

---

① 宗白华：《中国美学史中重要问题的初步探索》，载《艺境》，北京大学出版社1987年版，第336页。

从轮廓上确定出几个大的方向面，随后再在各平面内尽情展现线的表现力，采用概括、简练的分面手段来表现体积。各层平面相叠，产生出强烈的体积感和线条感，又在各层平面内使用精妙、多变的线条来丰富雕塑的"面"，使这个"面"又有丰富的绘画感。一个神情静默冥思、面容清丽娟秀，宁谧静穆、空灵的妈祖形象突显出来。造像师不仅注重线条形态的变化，还大胆地运用夸张、变形等手段，运用线条的长短、曲、直、疏密的排列，

图4-1-10　现藏于闽台缘博物馆的妈祖像

表现了对妈祖形象的感受。妈祖身上衣袖飘带、衣纹裙褶、披帛、彩带都采用长排线来表现，形成了衣服的流动长弧线，与头部冕冠与锦袍纹饰短线条成了鲜明的对比，形成一种别致的美。

如图4-1-10所示，造像师注重借助妈祖造像身上的纹饰来重点塑造妈祖的富态贵气。没有过多地做衣纹线的变化处理，只做衣纹轮廓线的处理，但也是细致到位。线有宏观的线和微观的线。中国的艺术大多离不开线。其袖口线条柔和，袍服下摆也用绵软层叠的线条细致刻画，虽然用线不多，但我们仿佛可以感受到袍服衣料的柔软、厚垂。纹饰也是用线构成的。造像师把重点放在冕冠与袍服纹饰的图案线条的塑造上了。一组组弯曲的线条分布其中，极为细腻、精致，显示出精细的线条的气韵和流畅。人物造型与纹饰的完美结合使静坐的妈祖充满了飞扬之势，贯穿着一种具有神奇魅力的"线"的艺术。艺术家以独特的"线"

造型，创造出表现符合自己民族审美心理和趣味的妈祖造像。这些或凝重或轻巧或超脱，有弹性、富于节奏感的线条，塑造了一个个鲜活生动的妈祖形象。我们还可以从妈祖宫庙圣迹图壁画上满壁风动的兰叶描，或行云流水般的铁线描游丝线条中，看到"线"的生命力。中华民族对线条有独特的审美情趣，在线的跳跃中编织着中华文化，在线的律动中体现妈祖敦厚沉稳的气质。

第二节
妈祖肖像式图像的性别身份与观看方式

苏珊·波尔多在《身体与女性气质的再造》一文中提到，身体是被文化所规定的，文化价值（如经济、政治、性的价值）对身体的想象，都镌刻在我们的身体上，所以，身体不是文化价值的"自然"起源，身体本身是被文化塑造的。[1] 女娲造人与西方人类起源传说中的神，通过雕塑将人类带到这个世界，然后人类又通过创造形象，将神带到这个世界。神像被赋予性别，这时"符号身体"的意义就显现出来了。

社会文化不同，人的审美观念必然不同。不同的审美文化观念指导下创造的神像的身体呈现方式自然也不同。中国信仰图像对性别的表现，更重视精神的表达。如中国佛教图像中，释迦造像呈现丰腴的身体外型，男女两性俱备，体现既"大雄"又"慈祥"的气质。菩萨图像为了突出慈悲情怀，偏于女性化身体。金刚、罗汉图像为了突出威武、度世气度，偏于男性化身体。

---

[1] Susan Bordo, "The Body and the Reproduction of Femi-ninity", *Unbearable Weight: Feminism, Western Culture, and the Body*, University of California Press, 1993, pp.165-184.

一、妈祖图像与"符号身体"

中国有五千年漫长的文明历史，而人类的文明标志中，对男女两性的观点和态度是很重要的一点。在上古传说中，伏羲和女娲是兄妹结为夫妇，轩辕黄帝时期始制衣冠、婚姻。孔子道"食色性也"，孟子亦云"饮食男女，人之大欲也"。认识到"人之大欲"，并把它制度化，可称是社会文明的一大进步，但后来又逐渐走向另一个极端。宋代理学兴起，提倡"存天理，灭人欲"，人的一些天然本性都被禁锢。从现存的宋代妈祖造像中我们可以看出，神像完全是当时日常生活的普通市民的真实写照，如同理学思想束缚下的宋代普通妇女形象一样，通常是低眉端坐、身材平直，没有女性的性特征，神态平静淡泊，表现出当时女性细腻、拘谨的特点。这都符合理学所规定的妇容、妇德的要求，符合当时理学社会对于礼的规范的美，说明了儒家思想对宋代妈祖造像的深远影响。之后的妈祖图像一直笼罩在禁锢身体的理学阴影下，为了彰示妈祖形象的神圣与崇高，人们在神像上加入庄严的特色，以显示端庄优雅的气质。表现的手法有许多，如在造型上有一定的模式，大多采用左右对称的坐姿，两肩与两膝总是平行于地面。在面貌上也是极力以对称的五官、对称的发髻来表现，遵守严格的形式对称规范，甚至身上饰物如披帛的形状都是两边一样的，神像对称型的身体给人端正庄严的感觉。

即便在人们没有女性主义意识的过去，性别之躯也总是自然而然地跟美与诱惑，裸露与遮蔽，"性""爱"与"欲望"，权力与观看等话题联系着，性别的标签一直都附着在美术中身体的呈现形态之上。在几千年的封建男权社会里，女性处于从属地位，常常被视为"尤物""祸水"。一部广泛流传民间的《封神演义》，其中故事就是由女娲宫内女娲娘娘的神像塑得太美而引起的。虽然这是小说家的杜撰，但也说明女神像不能塑得太美太性感，不能过度强调神像的性官能美,而引人想入非非。即使是西方美术中的女神雕塑,也只是把人体理想化,比真实的人更美、更合理,没有渲染强调性感成分,只让人感受到女神的高尚与美好。所以,圣洁是中外女神像的共同追求。

传说妈祖年二十八未婚而救海难献身,由此,妈祖在信众心目中的形象更显贞洁、崇高。倘若我们对这个女神图像稍加注意便会发现,中国女神崇拜并没有强调女性的人体美,而是提倡含蓄内敛的美。妈祖就是平民百姓按自己的审美观创造的一尊美神,其端庄秀美的体态、温顺而刚毅的性格、妩媚而并不华艳的装扮,特别是临危救难的精神都是符合中国民间审美观和道德观的。妈祖图像中,妈祖手臂和腿部被严严实实"藏"在衣服中,正襟高坐的身体呈现的是一个"具体""实在"的被崇拜的偶像。人物的立体感只稍微呈现在面部结构的鼻子上,表情庄重而祥和。这种缺乏明暗、透视、空间感,缺乏具体的细节表现的女神身体显得概括化与平面化。如图 4-2-1 所示的清代妈祖像,融合了男性的威严和女性的柔和,宁静含蓄,俯视众生,具有母仪天下的风范。宽大的衣服造型与人体相分离,其厚实的质感掩盖了女性的身体曲线,遮蔽了女神的身材,成为人们欣赏身体的障碍。在衣服褶皱表现上,造像师把重点放在冕冠与袍服纹饰的图案的塑造上了。如图 4-2-2 所示的民国德化窑妈祖像,妈祖

图 4-2-1 现藏于湄洲妈祖庙的清代妈祖像

图 4-2-2 民国德化窑妈祖像 一瓣香妈祖文化博物馆藏

图 4-2-3　长汀天后宫圣母间

像衣袍上一组组弯弯曲曲的线条，极为细腻、精致，遮盖了身体本身的美感。妈祖图像的身体意识也体现在对图像的供奉上。妈祖神像的供奉空间是个如真人存在的空间。人们在妈祖神像前为妈祖奉上绣鞋及其他许多妇女梳妆打扮的用品，为妈祖建造寝宫，放置眠床、梳妆台等器具，甚至还有现代化妆品。长汀天后宫正殿旁边特地设一间妈祖闺房，亦称"圣母间"（图4-2-3），里面有现代化床、帐、被、褥及其他生活用品。每天专门有一位阿婆伺候妈祖娘娘的"饮食起居"：早上五点要打洗脸水、叠好被子，一日三餐都要准备五碗饭菜奉在房内，晚上铺床、放下蚊帐、打洗脚水、关门，天天如此，可谓是关照得无微不至。每次妈祖出巡前，虔诚的信徒都要为妈祖整妆。有的信徒手持花镜，恭敬地为妈祖照影，有的信徒小心翼翼为妈祖整理凤冠。仿佛还是当年，一位青年女子在为出门而做梳妆打扮，仿佛妈祖在呼吸、有体温。这些模拟的为女性整妆的动作，充分强调了妈祖的年轻女性神灵身份。这些想象虚拟的动作行为背后，强调了妈祖神像身体的真实感。绘画绣像中，妈祖的女性身份也通过一些女性特有行为来体现。湄洲祖庙收藏的民国时期圣迹图册《林妈祖图志》里有一幅《天后梳妆》（图4-2-4），头围项圈的妈祖坐在桌前对镜审视，后有一名侍女帮她戴上冠饰，一名侍女端着梳妆盒。这些图像以动作强调了妈祖妙龄少女的身份，但在神像身体塑造上并不强调妈祖女性的特征。

图4-2-4 民国《林妈祖图志》之《天后梳妆》

二、妈祖图像身体性别与男性视角观看

图像上的身体性别，具有象征化、意义化、符号化特征。在中国长期以来占统治地位的男权中心文化社会里，妈祖图像中包含男性的观看体验和需求，并从文化观念层面对图像的身体造型范式进行控制。在进入男权社会后，女神形象逐渐柔化，由壮美向柔美转化。中国上古原始神话中，女性因其身体所具有的强大生育能力最先被偶像化，女神如西王母具有"状如人，豹尾、虎齿而善啸，蓬发戴胜"人兽混合的怪异形象，神秘坚强，谈不上美感。进入父权社会后，到了汉代，西王母的怪异容貌已经转变为绝世的美丽女子。随着中国传统文化和阴柔化审美的逐渐外化，女神图像的身体之美也趋向阴柔化。如在顾恺之的《洛神赋图》中，女神身形被塑造成温婉的造型。与这些柔美的女神图像不同，妈祖图像虽因地域审美差别，在面貌特征上有诸多差异性，但身体无一不是体现强壮健硕。

当我们进入妈祖庙大殿，进入我们视觉中心的妈祖像高高居于殿堂中心，最常见的手姿是朝天持笏式和双手拱举式，这两个姿态是模仿大臣向君王禀报要事的动作，带着男性行为特征，这样的手势有着明显的男权社会的元素。妈祖像对女性生殖符号选择了"刻意回避"的方式，女性"身体"消失，而加强正襟危坐，体现出威严王者之气。唯一体现女性特征的是都有着一双"三寸金莲"的小脚。赤裸双脚的观音像本源于印度，在中国民间被说是修行十八世，只得一双男人脚。如图4-2-5所示的台湾鹿港元昌行砖烧妈祖像，妈祖一手持笏，一手置膝上，龙袍玉带，肚子圆鼓，体型拙短健硕，冕冠下的脸庞呈方形，眼神犀利，完全像是粗犷有力量的男性。但宽大的龙袍下依然露出小小的金莲，形成强烈的视觉对比。

图 4-2-5　台湾鹿港砖烧妈祖像

三、妈祖图像性别特征与信众心理需求的多重互动

妈祖信仰推广，大多由当地士绅、莆田籍游宦、商人等男性大力支持，建庙造像，他们从男性的审美视角制定了神像的标准。

福建一带海域广阔而深，自南宋始皆设有水师。福建水师虔诚供奉妈祖，妈祖的多次封号都与水师有关。如在《天后圣母圣迹图志》中，有"助温台破贼安民"，描绘的是妈祖保佑福兴都巡检使姜特立捕海寇，加封"善利"的圣迹："孝宗淳熙十年癸卯，福建都巡检姜特立奉命征剿温、台二府草寇，相持意怯，共祝神灵垂庇。恍见神立云端，旗幡飞飙，俨如虹电。"图像中的妈祖盛装立云端、俯视海面，旁边神旗飘飙，如黑夜中的闪电一样有威慑力。

这些水师将士们供奉的女神妈祖，在形象上有着男性般的坚韧意志和战斗精神，图像身体自然也是偏中性化。在对图像的观瞻方面，匠师们既表现了妈祖女性的特征，也强调了妈祖的去女性化，体现了妈祖中性偏女性、既世俗又神圣的特点。

中国传统文化中一直存在母性崇拜的古老文化情愫，认为女性身上体现的母性力量展示了人性的仁爱与宽容。老子对母性具有强烈深刻的崇拜，"玄牝之门，是谓天地根"[①]。认为牝即母性之象，而"玄牝者，形而上之牝也"[②]。所以母性为道的化身。儒家文化中也一直倡导"敬母""孝母"的观念。妈祖信奉来自人们对海洋的恐惧。沿海居民靠海维持生活，他们惧怕海也需要海，人类希望驾驭自然的愿望不能实现，只能寄予在神祇身上。善良勇敢、有舍己奉献精神的妈祖取代众多的男性海神，被奉为海洋的最高保护神，应该说是民间选择的结果。正如元初黄四如所云："他所谓神者，以死生祸福惊动人，唯妃生人，福人，未尝以死与祸恐之，故人人事妃，爱敬如母，中心向之。"[③] 母性性别角色的需求成就了妈祖为神最初的足迹。中国女神只保留了女性性别特征中的积极的一面，扮演母亲角色的女神是凝聚力的象征，说明中国传统文化有着深厚的"母性崇拜"情结。

作为女性的偶像妈祖，本身并非象征着女性生命的创造能力，更多表现

---

① 《老子》，山西古籍出版社 2006 年版，第 11 页。
② 高亨：《重订老子正诂》，古籍出版社 1957 年版，第 16 页。
③ 黄渊：《黄四如文集》卷一，载蒋维锬编校《妈祖文献资料》，福建人民出版社 1990 年版，第 25 页。

的是对自然和宇宙的敬畏感，以及人类英雄的神圣感。在中国人的观念里，那些"色美而德薄"的女性是不被社会所认可的，人们更多认同神像中对道德与生命力的追求，而很少将身体美的认识表示在神像的形式造型上。

当代社会对身体美的理解与表现，仅仅单纯从视觉审美的角度来博取关注。于是，妈祖造像出现单纯"女性化"身体符号表现方式，忽略了信仰造像对道德与情感的追求。建于2015年的厦门老院子民俗文化风情园，是专门介绍闽南海上丝绸之路特色民俗文化的景区。园内的妈祖像高32.2米，由三面像组成，一面手持玉色如意，一面手持红灵芝，一面手握佛珠，皆戴凤冠蔬冕，身着黄色绣凤袍，头后有佛光，从水里慢慢升起，加上喷泉音乐，形成动态景观。三面妈祖眉眼立体，面目俏丽，身姿婀娜丰满，展示了女性的曲线。另外，金山寺壁雕图像中的妈祖也展示了女性身体之美，妈祖凹凸有致的身体散发着女性魅力，被修饰过的柔美与妩媚的面孔彰显着人们审美观的改变。金山寺壁雕中的妈祖造像与厦门院子三面妈祖造像都不是安置在信仰崇拜神圣场域，更多具有观赏性，所以强调妈祖图像身体的女性特征，以供观者的视觉消费，图像的神圣性自然削弱了。

四、妈祖图像的社会性别

巴特勒（Judith Butler）曾说："社会性别不与文化相对应，生理性别也不与自然相对应；社会性别同样也是'性别自然'或'自然性别'得以在'话语之前'产生和建立的话语文化的手段。"[1] 综合了男女性别气质

---

[1] Judith Butler, *Bodies Tuat Matter*, New York: Routledge, 1993.

的妈祖身份地位更高，偏男性特征的妈祖图像造像也常常表现超脱了性的男女合一的神性，具有"奇异"的熟悉感，既有男性气质又具有女性气质，熟悉（heimlichhomely）又不熟悉（unheimlichhomeles）。

妈祖所代表的女神崇拜也是有着诸多历史局限性的。女神崇拜不等同于女性崇拜，妈祖被社会崇祀并没有使女性获得更多的权利，也没能改变女性的社会地位和角色认定。福建永泰嵩口天后宫始建于清嘉庆十六年（1811），天后宫古码头旁立着几块古碑，其中一块赫然写着"奉宪永禁溺女"。《永泰县志·循史传》记载："嵩俗喜溺女。"其实自宋以来，福建一直流行这种习俗，是溺女的"重灾区"。同治时期刊刻的《省例》中列闽省恶习主要有四种：火葬，溺女，花会，械斗。福建溺女行为恶名在外，刻碑勒石，目的为杜绝当时社会溺亡女婴之恶习，也侧面反映了当时社会人们对女性的歧视程度之严重。与看似为女性崇拜而修筑的女性纪念场所——天后宫为邻竖立的"奉宪永禁溺女"石碑，成了当时妈祖女性高大形象一个反讽的注脚。

在妈祖图像中，妈祖女性身份更多是通过一些女性行为如梳妆打扮等体现，在身体上并不强调女性特征，或者只是局部有女性特征。妈祖图像的性别特征与道德情感有着很大关系，呈现图像的神圣性与信众的心理需求。人们在对妈祖神像带有敬重色彩的凝视中，完成与妈祖像带有瞻仰性的交流。对于造像师而言，对妈祖的神性的塑造就是如何去表现其精神面貌，如何以神的庄严和静穆去迎接人类的凝视之目光和表情，因此产生了妈祖图像偏直偏硬的身体及严格的比例和对称，从而突出了妈祖厚德载物的理念、远离尘世的神圣气息，也保存了一份永恒的神秘。

第三节
室内妈祖图像的神圣空间场域

研究宫庙的构筑，我们可以发现，宫庙的主要功能就是创立一个非凡、神圣的空间场域来安置神像，在满足信众的叩拜需求的空间中，发挥神像的教化功能。庙宇的特殊空间与神像的特殊功能是密不可分的统一体。古代佛教典籍中特以"像设"一词，表示在殿内设置各种神像用以引导和教化信众。

妈祖庙作为宗教信仰的建筑物，其内部空间及功能分区必须考虑到神像与礼拜神像所进行的各种活动之间的关系，力求殿内诸多柱林、斗拱、梁架等所形成的空间与大殿的礼拜功能相一致。观看与空间的关系事关神像教化功能，妈祖图像选择安设在什么样的空间，是在"开放的"空间中还是在"封闭的"空间中，以及在什么位置摆放，如何摆放，如何引导信众观看，等等，这些都是庙宇设计者必须思考的问题。（图4-3-1）

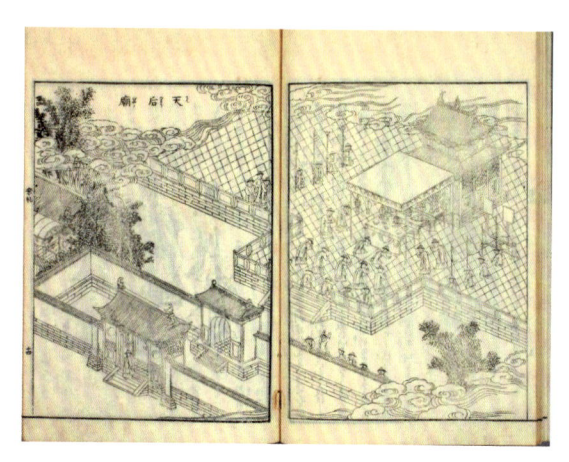

图 4-3-1 日本《清俗纪闻》中的天后宫祭典

一、图像与"仪式空间"

法国社会学大师皮埃尔·布迪厄(Pierre Bourdieu)提出了"场域"(field)理论,在国际学界广受重视,他提出:"我将一个场域定义为位置空间客观关系的一个网络或一个形构,这些位置是经过客观限定的。"[①] 布迪厄的"场域"概念不同于一般的"领域"概念,主要是指在某一个社会空间内由特定的社会行动者相互关系网络所表现的各种社会力量和因素的综合体,是一种有内在力量的、有生气的、有潜力的存在。场域包含着丰富的隐喻和象征意义。供奉妈祖造像的殿堂被尊为庄严肃穆的神圣场域。神圣的意思就是极其庄严圣洁不可亵渎。人们在大殿内设置神像的空间上做了许多精心的设计,将建筑空间与神像的设置融为一体,统一考虑,相互配合,尽一切可能来衬托出妈祖像的崇高庄严,极力营造一种浓厚的信仰氛围。在室内,人的视野会受到局限,因此供奉的主祀神像必须放在易于瞻仰的视野中央,而且安排塑像所处的空间要特别宽敞,以空间的对比来强调它的重要性。塑像前景尽量开阔,减少遮挡,以便于瞻视并保证有足够的礼拜场地。为了扩大殿内的空间,形成通畅的视线,人们经常采用减柱或移柱的方法,在保证大殿建筑结构稳定和坚固的基础上,将可能挡住神像的柱子撤除或移往两侧。例如莆田黄石灵慈庙正殿,面阔七间,进深五间,中间三开间采用减柱法,两边各减去一柱,扩大了神像前的空间。这种巧妙的安排使神龛前的视野空间得以扩展。通过空间划分与结构

[①] L.D.Wacquant, "Towards a Reflexive Sociology: A Worksop with Pierre Bourdieu", *Sociological Theory*, Vol.7, 1989.

图 4-3-2　台湾台南天后宫的神像供奉空间

功能布局，强调像设与室内建筑结构空间之间的关系。

人们还利用室内柱子来区分各个相对独立的神像供奉空间，尽量使妈祖塑像处在一个相对独立的具有较强势的完整性的空间内。如图 4-3-2 所示的台南天后宫正殿，殿内供奉镇殿妈祖神像，人们按照自己最理想的居住条件布置妈祖神龛。神龛放在比一般成人视线较高的平台上，以保证信徒以仰视视角观瞻妈祖。高大的妈祖神像在精致的神龛雕刻的烘托下，中心点的位置十分突出，让人感觉崇高、庄严、雄伟而又睿智、慈祥。千里眼和顺风耳的神像侍卫左右，气氛威严肃穆。参拜者的跪拜点也是内殿设计的重点，以参拜者的视线为中心来考虑。神龛前为长案和供桌，上面放置花瓶、香炉、烛台、果盒、馔盒和各种供品等。信众在案桌前叩拜时，抬眼刚好可以与神龛帷幕中的妈祖神像打个照面，接受妈祖慈爱目光的爱抚。

由于民间信仰的特性，妈祖庙宇都是多神一起祭祀。殿内神像的布置，不仅要使妈祖造像突出，还要对其他造像群做妥善安排、周全设计。如神像群采用左右对称的布局，形成一个稳定而有张力的三角构型，三角形的尖端正好是妈祖。左前方的千里眼及右前方的顺风耳，无论神像的姿态如何也不会影响观者的视线，最终观者的视线都是向中心延伸和发散。总之，妈祖庙内神龛的陈设布置，是利用建筑空间创造出一个特定的环境，提供若干最佳视点，尽可能衬托出妈祖神像的高大庄严，并营造肃穆神秘的气氛。其目的就是要参拜的人感受到浓郁的宗教氛围。通过比较封闭的空间，让神和信众产生亲密的关系，增强信众对神的崇拜。

二、室内过渡空间的虚拟功能

传统建筑中的祭祀空间一般由人的敬祀活动区、偶像安处区和相应的辅助区域共同组成，妈祖庙也遵从这一模式。拜殿与后面大殿相连，高低呼应，为参拜神像的人们做了心理方面的铺垫，这些建筑物的室外空间属于过渡空间。如福建漳浦东山铜陵天后宫（图4-3-3），穿过宽阔的庙埕，经过青石旗杆座与花岗岩牌坊，来到前殿，前殿与大殿之间由一座小小石拱桥连接，俗称"圣旨桥"。"圣旨桥"作为过渡空间，为过来参拜妈祖神像的信众提供了一种心理过渡。过了"圣旨桥"就是主殿，面阔三间、进深三间，大殿前廊有一对透雕青石大龙柱，殿中间有两对木柱，柱间用透雕花鸟花板相连，描金厚彩，富丽堂皇。大殿最里二柱间用绛红色隔扇，导引人们到妈祖神龛前，神龛最外层为雕龙花板，里挂帷幔，帷幔后串珠帘，然后才是妈祖神像。观看者要与妈祖神像打照面，视线必须越过重重柱檐，以及神案前高高的烛座与祭品，然后才可隐隐约约从帷幔与珠帘间窥见神像，极为神秘。按照作为

图 4-3-3　福建漳浦东山铜陵天后宫

"场所"的图像与"空间"的互动关系，妈祖图像的安置大致可分为三个维度或者说三种身体意象，即"幽闭空间"的图像。界于不围合与围合之间的情况就是虚拟围合，简称"虚拟空间"。香港筲箕湾、庙街、石澳等天后庙在大门与神殿中间故意竖立两扇隔板，模拟门的概念，将室内空间再切割，营造空间重叠深邃之感，也人为设置观者与神像视线交接的

图 4-3-4　香港庙街天后庙正门

障碍，制造神秘氛围，形成开放场域与妈祖神像神龛围合空间之间的虚拟空间。如香港庙街天后庙（图 4-3-4），从正门看进去，里面半封闭

门形成虚拟的围合空间，在有限的室内空间增强了纵深感，信众从开放的室外空间来到半围合空间，最后来到神龛的神圣空间，空间也因此产生了连续性。

三、室内"仪式空间"的采光

大殿的空间采光亦为妈祖神像添上一股温暖的色彩。与一般的大王爷瘟神殿与城隍庙阴暗恐怖的气氛不同，妈祖神殿都是宽敞明亮的。因为妈祖给人带来的是一种光明与希望，而不是希望人们在瞻仰神像时，由于诡异幽迷的光线产生恐怖威慑的效果，使人畏惧战栗。妈祖庙大殿空间采光大多来自自然光与桌上烛光及梁间灯光。大殿的大门都是敞开式的，犹如妈祖寥廓广大接纳信民的湖海胸襟。敞亮的采光使人们一走进庙宇立刻能感受到妈祖温柔的神力和灵感。多种光源的布置使人们可从不同角度观看神像，增强了妈祖神像的亲切感。这些光线的精心安排，都是以参拜者的信仰感受为中心展开的，这是为了达到人神感应的目的。台湾嘉义朝天宫"因其建构之巧合，每当旭日东升，晨光照射到白色墙壁上，倒映入正殿，映照妈祖慈容，宛如妈祖晨起照镜梳妆，倍感容光焕彩，蔚为奇观。乾隆二十七年，知县卫克堉把这一景观选为诸罗八景之一，称为'美人照镜'"[①]。

福建妈祖庙殿宇的格局一般为两殿组合式，前为三川殿，隔着一个敞亮的天井，后为正殿。前后殿两边有庑廊连接。庑廊与前后殿之间为

---

① 《台湾妈祖文化展》，台湾历史博物馆2008年版，第209页。

天井，上可采光，下可导水。圣迹图一般绘制于两边庑廊的墙壁上。一方面，此处是通道，墙面较大；另一方面，中间天井的采光有利于壁画图像的观看。很多妈祖庙有个特点，就是庙址几乎都选择靠近河流或面海，常常神像安放方位正对码头，表达了妈祖的水德和她与海洋的联系。

四、神像形制与神圣空间

造像设置不仅仅考虑建筑平面布局，更要根据具体建筑物空间对神像的作用进行综合考虑。建于宋代的福州金山寺（图4-3-5）是福州唯一的水中寺。金山寺原是江心的小石阜，因为它的形状像石印浮于水面，有如江南镇江之金山，故曰"小金山"。因限于特殊地形，寺院没有巍峨的殿宇和巨大的佛像，但小巧玲珑中见别致。由于岛

图4-3-5　福州金山寺

上空间狭小，其中妈祖神殿空间也是极为窄促，只有一个小小的单间。为了能在有限的空间留出一定的祭拜空间，金山寺没有设置妈祖神龛，而是在妈祖殿里面中间隔墙上，用浅浮雕方式雕刻了一尊全贴金妈祖像，这样省了不少空间，仍可供信众瞻拜。可见神像与材料选择、造型方式、建筑空间都有很大关系。

另外，放置在殿堂神圣空间中的神像的大小也要符合一定的比例，才能与进入礼拜空间的人们形成观看的互动。如果神像规模过大，超出人的

身高很多，容易产生一种威慑的感觉，而失去亲和感；如果神像过于小巧，又容易给人产生玩偶的感觉，削弱神圣感。一般妈祖庙殿中神像大小与真人差不多，这样容易让观者产生亲切感。当然神像的大小也要与神殿的大小相适应，殿大神像也大，殿小神像也小。妈祖神像大多为坐姿，如置地面，则显得低矮。通常人们将神像安放在一米左右高的座台或神龛上，这样，妈祖神像就处在高于观瞻者的位置，神像的俯视范围也得以扩展。如日本长崎崇福寺妈祖堂，妈祖像并不高大，若放置于普通高度的桌面上，显得过于低矮，观者的视线与妈祖等高，眼睛对视，无法产生仰视的崇拜感，所以庙方特地将妈祖像供奉在比人还高的案桌上。

有关研究者甚至认为可以根据妈祖像眼睛的形状来判断其供奉群体：若神像眼睛呈眼皮下垂微闭状，为私祀神像，即私人家庭供奉之神像；若神像双眼睁开，眼光平视，则为公祀神像，即在公共场所如官庙、会所中供奉的神像。此说虽然没有相关数据支持，但也有一定的道理，因为其符合图像与观看者互动的原则。家庭祭祀空间较狭小，观瞻者也较少，神像下垂的眼光容易专注膜拜者，形成二者眼神的凝视交流。这种眼神眼态，一方面可以表现妈祖的端庄与娴雅，符合儒家理念中的大家闺秀风范，低眉敛目，非礼勿视；另一方面，信众跪拜抬头瞻仰神像时，能马上与神像的视线对接，感觉到神像眼神的专注关爱，这样就可以与神进行心灵对话和交流。约翰·伯格（John Berger）曾说："我们观看事物的方式，受知识与信仰的影响……我们只看见我们注视的东西，注视是一种选择行为……观看后不久，我们就意识到别人也能观看我们。他人的视线与我们的结合，使我们确信自己置身于这可观的世界之中。"这也就是说，对视能一下子拉近人与神的距离，使人与神共同置身于同一个可观的世界中。观者通过具有跨越现实时空的特性的观看[①]这种行为，从妈祖温柔和慈爱的注视中获得关怀与力量，从而实现与妈祖神像的互动交流。而公共场所观瞻者众多，神像眼光平视，视野则更宽，可以使神像前人数众多的观瞻者都感受到神像的注视。所以，优秀的神像设计者都会考虑神像的观瞻者人数，妥当安排神像的大小与眼睛造型，从而达到很好的人与神观看互动。

五、妈祖神像与空间装饰

大殿的内部空间装饰与妈祖神像也有一定关系。清末之后，台湾土木结构的妈祖庙的构件越来越注重装饰性，具体表现在大殿内部空间装饰追求精雕细刻，样样达到尽善尽美。装饰繁华是台湾寺庙的普遍特点，反映出台湾社会的经济条件与审美心理，妈祖庙当然不例外。信众为了表现信仰的虔诚和对于妈祖的尊敬，在宫庙的装饰上极尽所能。跨入妈祖大殿，迎面的是妈祖神龛。妈祖神龛的设计显示了妈祖身份的显赫尊贵，模拟了世间帝王升帐入座的气派。神龛横楣上，刻有极为精细的图案，两旁窗棂上雕有龙凤鹤鹿等象征吉祥的鸟兽图案，姿态各异，精巧生动，强调了神像空间的超凡入圣。殿内石柱上，又刻上各路神仙、各种海洋动物图案，彰显妈祖的海神身份，雕工精美，气势磅礴。加上华丽茂繁的藻井，或作圆形，或作八角形，或作螺旋式，由许许多多小如意或斗拱层叠承托，集结连锁，雕凿镶嵌，组成冠帽形，每个斗拱都做彩绘装饰，藻井中绘以

[①] 参见［英］约翰·伯格《观看之道》，戴行钺译，广西师范大学出版社2005年版，第2页。

图4-3-6 台湾鹿港天后宫藻井

瑞麟祥凤之属，用以比拟神界的珍异非凡。如此藻井架在大殿屋顶下，犹如华盖，彰显出庄严富贵的气氛。藻井下面为礼拜空间，信众在神龛前叩拜妈祖神像，抬头就是富丽繁华的藻井，无形中产生一种神圣的敬仰。鹿港天后宫藻井（图4-3-6）为蜘蛛结网式构制，斗拱层层叠叠，彩绘各种山水、花鸟及历史故事，令人眼花缭乱。这些内容丰富，造型生动活泼的装饰，使神殿更显豪华瑰丽，衬托出殿内妈祖神像的庄严。

相对而言，大陆妈祖殿的装饰均显得简洁雅致，但大陆妈祖殿神龛前案桌上的供品陈列繁巧精致、斗奇争艳。奉献给妈祖的祭品不同于道教与佛教，通常有"水族朝圣"和"百花陈列"。"水族朝圣"来源于妈祖信仰中的传说。传说妈祖降伏东海水怪之后，四海龙王率水族一同谢恩。此后每逢妈祖诞辰，水族便会会集，前来朝圣。依例当天渔民休渔，不下海捕捞。后来，人们用灵巧的手工制作了各种仿真水族作为供品，虚拟朝圣场景。现实加幻想，生活掺艺术，形成栩栩如生的水族工艺品展览。供桌上经常陈列白色鲜花、红色鲜花各一盘，供妇女求子之用。求子息的妇女跪在妈祖像前喃喃祈祷，之后选红花或白花簪于发上。白花祈生男，红花祈生女。另外一种求子息的方式则是请妈鞋。所谓"请妈鞋"就是妇女祈祷之后请回一只供桌上妈祖的绣花鞋。待求子应验后，在孩子满月或周岁时，另精心绣制一双妈鞋归还妈祖，再供他人祈请。这些供品代表了人们对美好生活的愿望，是发自内心最纯真的艺术作品。人们供上亲手制作的礼品，收获的是心灵的安定与幸福的憧憬。各式供品与香花簇拥着的妈祖神像平添了几分人间神界的气息。

除此之外，福建的妈祖庙，特别是莆仙、闽南地区，喜欢在神像外面加层层纱帏、绣幔、珠帘来遮掩神像，或以玻璃门板将神像与信众隔离开。台湾的妈祖神像则更多是在冕冠上加层层叠叠、严严实实的珠串来遮掩神像面容。这样也许是为了防止神像被烟熏尘蒙，影响观瞻。这些妈祖造像室内装饰，尽管内容形式千差万别，但都在尽最大可能更好地表现妈祖神像的神圣与庄严。

神像的室内供奉空间与一般空间不同，对图像周围环境的空间安排、装饰、光线等都有不同的具体要求。大多妈祖图像安放空间都经过一番周密的设计考虑：哪个地方该设像，用什么材料塑造；哪个墙面可以作圣迹壁画，该画什么题材。高明的造像师都懂得利用观者对图像的观看诉求，根据实际像设的位置设计出与空间融为一体的图像。

第四节
室外妈祖图像的公共空间场域

人类的空间意识，按康德的说法，是直观觉性上的先验格式，用以罗列万象、整顿乾坤。图像并不是孤立的艺术词汇，一经产生，就会与周围的空间场域发生关系。室外造像的设计与安放更是与空间场域紧密联系。

妈祖室外像的设立，一定程度上是受了西方国家建设青铜立像模式的影响。西方国家经常在市中心露天广场树立英雄雕像，一般这些英雄是城市的建立者或保护者。人们为这些英雄立像，象征着他们在未来也会继续担当保护城市的义务。近几十年来，中国大陆也在广场等公共空间设立纪念性雕塑，主要表示对国家和民族做出重大贡献者的敬意，如厦门日光岩上的郑成功巨型立像。台湾妈祖室外像较早的有竹南龙凤宫妈祖雕像。由蒋志强和李维祀两位教授创作并完成的湄洲妈祖祖庙妈祖室外像，形象雍容华贵，仪态自然，线条流畅，落落大方，体现出我国古代女性的典雅之美，成功再现了在广大群众心目中所想象的"妈祖"形象。受湄洲妈祖室外像影响，后来许多地方也在妈祖文化风景区与农村妈祖庙宇前建立了各式妈祖立像。

一、室外造像与自然环境

福建南靖梅林镇是漳州市著名侨乡。明末以来，该村魏氏子孙为了生计漂洋过海到他乡谋生。祖地父老乡亲为了祈求神明保佑在外游子的平安,便从莆田湄洲岛"请香分灵"请回"航海守护神"圣母妈祖祭拜,后来建起天后宫供奉妈祖。1671年乡民依梅林镇的梅溪水岸建造天后宫,2011年,在天后宫对岸矗立起一座高9.9米的妈祖玉雕像(图4-4-1)。雕像的底座高4.4米,与其他妈祖像不同的是底座上雕满浪花。妈祖像立位于天后宫室外的梅溪中,底座上的雕刻浪花与梅溪溪水拍打立像的水花形成呼应。每逢妈祖诞辰,人们都要在梅溪举行被当地人称作"妈祖过海"的古老民俗仪式。在小溪中,20余位村民装扮成虾兵蟹将、水怪在前头拦路,并且不断地用水泼妈祖轿子。抬轿的青壮年则左冲右突,不畏

图4-4-1 福建南靖梅林天后宫室外妈祖像

艰险,最终冲破重重障碍,直奔天后宫。这尊立在梅溪里的妈祖立像,见证着当地人民对妈祖不畏风大浪高救难救世精神的崇拜。

室外造像都是置身于自然环境之中,与广袤的天空对比,很容易显得渺小,这就需要使神像造型具有张力。以湄洲岛妈祖祖庙峰顶和平女神雕像为例,这尊雕像高14.35米,暗示湄洲岛面积14.35平方千米;全身由365块花岗岩组拼而成,寓意妈祖一年365天都在行善济世。妈祖头戴冕旒,身穿大袖衫加霞帔,外披斗篷,手持玉如意,仪态雍容,面部慈祥,

遥望大海。虽然是凝固的汉白石雕像，却给人感觉全身充满力量，有一股无形的气势洋溢在眉宇与身躯中。高昂的头部，挺起的胸膛，形成酣畅的弧形动态线。两袖虽然是应用近于直线的衣纹装饰，体现刚劲有力的平直刀法，符合身体结构和透视，所以产生了一种被海风吹动往后飘扬的动势。身体的弧形向前的动态加上衣纹线的延拉向后的力量，使整座造像产生巨大的张力。这内在的张力，在静止的石像上又形成了稳定的方向与秩序感，达到了古典式的均衡。

二、室外造像大小

妈祖庙竖立妈祖室外造像，一方面是在地理环境中标识强调妈祖的重要地位，高高耸立的妈祖像在很远处就可以看到；另一方面具有纪念碑意义，强调妈祖形象的崇高。所以在妈祖像的形制及位置安放上都要做详细考证。室外造像要经历风吹雨打，都必须选用硬质料来完成，澳门石塘山妈祖像用汉白玉石雕，山东青岛天后宫妈祖像用铜雕，台湾竹南镇龙凤宫妈祖像用混凝土外包玻璃纤维，等等。这些材料不像木料柔软可以精雕细刻，所以造型装饰一般偏简约。

妈祖室外造像不再是安放在妈祖庙的神龛里，而是放置于寺庙之外或其他室外公共空间。外围空间比室内神龛的放置空间大得多，人们对造像的观瞻不再局限于妈祖庙神殿有限的半封闭祭拜空间，因此对造像的要求也与神龛上的神像要求不同。为了能满足室外空旷空间里人们对造像的远距离多角度观看的需求，室外造像的大小与形制也有相应的要求。一般造像体型巨大，显得气势宏伟，如广东南沙天后宫室外妈祖像高14.5米，连城云龙妈祖像高15米，台中丰原镇镇清宫室外妈祖像高15.1米，广东汕尾山妈祖像高16.832米，漳州长泰岩溪天妃宫广场妈祖像高19.26米，澳门石塘山汉白玉妈祖像高 19.99 米，广东陆丰城东镇福山妈祖像高 25 米，福建马祖妈祖像高 28.88 米，山东青岛天后宫室外妈祖铜像高 28 米，台湾苗栗西湖五龙宫室外妈祖像高 26.6 米，台湾竹南镇龙凤宫室外妈祖像高 43 米，等等。

三、室外造像的轮廓影像

室外造像借助广阔的自然场景，还可以增加造像的崇高感。首先，以超于常人数倍甚至数十倍高的像身就能唤取信众内心的尊崇感。其次，在广阔场景中造像的轮廓影像效果也会让人产生突兀非凡之感。高大的户外造像，以蓝天为背景，可获得独特的艺术效果——剪影轮廓（图 4-4-2）。当雕像退远时，其可视的细节也逐渐消失。雕像在远处能给人更深刻的印象，所以清晰而富有表现力的侧面影像要比物体任何其他特性传得更远。这就需要设计师运用与室内小型造像不同的处理方法。湄峰上的神像矗立在湄岛最高峰，蜿蜒向东的山体如同波涛汹涌，簇拥着妈祖石像，天宇的

图 4-4-2　湄洲岛室外妈祖造像——海峡和平女神（李祖棣摄）

霞光为造像抹上神圣的色彩。遥望其侧面剪影,强烈的黑白对比使这尊妈祖造像当之无愧地成为湄洲岛的点睛之作。

四、室外造像的多视点观看

室外造像追求多视点观看效果,从不同角度来欣赏,有各自不同的佳妙,这是西方雕塑经常使用的手法。"由于所要表示的不是一点而是上百个视点,所以似乎是在旋转中形成了多重的视点,引导我们围着造像观看。"[1]多视点的观看应该更适合于造像群构图,适合于多人像之间营造戏剧性氛围。作为单人像,一尊石像还是应用了常用的单一的视点,迫使人们将目光集中在造像的正面,也就是制作者最精心刻画的脸部与正面躯干。从观看角度来看,这又可以说是"平面性的设计"。同时,需要适应雕塑所处的空间,确保在各个角度观赏者都可以有效观赏。此外,需要结合人工照明与多变的自然光影,使雕塑作品的视觉影像效果符合观众的审美。蒋志强教授谈创作妈祖祖庙室外雕塑体会时说:"把妈祖手持的如意放在中间符合历来传统习惯,然而现场发现雕塑前的广场面积太小,妈祖手抚如意在中间的话,就会挡住妈祖的脸,那些前来湄洲湾朝圣的香客看不到妈祖美丽的脸庞。所以在塑造雕像时有意将如意往右放,使妈祖右手托着如意,左手抚着如意,这样就让香客可以在像前广场看见妈祖神像的

---

[1] [美]欧文·潘诺夫斯基:《图像学研究——文艺复兴时期艺术的人文主题》,戚印平、范景中译,上海三联书店2011年版,第178页。

脸庞。"① 雕塑所处的环境如果不恰当，也会导致艺术美感达不到要求。福州琅岐海屿天后宫室外花岗岩妈祖造像的底座上镌刻着"东方和平女神"。虽然模仿湄洲祖庙室外像的形制，但是又按照室内像的雕塑习惯，把妈祖脸部塑成下俯状，眼睛又往前平视。这样在室外的参观者无法与造像视线对接。为了衬托室外造像形象的宏伟高大，一般造像的下半身会故意拉长，把脸部体积缩小，造成下宽上窄。海屿天后宫造像过于写实，造成室外观看下身短拙的缺陷。

现在妈祖室外造像更多是作为旅游文化产业的一部分，所以并不强调造像本身具有的信仰意义。也就是说，室外造像并不是用来供信众膜拜的。造像前并不设置礼拜空间。神殿内的神像一般不让拍照，与此相反，有些室外像特地设立与造像合影的空间。如湄洲妈祖祖庙山顶的妈祖室外像被当作当地地标，一块横立于造像前的花岗石被称为最佳拍摄地点，室外像被当作旅游观光到此一游的见证者而存在。

所以说，妈祖图像的观看受限于图像置放的地点。考虑妈祖图像与神圣安置区域的关系，可以帮我们更清晰地理解图像设计者的意图。

---

① 蒋志强：《我国城市雕塑创作中地域文化的运用探索——以〈海神妈祖〉雕塑创作为例》，《艺术教育》2017年第14期。

第五章 妈祖圣迹图图像

第五章 妈祖圣迹图图像

"在神身上，人描述了自己。"[①] 尽管每一种图像设置都提供了一种观看方法，但是每个人、每个群体都有自己独特的观看方法。妈祖圣迹图有程序化的特征，但在不同地方的妈祖圣迹图的内容、造型都有所差异。这种差异除了受社会传统、地理环境、生活习惯等因素影响之外，最为重要的因素就是不同地域之间妈祖信仰方面的差别。许多的民间信仰在不同的地区有不同的版本，妈祖信仰也不例外。流传于民间的妈祖形象随着妈祖信仰在时代推移和各地域的流传中诉求内容的改变，会在不同地域群体观念上产生变异性和特殊意义。

[①] 舍勒语，转引自［德］米夏埃尔·兰德曼《哲学人类学》，张乐天译，上海译文出版社1988年版，第97页。

第一节
妈祖圣迹图图像的叙事方式

作为信仰造型艺术，妈祖图像首先体现着制作者的观看方法。

妈祖圣迹图是画家为宣扬妈祖精神而绘制的。画师试图通过图像的构图与场景描绘，情节与文字的设置，更多表达自己对妈祖形象的理解，指引观者对信仰的感知，而观众也在视觉盛宴狂欢后开始自己的沉思。每个图像都体现着一种观看方法。图像制作者的观看方法首先反映在他们对图像的构图和场景选择方面。

图 5-1-1　清代欧峡绘《妈祖圣迹图》四幅屏之一

莆田县博物馆收藏的清代欧峡绘《妈祖圣迹图》(图5-1-1)，其构图特征是采用将不同时间和空间发生的不同故事组合于同一画面。画家事先设想了一个总体的构思，然后根据这一构图拟定四幅屏的统一创作。绘制方法是应用山水楼阁的巧妙布景，将人物和故事场面自由穿插融合成一体。画面分为前景、中景、后景，前景以坡石作屏障的平地，安排了一些动作较大的故事场面，如收伏二神、助宋克金，圣泉救疫、显圣建庙等，中景错落有致地安排一些亭阁楼台，描绘天后诞降、窥井得符、莱屿长青、湄屿飞升等人物动作平和的场景，远景为辽阔的海面，描绘妈祖在海上的种种圣迹，如收伏晏公、三宝起碇、神助漕运等。天津画家蔡长奎为天津天后宫绘制的《天后圣迹图》壁画分布在正殿南北墙上，第一卷是"天后降生至升天"，第二卷为"钱塘阻潮至敕封天后"。构图视觉空间开阔，天上、地下、大海与人、神、怪有机结合起来。

台湾高雄梓官赤壁宫壁画亦是借鉴这种将众多场景人物组合在一幅画中的形式，表现妈祖的生平故事与升天后的各种神迹。对观众来说，画面中海陆交叉，景物多变，人物组合有疏有密，场面气氛有张有弛，复杂又不拥堵，是可读性与艺术性的完美结合，非常符合中国观赏者的审美习惯。缺点是时间先后顺序不清，画家要将许多笔墨花费在不是主要部分的布景上。

由许多单幅图像组成一个系列的圣迹图则更容易分清故事脉络，为圣迹图最常见的方式。如仙游大济枫塘圣迹图、漳浦乌石天后宫壁画，荷兰阿姆斯特丹国立博物馆所藏的七幅纸本妈祖圣迹图等都是采用单幅画组合方式。单幅绘画组合能较深入地刻画人物和背景，使整幅画显得饱满而有层次感，而且可以考虑画面整体形态的稳健、协调及场景空间的平衡等诸多要素，更好地表达人物形态和相互间的情态关系，有利于人物中主次关系的表现。最重要的是每幅图可以有自己的构图特色，每幅都有自己的广大空间，可以充分发挥画家的创造性，因此最受画师的青睐。

还有一种连环画式叙事方法，幅数更多，多用于民间妈祖庙壁画中。如莆田仙游枫亭辉煌村的鳌头宫，仅仅二三十平方米的小庙，两壁画满了几十幅的妈祖圣迹图。（图5-1-2）信徒一进入神殿，就如进入神话丹青的海洋世界。民间画工喜绘制连环画式的壁画，少则十几二十幅，多则五

图 5-1-2　仙游枫亭辉煌村鳌头宫壁画

六十幅、上百幅，故事连贯，情节跌宕变化，密密麻麻的小幅图将两壁布得满满当当的。左右两壁的画幅布局与幅数一样，互相对称。如仙游枫亭灵慈庙左右各 28 幅壁画，华亭郊溪明山宫左右各 24 幅壁画等。这样对称的布局使壁画呈现出整齐的气势，继承了我国传统的美学原理，合乎中国人固有的审美情趣。为了便于观看，画于墙上的圣迹图一般最低处为离地一米左右。由于数量多，内容复杂，连环画式圣迹图每一小格的构图布景相对单幅圣迹图则要简单得多。有的干脆参考戏剧布景，以简单而典型的道具告诉人们场景的特定性，通俗易懂，这种以人物为主、背景为次的构图手法，很受民众欢迎。场景的空间表现也趋于平面化和象征性，从而使画面表现出既简洁明了又华丽热闹的视觉效果。这是民间装饰绘画的重要表现手法和视觉审美择优经验的体现。

　　文字在圣迹图图像中也起了解释补充的作用。贡布里希说："图像的唤起能力优于语言，但它在用于表现目的时则成了问题。而且，如果不依靠别的附加手段，它简直不可能与语言的陈述功能相匹敌。"[1]很多圣迹图都是把绘画与文字相结合，因为圣迹图绘制内容复杂，没有文字的介入则很难让观赏者正确读出图像的内容和意义。画师借助文字，既可以对画面无法表达的部分进行填补，又可以借此表达对信仰的理解，通过文字的导引也可以使教化思想深入观者内心。通常圣迹图刻本采用左图右史或上图下史的书籍插图形式，如《敕封天后宫志》采取一图一史，《天妃娘妈传》采取上图下文。民间壁画和圣迹图绘本一样为连环画形式，为了便于观者解读画面内容，在画面合适的地方以简略的句子概括画面内容。这些经人们提炼出来的句子朗朗上口，便于记忆。有时也会有趣文配画，如漳浦乌石宫妈祖故事之四的文字说明为：

林士章夫妇在湄洲时说："各位长老，今天都在，晚辈因妈祖神助知恩不忘，因此想把殿上'二妈'迎往漳浦。我夫妇已备下纹银千两，请代为安排，未知诸长老意见如何？""祖姑既要跟探花公去漳浦，我等怎能不允呢，不过，这尊宝像自宋雍熙年间供奉至今已有六百余年，此去望探花公及宗亲等善为安奉。"夫妇连连点头称谢。

由于绘制壁画的经费是由信徒们根据各自的经济状况自愿捐献的，画师会在每幅壁画的边角处题上认捐的信徒名字，如"某某地，某某人敬

---

[1] ［英］E.H.贡布里希：《图像与眼睛——图画再现心理学的再研究》，范景中等译，浙江摄影出版社1989年版，第169页。

题",画师则较少落下自己的名款。古代有名的画师,在当地信徒要求或许可下,才能在壁画上留题落款,一般都不题款。近来,画师越来越重视自身的艺术价值,不管水平高低均有题款,也起到了自我宣传的作用。

多幅圣迹图中的妈祖图像是作为圣迹故事的一个主角出现的,所以为配合圣迹故事的语境,妈祖造型或为渔女,或为侠女,或为神女、天妃、天后等。这些造型可分为升天前与升天后。升天前的妈祖图像是带有回顾性的再现,穿着打扮为当时妈祖生活时代的典型服饰,有的是梳双髻的女孩,有的是盘高髻穿直领袄的淑女,有的是穿半臂褙子的劳动妇女。(图5-1-3)此时主要强调妈祖形象的先知先觉性,如广为传颂的"机上救父""无舟楫铁马渡江"等,象征着人类对未知自然的求知欲望。升天后的妈祖图像则拥有了英雄与先知的双重身份。根据不同的角色,有时是着道袍的神姑,有时是披着战袍的女将,有时是端坐云端冠袍齐整的后妃。(图5-1-4)此时更多强调妈祖形象的超能力,通过"化草救商""圣泉救疫""救旱进爵""钱塘助堤""紫金山助战""神女护使""救柴山""平大奚寇"等圣迹,象征人们对化解人间生存苦难的愿望。

圣迹叙事式中的妈祖造像群组合,完全不同于肖像式组合中的以妈祖为中心的对称式组合产生的向中心视看的效果。圣迹图中的妈祖图像一般是将图中人物视线朝着画面的某个位置,以吸引观者的视线,这样可以让观者在猜测中产生叙事情境。台湾屏东东港朝隆宫妈祖壁画中,妈祖与其背后两侍女旁边两将的目光一致投向左前方,让观者对图像群关注地方的未知性产生兴趣,展开生动的联想:左前方一定有什么人或事出现。台南正统鹿耳门妈祖壁画《圣母助水》描绘的是郑成功兵渡鹿耳门时妈祖助涨潮水的显灵事迹。画面左上端的妈祖图像组合群中,阵容庞大,除五神经典组合外,又加许多天兵神将,虽然人员众多,但他们的视线也是一致地投向了画面右下端的郑成功舰队。比较奇怪的是,战舰的众将官,一律平

图 5-1-3　圣迹图中妈祖升天前的图像

图 5-1-4　圣迹图中妈祖升天后的图像

视前方，画面上并未形成闭合式对应观看。这种情况发生在很多妈祖升天后显圣的圣迹图中，如《天后圣母圣迹图志》之"神女护使"（图 5-1-5），仙游枫塘宫所藏的圣迹图《天后本传》中"化草救商""救柴山"等图像，云端上的妈祖或妈祖图像组合群都未与云端下的人间群体形成对视交流。这让我们产生疑问，是不是画家的经验不足，无法处理画面人群视线的对接关系？以上所列的圣迹图中，其中都有描绘妈祖升天前"无舟楫铁马渡江"这一圣迹，文字是这样记载的："一日，渡江无楫，遂策檐前铁马，快若奔腾，人骇为青骢。行水上天，马骤空中，只不见其解鞍嘶秣耳。"

图 5-1-5　《天后圣母圣迹图志》之"神女护使"　　　图5-1-6　《天后本传》之"铁马腾空"

《天后本传》之"铁马腾空"（图5-1-6）中未升天前的妈祖表现了其巫女的神力，引起岸边群众的围观，此时妈祖与人群的视看关系是对接的。可见，画师在对升天后妈祖的显圣图像描绘中，故意采取人间群体视线回避的方式，强调云端上妈祖图像的不在场性，是个"幻象"，与妈祖升天前的真实图像形成对比。这应该是画师在创作中总结出来的一种对"天界""人间"的另一描述方式。

第二节
关于"妈祖诞降"图像的案例分析

关于妈祖的出生与妈祖的身份，历史上有很多的版本。人们还为妈祖安上许多不同寻常的降生传说。圣迹图图像中的妈祖诞降图便是通过各种不同的图像，多角度诠释了妈祖出生及妈祖身份。

一、叙事实践及艺术价值取向

刻本《天妃娘妈传》中的妈祖诞降图作为小说插图放在文字上方，直观地表现了小说的内容，起了一定的导读作用。图中人物形象的刻画比较简单扼要。这幅"莆阳产圣人，陈宅生奇女"画面线条简单，表现了一处室内空间的局部，妈祖母亲躺在床上，探起身子往左看视初生的婴儿。左边窗旁有一个接生婆手托婴儿。因为画师水平有限，婴儿画得如直立木偶人，也可能画师想借以表达妈祖生下来不哭不啼的特征。接生婆脚边是水桶与木盆，点出了当时接生所需的用具。这幅图受图幅所限，因此在画面空间取景上选择近景，人物在画面中占的面积比较大，所以背景的描绘比较简略。虽然图幅狭小、印工粗糙，但还是看出画师用心在设计特定画面的构图。右边的床由床帷、床架、床席构成，用密集的线条表现块面，左边三扇窗棂构成了一个较小的面，并且窗棂的两条竖线把块面分割成三个梯形，跟床的块面形成了疏与密、长线与短线的对比。婴儿位置正处在这

图 5-2-1 《天妃娘妈传》之"莆阳产圣人，陈宅生奇女"

图 5-2-2 《天后圣母事迹图志》中的妈祖诞降图

两个块面的中间，画面中接生婆与产妇皆将目光聚焦在婴儿身上。这种接生场景的图像描绘，叙事表意方式直截了当。这种构图成了后世其他圣迹图图像中诞降题材经常采用的模本。（图5-2-1）工笔绘本《天后圣母事迹图志》中的妈祖诞降图中，左边为歇山式建筑，前有围墙后有白石栏板。屋内红衣产妇裹着锦被，手撑欲起状。床前的绿衣女子与蓝衣女子正拿红布为裸身婴儿擦洗。屋外一男仆探出半身，一女仆端着东西正要走进屋子。仆婢环伺说明妈祖出生家境不一般。产妇床前设一高脚桌，上设香炉及瓜果祭品，烟雾弥漫。屋子的右上空，观音腾云俯视婴儿，并手指婴儿，婴儿与观音的手指间云雾相连，暗示两人的关系。画面勾线细致，用不同的墨色区分不同境界的物象，线条如吐蚕丝般连绵。设色极清雅，灰绿做底，屋顶为浅花青色，树叶为深绿色，屋墙与床榻为浅赭色，俱色泽温润低调，唯屋檐花板、探身男仆的上衣，观音与土地公的飘带为浓重的群青色，产妇衣服、枕头与婴儿擦布为鲜艳的红色，一青一红，既有冷暖对比，又突出重点，使画面的层次更为丰富，体现了画师高明的绘制水平。（图5-2-2）

仙游枫塘宫的纸本彩绘天后显圣故事图之妈祖诞降图中，主体是一座歇山式建筑，门扇雕花精细，外有高围墙，房里产妇坐在床上，眼看初生婴儿，床具陈设讲究。床前有一个黑衣女子抱着婴儿站在放水盆的凳子旁，一个红衣女子为婴儿小心擦拭，屋子外还有两名侍女。画面右上角吉云腾空，观音用手指向婴儿，旁边的白须仙人在作揖，应为土地公在祝贺妈祖诞生。右边最上方题字为：宋太祖元年三月二十三日，天妃降诞，妃父惟悫生男一女六，天妃其六乳也。图面绘制工谨，以赫黄为底，红、黑、蓝、白为主色，色泽统一。（图 5-2-3）

图 5-2-3　仙游枫塘宫天后显圣故事图之妈祖诞降图

刻本《敕封天后志》中的妈祖诞降图中有高高的围墙、宽大的宅院，旁植挺拔苍松，敞亮的室内有案几和书籍，陈设整洁雅致，暗示妈祖父亲为都巡检官员的身份。画面线条粗细结合，岩石的粗糙、青松的健拔俱用橛头钉描粗笔勾勒，宅室墙体用游丝平稳勾勒，腾空云团用行云流水的笔墨描绘出其云气的流畅、空灵，在有限的画面空间展现了多样的视觉效果。（图 5-2-4）

图 5-2-4　《敕封天后志》中的妈祖诞降图

仙游灵慈庙壁画之"圣母降世满室红光"中室内产妇卧床，接生婆在擦洗婴儿，父亲在门外探看。画师在新生婴儿四周画上火焰，以此来暗示新生婴儿的不凡，她将是未来的海神。当然，民间壁画不如《天后圣母事迹图志》那样绘制精细，只是以墨线勾勒后敷以淡青绿色，局部敷以朱砂色。（图5-2-5）

图5-2-5　仙游灵慈庙壁画之"圣母降世满室红光"

二、文图关系

面对圣迹传说文字中纷繁的故事情节，不同画师会有不同的选择，截取不同的情境来表现圣迹故事。

《天妃娘妈传》中绘图和文字文本是上下排列的，文字内容为："夜当子时，（玄）真人遂直入林长者堂上，参谒其祖考，遂转入卧房。蔡孺人睡尚未觉，（玄）真人取其凡胎，寄生别母，自摄精化气，投入胎中。孺人梦吞一星辄醒，震动不已，呼林公，觉时母女已产矣。房中灵光耿耿，照耀如日，异香馥馥，次早不散。"虽然图像并不完全能够揭示文字所讲述的复杂动作或者情节，但是插图的视觉形象使文字叙述更为丰富，为读者提供了许多文所不及的背景，包括接生地点、道具、人物，使得读者与观者能够更容易进入妈祖诞降的场景。

《天后圣母圣迹图志》中关于诞降的文字为："诞天后瑞霭凝香——宋太祖建隆元年庚申三月二十三日，方夕，红光射堂，异香氤氲，乃诞天后，为惟悫公第六女也。"《天后圣母圣迹图志》中的妈祖诞降图（图

5-2-6）运用了中国传统的散点透视，设立了多个视觉中心。全图采用的是俯视视角，可以想象俯视的观者期待的眼神。在院门口交谈的老媪和幼儿与有所等待的抱婴女子暗示此宅正要发生不同寻常的事情；院子里男仆提的灯、殿厅里老叟举的烛台，都是为了铺垫正要发生的事情。焦急等待的惟悫公、垂手直立的女仆以及紧闭的床幔，都暗示了妈祖还未出生，这是众人焦急等待婴儿即将出生的特殊时刻。这也是画师对文字内容未能涉及的场景进行的独特的补叙方式。德国

图 5-2-6 《天后圣母圣迹图志》中的妈祖诞降图

理论家莱辛将这种图像对文字的解析称为"孕育性顷刻"："既然在永远变化的自然中，艺术家只能选用某一顷刻，特别是画家还只能从某一角度来运用这一顷刻；既然艺术家的作品之所以被创造出来，并不是让人一看了事，还要让人玩索，而且长期地玩索；那么，我们就可以有把握地说，选择上述顷刻以及观察它的某一个角度，就要看它是否能产生最大效果了。最能产生效果的只能是可以让想象自由活动的那一顷刻了。"[①] 此幅作品，画师并没有描绘文本中的激情顶点，即天后诞降、红光射堂的巅峰时刻的

---

① ［德］莱辛：《拉奥孔》，朱光潜译，人民文学出版社 1979 年版，第 18 页。

场面，而是选择了高潮前的"顷刻"场面，在静止的画面中让观者在想象中达到情绪的巅峰，也就是描绘"最富于孕育性的顷刻"，即妈祖诞降发生前的一顷刻。这种时刻场面的选择更能激发好奇的观者的想象力。

图像之意义并不全赖"顷刻点"之选取，画师的妙思可有多种表现方式。如刻本《敕封天后志》采用的是一图一文的形式，诞降文字内容为："后父惟悫（一云名愿），为宋都巡官，娶王氏。二人多积德，已生一男五女，每念一子单弱，常当空祈再赐佳儿。王氏梦大士告之曰：尔家行善，今赐汝一丸，服之，当得慈济之贶。遂娠。太祖建隆元年庚申三月二十三日，王氏腹震，有一道红光入室，香气氤氲，观者如堵。及生，父母大失所望。时港四围之山崩摧，乃灵气所钟也。至满月，不闻啼声，因名曰默。"文字内容包括祈祷赐儿、妈祖诞降、观者如堵、满月命名等，跨越时间长，发生事件多。《敕封天后志》中的妈祖诞降图表现为一围墙宅院，宅后院一云团腾空。宅院前一群男子有老有少，皆抬头观看远方腾空的红光及香气团。画师选取了文本中的"观者如堵"场景，对妈祖诞降进行另一角度的表现，并没有采用产妇卧榻及接生婆抱婴的经典模式，而是另辟蹊径，以众人的围观来烘托妈祖诞降种种的神奇之处。宅院前的人群，有的挂拐匆匆赶过去，有的手指云光，掉头与其他人议论，啧啧称奇，更多的人高高抬头，望向宅院深处，暗示了妈祖的诞降地点。

三、观念变革

不同阶级甚至不同的文化因素，都可能使图像呈现出不同程度的变异。各个时期的妈祖圣迹文字记载对妈祖身世不断进行"改造"，使之符合社会价值观与利益的要求，从而有助于抬高天后身份和增加信众崇敬。

元至顺三年（1332）程端学在为家乡鄞县天妃宫撰写的《天妃庙记》

中提出："神女姓林氏，兴化莆田都巡君之季女。生而神异，能力拯人患难，室居未三十而卒。"都巡君，即都巡检，属于州县的指挥，武官职。受封建等级观念及儒家思想的影响，士大夫阶层开始极力美化妈祖的生平身世。在《天后圣母圣迹图志》中的妈祖诞降图中，妈祖出生于高大敞亮的宅院中，屋内陈设整洁精致，旁边有多名仆人侍候，显示了出身家庭显赫的地位。

民间也流传着妈祖诞降的传说，认为妈祖是跟普通的民女一样，在民间的妈祖圣迹图图像中，妈祖大多是以一个渔民女儿的形象出现的。

仙游灵慈庙壁画之"圣母降世满室红光"画面中是民间普通百姓居室。一张眠床上挂绣花帷，产妇躺床上脸朝右望向婴儿，接生婆正在为新生儿绑脐带。门外一留须男子探着身子朝屋外探看，笑意盈盈。如果不是接生婆与婴儿身边冒出一圈红色火焰，你会以为这是一户普通人家新添小女的喜庆场面。当然，民间壁画讲究的是画面的耐看性，所以接生婆歪着脖子喜滋滋的表情与男子探头的形象都刻画得很生动，展示了民间画师高超的造型能力。画面一些细节非常贴近莆田当地生活习俗，如产妇头上扎着预防风寒入侵的布块，还有男子推开的门上面贴着的春联，是莆田当地才有的"白额春联"。白额春联来源于明嘉靖四十一年（1562）莆田地区百姓经历的一场大难，整座兴化府城在年底遭受了倭寇攻陷与屠城。次年光复后，逃亡百姓才回城重过大年。为寄托失亲的哀思，在过年春联上露出一截白联。尽管妈祖诞生于"白额春联"两件事与真实的历史时间前后不对应，但也说明画师能把莆田真实的百姓生活环境带入妈祖诞降的神圣空间，使观众感到亲切。

这种把妈祖诞降描绘成民间百姓生子的图像形式，在莆田、仙游一带的民间妈祖庙壁画中很常见，如仙游度尾龙井宫、莆田笏石大营月溪宫、仙游贝龙宫等。霞浦松山妈祖挂图之"王氏生下龙女儿"，画面正面是一

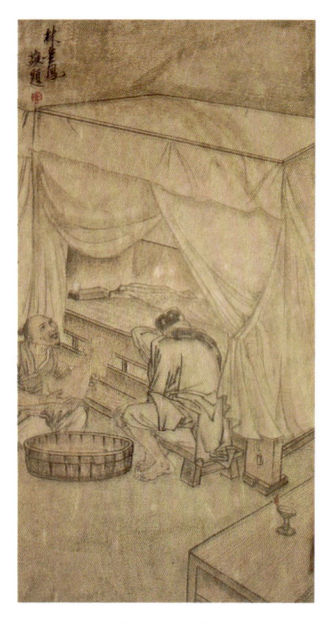

图 5-2-7 仙游贝龙宫圣迹壁画之"妈祖出生"

座茅草盖土屋,屋内一名女子抱着初生的婴儿。屋外,一名男子手提大龙虾大步赶往屋内。拿大龙虾给产妇补身体,体现霞浦松山妈祖传说中妈祖乃海神形象的特征。这些图像中的产妇身边除了接生婆或家人,再无仆婢之类。仙游贝龙宫圣迹壁画之"妈祖出生"(图 5-2-7)描绘了老父亲亲自为新生女儿擦洗。产妇赤脚坐在床前踏板上,趴在床沿哭泣,下边文字解说为:"在宋太祖登极之日龙女下凡莆田湄洲林家投胎,其父母见又是生出女孩,无限苦恼。"这更是点明了莆田农村家庭渴求男丁壮劳力缓解家庭贫困的生活状况。这种环境诞降出来的妈祖更加真实,下层普通百姓更乐于接受,因此获得了更加广泛和深入的传播。画师手中掌握着图像的制作权,在图像的绘制过程中难免会加入自己的理解和审美。同时,一些民间画师为了投合观众的喜爱,还会发挥个人想象力,对原文进行一些改写和延伸。如仙游灵慈庙壁画中的妈祖诞降图所描绘的人物的衣服并不怎么讲究,屋外的男子头戴黑色布巾,身穿直裰衣袍,是宋代的平民打扮。屋内的接生婆穿着圆领右衽的长袄,下搭百褶裙,头梳"叉子头",脑后垂着修成尖角的"燕尾",是典型清后期及民国时期民间汉女的打扮,比较接近舞台上的媒婆形象。笔者认为,画师并非不知这样的图像服饰不合时代,出现朝代的错乱,而是他们认为,这种民间常见的接生婆形象更接地气,更受大众欢迎。

这些降生传说中,有的来源于异孕型,说妈祖母亲接受观音神奇之物而孕,《三教搜神大全·天妃娘娘》中记:"妃林姓……母陈氏尝梦南海观音与以优钵花吞之,已而孕。""优钵花"也称优昙钵花,是佛家圣瑞之花,《法华经·文句》中说它"三千年一现,现则金轮王出"。《天后圣母事迹图志》工笔彩绘与《天后圣迹图志》之"感大士赐丸得孕"都称"天后世祖林氏,自唐迄宋有功绩,世勋承袭。遂家于莆。父惟悫公尤好善济世,敬奉大士……梦大士告曰:上帝式佑尔善,授服丸药得孕"。这说明妈祖与佛教的渊源,妈祖出生被说成是观音授意的,这样生下来的妈祖自然有灵异之处。

南宋李丑父《灵惠妃庙记》记载:"妃,林氏,生于莆之海上湄洲,洲之土皆紫色,咸曰:必出异人。"古代以紫色为贵,道教附会认为道气呈紫色。老子出关,紫气东来。妈祖诞降,连湄洲之土都变成紫色,渲染出妈祖的神异。《天妃娘妈传》主要的创作思路是受《太上老君说天妃救苦灵验经》及《三教源流搜神大全·天妃娘娘》的影响,融合了道教和佛教的思想,书上谓妈祖乃"北天妙极星君之女玄真是也",与《太上老君说天妃救苦灵验经》的"斗中有妙行玉女""北斗降身"一说遥相呼应。

把妈祖改造成道教、佛教的神仙与佛身,否认了妈祖真实的存在。妈祖具有了佛教和道教所提倡的神性,这样是为了迎合国家正祀神灵身份而改造。画师则在妈祖诞降题材的图像中,发挥自己的想象,显示了自己关于妈祖出生身份的见解。

第三节
圣迹图图像在区域间的变异

一、湄洲岛的渔女形象

《林妈祖志全图宝像》原封面题名为《妈祖故事画册》，书中题为"甲戌年画"，印文为"陈桂兄印"。按《妈祖文献史料汇编》编委考证，认为这是民国年间莆田当地一民间画匠陈桂兄根据妈祖传说故事创作的画册。《林妈祖志全图宝像》充满莆田湄洲岛地方特色，如按当地方言称呼，把千里眼、顺风耳标注为"千里眼、万里耳"。图册中记载了妈祖的53个圣迹故事图像，其中妈祖升天前的事迹大多为莆田民间圣迹图壁画中的常见内容，如第三回"入学教读觉目聪明"画的是妈祖入书塾读书的情景，第十一回"妃渡海巡视，妖怪龙王朝拜"画的是众龙王皆以妈祖为尊，这些都是《天妃显圣录》等官方圣迹记录中没有的图像。图册中第五回故事"妃啼牛移成际"（图5-3-1），描绘的是流传在妈祖故乡湄洲岛一带的一个民间传说：小时的妈祖有点贪玩，母亲担心她身为姑娘家经常出去玩，太野了会被人笑话，于是布置一堆家务或女红给她做，把她困在家里。有一天母亲故意取了一大堆的苎麻料（莆田方言称苎麻线为"𦂀"，与"际"同音），要妈祖拧成织补渔网的细线。这是很大的工作量，一般人一天根本完成不了，但机智的妈祖很快完成了任务。原来，她把苎麻喂给家里的牛吃，然后从牛屁股后拉出长长的苎麻线。母亲很无奈，只能眼睁睁看妈祖又跑海边玩耍去了。这个民间传说情节有趣，虽然上不了大雅之堂的《天妃显圣录》，但带着海岛生活印记，很接地气。画面中小妈祖头上梳着双髻，短衣短裤，还光着脚，在田间地头行走，一副健康可爱的模样。小妈祖牵着一头黄牛，充满农村生活的情趣。湄洲是个海岸绵延30.4千米的小海岛，也是妈祖出生成长的地方。丁伯桂的《顺济圣妃庙记》中记载："神莆阳湄洲林氏女，少能言人祸福，殁，庙祀之，号通贤神女……"在湄洲当地人看来，妈祖跟本地那些在海边、在田里疯玩的孩子一样调皮可爱，还透着一股机灵劲儿。"妃啼牛移成际"的圣迹图图像正是体现了湄洲当地人对妈祖这个人物真实存在的想象。

图 5-3-1 《林妈祖志全图宝像》之"妃啼牛移成际"

图 5-3-2 仙游度尾龙井宫壁画局部

在湄洲岛周边，这个故事慢慢发生演变，如仙游贝龙宫、榜头朱阳宫、度尾龙井宫圣迹图壁画（图5-3-2）都有妈祖机智应付母亲拧苎麻丝线任务的情节，但画中妈祖是亲自用口吐出麻丝。无论是"妃啼牛移成际"还是"妈祖用口将五斤麻抽成丝"，都是妈祖故乡人对妈祖勤劳机灵性格的图像塑造与歌颂。

二、霞浦松山妈祖图像中的女英雄形象

始建于宋末的霞浦松山天后宫（图5-3-3），每年从正月初一到十五，三月二十三到二十九，九月初九到十六，有挂"阿婆图"的祭拜风俗。最初的妈祖图是帛质彩画，后在"文革"期间的"破四旧"中失落。之后松山天后宫决定重绘，让妈祖图及妈祖圣迹传说继续传世，为此请了村中郑法贤、阮新裕、郑同玉、陈新玉、郑阿唐等几位老年人回忆，然后根据回忆内容请画师重新恢复妈祖图。1995年重绘的妈祖挂图的形式是8轴64幅（每轴绘制8小幅），描绘了默娘父母遭难漂洋过海、彩珠投胎、生养默娘至默娘升天封神的生平及神迹全过程。头8幅图画林默在松山出生的经过，9—56图画林默在松山、湄洲，红毛国三处的生平事迹，57—64图画林默升天后在松山建宫庙奉祀及显灵的经过，其内容说明了妈祖与松山水师的关系，带有浓烈的地方特色。松山一带妈祖图圣迹传说在继承湄洲妈祖故事基本内容的基础上，经过当地人的改造，塑造了一个有水师文化特色的妈祖神话，其情节与《天后显圣录》的故事有所不同，原因在于松山地方文化的特殊背景及妈祖信众独特的生活方式——疍渔人家。

图5-3-3 霞浦松山天后宫

松山港历史悠久，宋代方志《三山志》记载福州的海路："十三潮，泊桃门筋竹山，西：松山港。"①这里自古就是渔业良港，当地民众信奉妈祖甚虔，每年农历三月二十三日，为妈祖举行安澜仪式："天后神诞，报赛之日，乡人俟潮涨时，舁神舆沿流而走，走至沙坨水淳处，挟舆向水面放落，旋复抬起，上下起落，如是者三十六，次谓之'安澜'。盖以波澜汹涌，藉神力以安之。而必以三十六次者，盖以一年三百六十日也。俗呼'阿婆走水'。"②松山从宋代到清代，一直是古福宁的一个重要海上门户，也是当地主要的商港和渔港。宋元以后，由于福建沿海地区海贼倭寇横行骚扰，海事频繁，历代都在这里设有水寨，并常年有都巡检、把总等率军驻扎防守。明洪武初年（1368），"命江夏侯周德兴经略海徼备楼，卫所巡检司，筑城数十，防其内侵。又于外洋设立水寨，初惟烽火门、南日山、语屿"③。其中烽火门就在福宁州，即霞浦、福安、宁德、寿宁一带，约四千多水寨军兵驻扎巡逻三沙海面。这些水寨军兵大都是妈祖信徒，松山天后宫天棚横梁上至今还留有明万历年间"福宁州知州胡尔造前喜舍银贰拾两"、"福宁府指挥官张□□舍银贰拾两"、清康熙年间"总镇福建延建福宁等处地方总官兵左督吴万福前重修"的题字。由此可见，水寨军兵纷纷捐资倡建妈祖庙，是把妈祖当作水师部队的保护神。松山天后宫妈祖图中第1幅图"林愿拜师学武艺"，就把妈祖的父亲林愿安排为习武之人，后面的故事中更是安排了林愿加入水师，成为水师将领，这明显受了地区水

---

① 梁克家纂：《三山志》卷六，方志出版社2003年版，第91页。
② 徐友梧：《霞浦县志》（点校本下册）卷二十二，民国十八年铅印本，台湾成文出版社1967年版，第187页。
③ 喻政主修、福州市地方志编纂委员会整理：《福州府志》上卷，海风出版社2001年版，第228页。

师文化的影响。第 19 幅图"林愿揭榜投水军"中，林愿加入松山当地水师，任松山巡检。第 20 幅图"林字旗号海贼惊"中有一只扬帆的水军战船，船头立林字旗，林愿带领几名穿明代军装的水寨官兵，手持弓箭武器正在海面上巡逻。第 21 幅图"海贼联船攻林愿"则描绘了以林愿为首的水师官兵与海盗作战的紧张场面。画师不吝笔墨，用多幅图像描绘当地水师生活和战斗的场景，以此来宣扬妈祖水师将领之女的身份。

松山天后宫妈祖故事挂图中，第 41 幅图"海上遇上红毛船"、第 42 幅图"红毛施计掳默娘"、第 43 幅图"红毛番王忖默娘"、第 46 幅图"默娘逃离红毛番"中讲述的是妈祖海上遇上红毛船，被红毛用迷药迷倒掳去红毛国，红毛国国王爱上妈祖并想娶她为妻，妈祖在中国伙长的帮助下离开了红毛国的故事。"红毛"是明朝中国人对荷兰人的称呼。16 世纪，荷兰作为"海上马车夫"称霸于东亚海上，经常在台湾海峡一带出没。台湾澎湖天后宫存有一块明代万历年间的石碑，正面刻"沈有容谕退红毛番韦麻郎"，就是为纪念沈有容驱逐入侵澎湖的"红毛"荷兰海军这一事件而立的。天启二年（1622），荷兰东印度公司出兵再次侵略澎湖，"高文律恃其船铳之雄，径于六月内乘戍兵单弱，遂以十余船突掳彭岛。既而因山为城，以海为池，破浪长驱，肆毒于漳、泉沿海诸地"[①]，荷兰兵多次对福建沿海发动进攻。而福建沿海水师军民联合，奋起抗争，驱赶了侵略者。所以福建海边霞浦地区民间流传的这个妈祖与红毛的传说，是有历史背景的。显然，出生于宋代的妈祖生前不可能与明代入侵福建的荷兰海军相遇，松山天后宫妈祖图像中的妈祖异域故事，有着福建水师的影响，浸润

---

① 陈仁锡：《皇明世法录》卷七十五，《四库禁毁书丛刊·史部》，北京出版社 1997 年版，第 1 页。

了深厚的地域文化。

松山天后宫妈祖图像中的妈祖可以乘席渡海、走浪蹈波，能"施法驱海怪"，有救难收妖的神异能力，是英勇能战的英雄。其中"平浪走涛过海面"（图5-3-4）中，妈祖双手举起巨石，轻松地走在海面上，昂首挺胸，红衣飘飘，这体现了福建水师将士对海上守护神形象的想象。松山天后宫现藏妈祖圣迹挂图是村民集资请画师谢瑞良、林斯杰重新绘制的。作品为传统工笔画形式，设色讲究，图像精致，充满现代人物画的气息，一看就知道是经过现代绘画专业训练的画家所绘。画中的妈祖梳着双环髻，穿着袖子宽大的红衣服，形象温婉有余而英气不足，已无法从中寻觅松山古挂图的古朴韵味了。所以，它不足于代表闽东地区的妈祖传统图像造型。但从图中故事所塑造的妈祖海上护国庇民、抗敌救难的形象中，我们可以看出闽地沿海民众对妈祖勇敢无私形象的无限追思，以及对水师维护海疆安宁的英勇行为的有力肯定。现存的松山天后宫妈祖圣迹挂图从另一方面体现了独特的地方文化。

图5-3-4 霞浦松山天后宫妈祖图像之"平浪走涛过海面"

三、闽南漳浦地区的妈祖宗亲形象

中华民族有着很深的宗族情结，血缘观念浓厚，往往把祖先奉作保护神。妈祖俗姓林，宋末黄仲元在《圣墩顺济祖庙新建蕃釐殿记》中记载:"按旧《记》,妃族林氏,湄洲故家有祠,即姑射神人之处子也。"①清《敕封天后志·贤良祖祠考》记载:"祠内供奉始祖唐邵州刺史公暨后之高曾祖父兄,并后宝像。"②这是说贤良港林家宗祠把妈祖像与父兄并祀在一起。不但湄洲故家的林氏设祠祭拜妈祖像,闽台地区,乃至海外的众多林姓子孙都奉妈祖为"祖姑"。妈祖林姓祖姑的身份在台湾也得以强化与体现,台北的林氏祖庙将妈祖与林氏始祖比干并列奉祀。台南县北门乡的《西埔内林氏族谱》内收录有《天上圣母林默祖姑像》并《赞》等。在海外,"马六甲的西河堂林氏宗祠、槟城的林氏九龙堂、林氏双桂堂、林氏忠孝堂、峇株巴辖天后宫、昔加末林氏宗祠天后宫、新加林氏宗亲会、笨珍林氏公会等林氏族人的宗祠,都将妈祖神当成祖姑来祭祀,视妈祖为家族之神"③。林氏家族即使举家迁移,也不忘带走妈祖神像。如明嘉靖年间,移居闽西的林氏合族在永定西陂村兴建了一座富丽壮观的七层宝塔式宫殿,主体为宗祠,主供奉妈祖。香港九龙彭圃冈村《林氏族谱》也记载,南宋期间,莆田北螺村九牧裔孙林长胜移居至香港九龙烂围,生有二子,取名林松坚、林柏坚。南宋度宗于赵禥十年(1274)在香港九龙建庙奉祀妈祖神像,并请莆人林道义在庙后山镌刻碑文。甚至远在日本,明末清初林北山逃难至萨南片浦,也不远万里带着七尊妈祖像。其后代继续繁衍于片浦,至今仍奉祀祖传的妈祖神像,并称之为"林家娘妈"。这种宗族群体信仰的心态,衍生了妈祖圣迹图新的图像内容和形式。在福建,林氏为

---

① 黄仲元:《四如集》卷二,文渊阁《四库全书》。
② 林清标:《敕封天后志》下卷,乾隆四十三年刊本。
③ 苏庆华:《大马半岛与新加坡的妈祖的崇祀:过去与现在》,载李元谨主编《新马华人:传统与现代的对话》,南洋理工大学中华语言文化中心2002年版,第411—436页。

大姓。漳浦一带的林姓基本都是南宋末年或元初从福州长乐迁来的。据漳浦林姓族谱记载，其迁浦始祖为林禄第 23 代孙，而《莆田九牧林氏族谱》《敕封天后志》等资料中称妈祖为林禄第 22 代孙，因此漳浦林姓则称妈祖为"姑婆祖"。在漳浦一带，流行一段妈祖帮助林家族人林士章考取功名的故事。

传说嘉靖三十八年（1559）漳浦林士章上京赴考，经莆田客店，在客店门前遇到一个卖花的女子，脚上穿着一双绣着菊花的鞋，女子知道林士章是赴考的举子，就出了一个下联请林士章对上联："鞋头绣菊，朝朝踢露蕊难开。"林士章一时未能对上，不想在殿试时，嘉靖出了一个上联"扇面画梅，日日摇风枝不动"，与之刚好匹对。满朝文武和新科进士无人能对得贴切，只有林士章记起卖花女子出的下联而对上，嘉靖觉得对是对上了，但脂粉气太重，就顺口说："卿真是探花郎。"林士章为此得中己未科一甲第三名探花。林士章后来回想在客店的这段奇遇，深信是姑婆祖暗中帮助。万历二十三年（1595），林士章致仕回乡，八月初九专程到湄洲上香并请回了妈祖金身，八月十二日回到漳浦，这一日子被漳浦乌石林姓永远记住，至今还将这一天作为当地妈祖的庆典日。

这个故事讲述妈祖佑护帮助林氏族人获取功名的经过，其中表现了妈祖又一神能，帮助林氏族群子孙功名显赫、兴旺发达、出人头地。在漳浦乌石天后宫的后殿，绘有妈祖佑护林士章的故事五幅（图 5-3-5）。画中，先是墨笔勾勒外形，再仔细在墨线内涂添颜色，色不碍墨。一些背景楼阁、桥梁、门窗、桌椅之类，用界尺认真勾勒，如早期民间布景画，略显拘谨。整体用笔比较稚嫩，但画面设色清雅，大部分留白，局部敷以石青、石绿、嫩黄、赭石等色，冷暖相间，具有一种民间装饰趣味。这应该是漳浦当地画师作品，与莆仙地区墨色浓淡相间、用笔奔放的圣迹图作品相比，另有一种淳朴的闽南乡间风味。组画的第一幅画是妈祖持花篮在桥

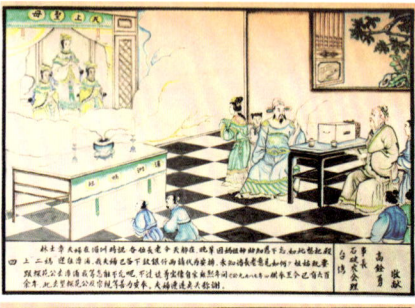

头点化林士章，妈祖白衣白裙，气质高雅，与福建其他地方的妈祖造型都不一样。漳浦北门天后宫中也有描绘这段故事的圣迹壁画，图像中妈祖形象亦如大家闺秀般秀美矜持。

不仅圣迹叙事图像如此，即使是肖像式图像，林氏妈祖也是被绘制得美貌又端庄。《西河九龙族谱》中的《天上圣母林默姑神像》(图5-3-6)，作者落款为"裔侄孙华敬仿"，称妈祖为"林默姑"，亲昵之感洋溢画中。这幅族谱中的林默姑神像并没有采用正面造型，妈祖打扮华丽，纹饰繁杂，云肩与袍服上精勾细描的各样云纹龙纹自不用说，甚至头顶的冕板和手上的覆巾，也细致地加上花纹。妈祖头稍往右侧，光润的脸部在这些华丽服饰衬托下更显得仪态万千。正面造型的妈祖严肃与威严，让人拘束不敢

图5-3-5 福建漳浦乌石宫妈祖故事壁画

图 5-3-6 《西河九龙族谱》中的《天上圣母林默姑神像》

亲近，而往右转脸的妈祖像微微眯起双眼，嘴角带着盈盈的笑意，更像是和善的长辈在倾听，既显得亲切、真实，又表明了族人与妈祖之间的特殊亲属关系。

第四节
莆田妈祖圣迹图图像中的双重角色

莆田仙游是妈祖的故乡,在莆仙民间流传着一个与湄洲《敕封天后志》圣迹体系完全不同的圣迹故事"妈祖与蝴蝶精",而且影响广泛。这个故事来自民间的妈祖圣迹图中,融入了许多人性的因素和社会生活的材料。老百姓将妈祖置身于普通民众的生活环境,使她有自己的喜与悲、愁与怒,表达了普通百姓对妈祖形象的另样观看。"妈祖与蝴蝶精"圣迹版本有两种,其中一种描绘的是这样一个民间故事。蝴蝶精是海里的妖精,经常幻作美女形象迷惑民间男子。有次妈祖去村里铁匠家求铸一副铁筶杯,铁匠在城里念书的儿子含情脉脉地注视着妈祖,这一幕被蝴蝶精看到了。于是,她幻作妈祖形象来到书斋,与铁匠的儿子两情相悦,日久被双方家长发现,引发血案被告到公堂。妈祖得知,愤怒持剑到公堂与蝴蝶精激战,最后赶走蝴蝶精。仙游的贝龙宫、度尾龙井宫、大济琴坂宫、枫亭海地龙应宫、榜头朱阳宫、莆田秀屿东峤魏厝瑞琳祖宫等,宫中壁画俱是描绘这个主题。壁画里充满民间耳熟能详的神道人物观音、玉帝、韦驮爷、小龙女等。圣迹图中蝴蝶精的图像(图5-4-1),无论画技水平高或低,民间画师都竭尽全力想塑造与妈祖的朴实健美不同的娇媚形象。

为什么要虚构出这么一个与妈祖对立的蝴蝶精形象?难道只是民间文化中的一种追求荒诞、惊险情节的兴趣?

而仙游枫亭灵慈庙、莆田华亭郊溪明山宫、笏石凤山寺等地的壁画描绘的是另一版本的"妈祖与蝴蝶精"圣迹故事。画师不吝占用多幅的画面，详细地描绘了"媒婆与神姑之母兄说亲""心孝志坚顺母配夫""心烈志大化蝶成双""回家睡化成蝶""神姑令蝶精代婚，自己以古树头化船回家"等几个场面。本来女大当嫁，而妈祖志向不凡，她有神圣的使命感，不愿意被人间俗情所累。她又不能违抗母兄之意，于是，出现"化蝶成亲"这一出故

图 5-4-1 仙游大济琴坂宫、贝龙宫圣迹壁画中的蝴蝶精图像

事。（图 5-4-2）这里的蝴蝶精与妈祖的关系，不再是拔刀相斗的仇恨，而是融为一体了。蝴蝶精代表妈祖完成了传统女性的任务，所以她亦是妈祖形象的一部分。

而前文所讲的那个与妈祖拔刀相斗的蝴蝶精，不也是妈祖的一部分吗？蝴蝶精应该是象征妈祖凡人的一面，代表着世俗的欲望。我们复看图中妈祖与蝴蝶精相战的场面（图 5-4-3），这时候，我们可以完全理解拔

图 5-4-2 民间妈祖圣迹图中的蝴蝶精代嫁图像

图 5-4-3　仙游度尾龙井宫圣迹壁画之"妈祖与蝴蝶精相战"

刀的妈祖脸上那种愤怒又坚硬的神情了。这是一场妈祖与自己内心人性欲望的斗争，充满了一种割舍的悲壮。妈祖与蝴蝶精，这两个时而剥离时而会合的形象，在彼此的纠缠与挣扎的过程中，完成了妈祖最终形象的蜕变。

其实，蝴蝶作为妈祖的另一个符号，早在明代的文献中就出现了。明代嘉靖十三年（1534），充册封使往琉球的陈侃回国著《使琉球录》，书中述："忽有一蝶飞绕于舟，佥曰：'蝶质甚微，在樊圃中，飞不止百步，安能远涉沧溟？此殆非蝶也，神也。'……是夜，果疾风迅发，白浪拍天。"①《使琉球录》卷下录明代谢杰《敬神》："每值风发，必有先征：或为蜻蜓、蛱蝶，或为黄雀、红灯笼，令人得预为之计……舟人每逢风涛，有祷必应，或蝶，或雀，或灯光，舟人见之，则险夷而利涉矣。"②看来，很早以前，海上航行的人们已把蝴蝶当作妈祖的另一化身。

中国的信仰中许多神是从人来的，这些神原本都是人类中的英雄。这些英雄大都持身严谨、行为克制，为了他人可以舍弃自己的幸福，仿佛都在为了某种崇高的道德规范而活着。妈祖就是这样，原本是个渔家姑

---

① 陈侃：《使琉球录》，载蒋维锬编校《妈祖文献资料》，福建人民出版社1990年版，第83页。
② 陈侃：《使琉球录》，载蒋维锬编校《妈祖文献资料》，福建人民出版社1990年版，第130页。

娘，完全可以像一般人一样与意中人相爱，当个贤妻良母，度过一生。但她矢志不嫁，一生为他人排忧解难，最后为百姓献身。历代文献史册对妈祖的出身众说纷纭，但对妈祖是没出嫁的姑娘这一说法却达成惊人的一致，甚至成为其信仰精神中强调的一部分。就连西方人描述他们对妈祖信仰的认识时也特别强调这一点。1546年西班牙奥斯定会士拉达（martin de rada）说："航海家们偏爱一个女人叫娘妈（Nemoa），生于福建省兴化附近的叫做莆田（Puhuy）的村庄。他们说她在……湄洲岛，过着独身的生活。"[1] 西班牙另一个学者门多萨（Juan Gonsales de Mendoza）也这么说："第三个被国人认为是'圣女'，名叫Neoma，出生在福建省的Cuchi村。人们说她是一位要人之女，拒不出嫁，去了兴化对面的一个小岛。"[2]

莆仙地区历来对有德行、造福百姓的女性表示重视与尊重，比如对钱四娘的崇拜。宋代之前莆田人民经常遭受溪洪之灾，治平元年（1064）长乐人未嫁之女钱四娘携金十万缗来莆主持修建溪陂，结果陂坝合龙之日突发山洪，钱四娘舍身跳入急流。老百姓深受感动，在香山上修庙祭祀她，当地信众还将钱四娘与妈祖共祀一殿[3]，纪念她们的舍己为民的精神。

老百姓一方面表示对这些英雄的崇敬，一方面又由衷希望这些由人变成神的英雄能过上他们心目中的那种幸福生活。莆仙一带素来崇尚儒风，"莆，壤地褊小，善国也。壶山、兰水映带秀发。故其人好礼而修文，士

---

[1] ［英］C.R.博克舍编注：《十六世纪中国南部行纪》，何高济译，中华书局1990年版，第217—218页。
[2] ［西班牙］胡安·冈萨雷斯·德·门多萨编撰：《中华大帝国史》，孙家堃译，译林出版社2011年版，第24页。
[3] 刘克庄的《后村先生大全集·协应钱夫人庙》中有"前祀夫人、白湖妃，于殿后列二士于堂"之句。

相矜以名节"①。在老百姓看来,传统文化中理想女性角色都应结婚并生育子女,身后并由子嗣祭祀成为祖先,才算是一个完整的女性。"蝴蝶精代嫁"圣迹故事的编造就是通过蝴蝶精这个替身而虚设了一个百姓看来完美的结局,对妈祖看似"缺残"的人生进行一种补充,体现百姓对妈祖的一种人间温情。图像在此形成了互为因果的文化效应。

这些妈祖圣迹图以想象力丰富的画面、生动的情节、精彩的人物塑造体现了人们最为关心的社会伦理问题,直接地表现了人性中接近"底层"或"本质"的东西,悄悄沟通了神界与人间,从而大大丰富了妈祖生平,使其达到了连贯、完整以至曲折动人的程度。可以说,莆仙妈祖传说的壁画蕴含着民众的睿智、善意的想象和朴素的情感与愿望,塑造了一个既舍身济世又可亲可近的神,体现普通人民人性化的审美。如果我们不了解妈祖信仰意义及莆仙地区的文化背景,那么,我们面对妈祖与蝴蝶精叙事图像时,我们最多只能认为这是民间丰富的想象力,而不会联想到其中美好又沉重的含义。"我们只有正视并深入地把握图像与特定文化传统的内在联系,才能较为接近图像的本义,从而避免所谓'视觉的隐形'的尴尬。"②

蝴蝶精在这里作为图像符号具有隐喻性。她的符号意义是隐喻人性与世俗,是对妈祖图像的双重符号建构,也是莆仙地区精神价值观的体现。乡亲们把妈祖当作亲人,认为她应当跟所有人一样享受爱情、享受人生,对妈祖终身未嫁总是感到有点遗憾。"化蝶成亲"故事的安排是世俗生活

---

① 何乔远编撰:《闽书》卷三十八,福建人民出版社1994年版,第945页。
② 丁宁:《图像缤纷:视觉艺术的文化维度》,中国人民大学出版社2005年版,第230页。

观在妈祖信仰上的投射。

  胡适认为,中国历史文化创造出许多"箭垛式人物",如周公、黄帝、包公等。许多重要的发明不知是谁创造的都归于他们身上,如草船借箭的那些草人,"美好品德"的箭都一股脑集中投射到他们身上。妈祖也是"箭垛式人物",由人而神的妈祖可以说是中国传统社会理想人格的完美体现,她的形象投射出中国传统文化对女性社会属性的一种希冀,是人们理想人格和传统美德楷模的象征。歌德说:"十全十美是上天的尺度,而要达到十全十美的这种愿望,则是人类的尺度。"[①]对十全十美的追求,是人类坚持不懈的目标。从这个角度来说,妈祖与蝴蝶精的圣迹图图像也是莆仙百姓在完善妈祖形象,即完善女性理想形象中的一种图像阐释。

[①] [德]歌德:《歌德的格言与感想集》,程代熙、张惠民译,中国社会科学出版社1982年版,第61页。

第五节
妈祖圣迹图图像中的民间形象与官方形象

　　有关妈祖的种种神异事迹，经过民间传说的十百相传，再加上一些文人的整理加工，经画家艺匠的图像及场景演绎，最后形成了诸多不同版本的圣迹图。圣迹图创作比较不受限制，可以任意地加以想象，集合了人们各种灵感经验来构建神话世界，组成神人交会系统。剥离圣迹图的神秘色彩，呈现出来的是丰富多彩的生活状态和精神信仰文化。姑且不管这些神迹是否真实灵验，也不管其中的传奇故事存在多少真实的成分，这些圣迹图至今能在社会上广为流传，并产生影响，使普通百姓从中加深对妈祖文化的理解。人们观赏圣迹图，在理解与认同中也参与了实践，使妈祖文化很快融入社会生活中，这应该就是圣迹图的神奇魔力吧。

　　经过官方改造的妈祖圣迹图，承担了社会教化之职责。清乾隆四十三年（1778）刊行的《敕封天后志》下卷明确声明对修订选取显圣故事的标准："非关为国为民者不录，有附会其说而非真有者不录，有乡里传言凿凿而无从核实者不录。荒诞事不录……"总结一句就是选取符合统治阶级利益的圣迹。最早的《天妃显圣录》著作者是士大夫阶层的代表者，所以《天妃显圣录》的主要内容是历朝封赐妈祖的记录，民间故事的成分很少。其伦理观是属于统治阶级的，把将近一半的妈祖显灵事迹都与官方的海上战事联系起来，以宣扬其忠君爱国的道德观。如仙游枫塘宫妈祖圣迹图中的"澎湖助战"（图5-5-1）、"助漕运"、"拥浪浮舟"、"示阵指挥"、"救郑和"、"救张元"、"破倭寇"、"庇杨洪"、"救柴山"、"藿苻改革"、"历庇封舟"、"井泉济师"、"助风退寇"、"引舟入澳"、"保护册使"、"海岸清泉"、"潮退再涨"、"托梦护舟"等，都是对妈祖在海上保护官方的圣迹，是对妈祖所谓的"护国精神"的肯定。这些圣迹成了封建阶级利用妈祖的神威来安定民心、振兴海业、平镇叛乱、抵御外敌的精神工具。为了满足上层社会的功利要求，圣迹图的绘制刻意体现高贵华丽，绘制用高级的材

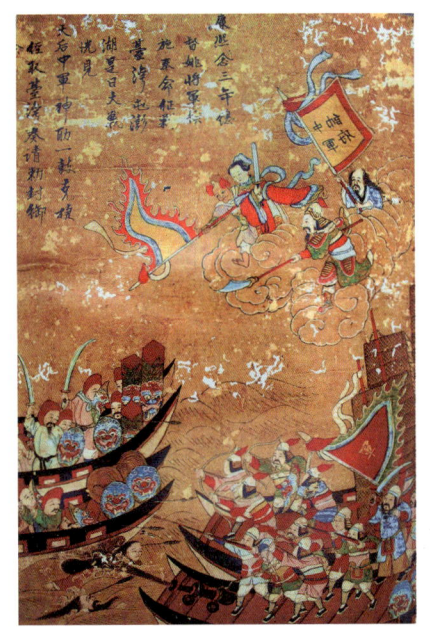

5-5-1　仙游枫塘宫壁画之"澎湖助战"

料，用色相对丰富，设色精细、缜密和富于变化，手法也比较多变，如晕染、平涂、描金贴银等。色泽也是淡雅中透着绚烂，呈现出一种富丽和稳重的画面格调。藏于荷兰阿姆斯特丹国立博物馆的妈祖圣迹图《红衣护使》设色非常独特。整张作品的基调为红、白、灰三种，底色用多层赭色与灰色通染，使画面以柔和协调的暖灰色调为主，用鲜艳且雅致的暗红加以点缀，体现了中国传统重彩人物绘画的手法与神韵，人物之间疏密和服装色彩的对比也是精心安排的。主要人物妈祖与船舱上的官员的暗红衣衫占据了显眼的位置，暗示他们与众不同的身份，其他人多着白衣，穿插其间的帽子等小件装饰品为暗红色，与主角的衣衫做衬托和呼应。占据画幅三分之二的海面，以花青冷色稍作渲染，从而使画面的冷暖达到平衡，也突出了主要人物，显示了画师高超的绘画功力。这幅官方妈祖圣迹图虽体现文人画艺术趣味，但对人物的塑造却是模式化的。画面上的妈祖基本是

没有表情的，其端庄娴雅的姿态显示了良好的教养。

　　妈祖信仰历时千年之久，历代朝廷屡次册封嘉奖，建立官方祠庙，并每年派专员祭祀，这对妈祖信仰的发扬起了不可否认的推进作用。历代朝廷力图将妈祖树立成精神的楷模，为他们的阶级统治服务，但妈祖信仰的根在民间。妈祖神像在村头，在水岸边，在喧嚣的平民集市里，在渔民狭窄的船舱中，在流浪天涯的游子的包袱中，是百姓们支撑生活信念的珍宝，而获得民间广泛的认可。虽然官方阶层赋予妈祖不凡的出身、显赫的家世，但在老百姓心目中，妈祖是由民间出来的神，永远是他们中的一分子。也正是妈祖信仰的民间性，使妈祖信仰经历千年风霜，始终生机勃勃。

　　在莆仙一带的民间妈祖宫庙圣迹图中，妈祖形象与《天妃显圣录》有着很大的差异。莆仙民间妈祖庙有的依山而建，有的靠水而筑，虽然比不上湄洲祖庙与泉州天后宫等专供官方祭祀的庙宇那么豪华气派，但都整洁有序、香火旺盛，同时又是村落民众的集中活动中心。往往妈祖庙前溪水淙淙，庙边的石头矮椅上三三两两地坐着闲聊的老人，庙旁谷场上还有翻晒谷子的妇人、追逐嬉戏的孩子，这一切全都笼罩在妈祖庙中神像温柔的注视目光中。这些远离尘世喧嚣的小村落，民风淳朴，在这小村小庙里观看充满百姓生活气息的妈祖壁画，仿佛也看到了发生在普通的村民真实生活中的一个个故事。

　　民间圣迹图内容更多的是宣扬妈祖升天前的事迹，仙游大济琴坂宫壁画共 48 幅，描绘的大多都是妈祖在湄洲升天前作为民间女子时发生的事迹。民间妈祖圣迹图中，画师往往把妈祖生活的背景放置在沿海小村子。仙游贝龙宫的妈祖诞降图中没有香气盈屋，没有紫光四射，没有仆佣环立，只有一张乡下常见的挂着麻布帐子的简陋床铺。这些民间生活场景拉近了妈祖与信众的距离，信众在熟悉的生活场景画面中，对妈祖的经历和舍己救难的精神更容易产生共鸣和肯定。民间圣迹图中的妈祖并不像庙宇里供奉的高大的神像那样有着各种神圣矜持的脸色表情，没有华丽的凤冠霞帔，没有银丝金线的绣袍的装饰，更多的是百姓能亲身感受的素面褐衣和辛苦操劳，勤劳织网的妈祖（图5-5-2）才正是能救海难的妈祖。听媒说嫁的羞涩

图 5-5-2　欧峡妈祖圣迹图中的妈祖劳动形象

妈祖，抬着遇难兄长尸体悲伤的妈祖，跟俗人一样有着种种喜怒哀乐的表情，但给人更可信可敬的感觉。表情丰富、动作豪放的妈祖图像，更贴近民间百姓心目中的妈祖形象。

　　民间画师是直接为广大百姓及信众的宗教活动服务的，在题材的表现形式、审美意趣及文化习俗等方面紧密贴近和迎合大众需要。造型及色彩上形成一定的特色。他们绘制的妈祖圣迹图壁画作品兼具民族传统绘画特点和民间画风的优点。民间绘画与官方绘画艺术相比，虽然技巧和质量稍逊一筹，但民间画师用心绘制，体现出他们的真诚，照样博得民众的掌声。

　　文人塑造的妈祖形象与民间画工塑造的妈祖形象相比，其画风更加淡雅、瑰丽，人物的神情盼顾皆细致考虑，画风严谨，用笔设色技法功底深厚，显示了画师的艺术修养、创作水平及刻苦用心。文人笔下塑造的妈祖形象是为满足上层社会的功利要求，刻意体现高贵华丽，体现道德高尚，与民间画师塑造的充满勇气、力量和智慧的劳动妇女形象有着技巧和境界的差异。妈祖的形象到底是官宦贵族之女，还是寻常渔家之女，对此寻根问底并无太大的意义。各阶层之人各取所需，用他们的理解建构出他

们心目中的妈祖形象。官方阶层为妈祖加上高贵的身世，涂上灿烂的人生履历，精心绘塑出妈祖端雅平和的高贵形象。民间百姓阶层则竭力通过各种圣迹叙事，构造出一个个妈祖在人们身边显灵的故事，也构筑出热心助人、勤苦勇敢的妈祖平民形象。这些不同阶层观看下的妈祖形象，综合了多元的文化体系，也折射出中国传统社会对理想女性的冀求，树立了中华儿女共同景仰的形象。

第六章 妈祖图像的传承

第一节
妈祖图像的赞助者与制作者

造像艺术的赞助多关乎赞助人的经济实力与现实诉求（例如还愿），中国古代许多石窟和壁画，如敦煌、云冈、龙门、永乐宫、法海寺都是在这种人为的需求中产生的，妈祖图像亦然。光绪三十年（1904），原存于莆田新度名山宫的《重修名山神应庙碑记》记录："明成化八年，里人重建，并祀天后圣母……光绪……余即偕陈君元德、周君绥如、邀司内乡者绅士金议，捐缘约有千余金……郡众陈维经、林清芬、林光巷、林凤标、龚世勋，助雕天后金座。"[1] 先是由碑记作者林翘秀与陈元德等诸多赞助人捐款重修庙宇，再延请匠师郡民陈维经等五人雕妈祖像等，也是先捐款后制作。

作为信众中的神像捐建者，其身份、地位和审美观点在庙宇的建设与神像的雕刻中的影响是不可忽视，有时甚至是决定性的。从狭义上说，图像作品可以作为艺术家或作为赞助人的一种个人记录而出现。[2] 赞助人从不同的身份地位和需求来要求图像内容，并影响妈祖图像的造型审美。他

---

[1] 郑振满、[美]丁荷生编纂：《福建宗教碑铭汇编·兴化府分册》，福建人民出版社1995年版，第353页。
[2] 参见常宁生编译《艺术史的图像学方法及其运用》，《世界美术》2004年第1期。

图 6-1-1　位于台北板桥市中心喧闹街肆中的慈惠宫

的财力和能力决定了所请匠师的水平高下,决定了造像规格大小和精美的程度。他的信仰需求和审美诉求,又左右着神像的造型模式和风格手法。

　　首先,赞助人的财力与地位决定他能请到具有多高水平的匠师。一个庙宇的建筑规模与庙里的神像雕刻的精美程度与捐建者是分不开的,图像捐造资金的多寡,直接影响到图像的规模与体量和艺术水准。台湾妈祖庙大多由大陆分香后,先是小型妈祖像供奉于信众私宅,然后才有信众捐资再兴建庙宇,塑造大像。这一过程往往由当地的富户牵头操作,如台湾板桥慈惠宫就是由当地"七十二贤士"(乡绅富户)组建的"金浦会"筹集资金修建起来的。这些乡绅富户也希望通过参与地方信仰活动来增强自己的影响力,从而控制地方话语权。对于妈祖造像的形制要求也一样,他们出资最多,最有发言权。同样,赞助造像的资金充裕,造像才能求精美。(图 6-1-1)

目前福建民间庙宇中的妈祖神像中，一大部分是20世纪八九十年代妈祖信仰复兴时修建的。当时刚刚从"文化大革命"的阴影中走出，群众的经济能力较弱，造像的资金大多是当地信民1元、2元缩衣节食凑出来的，比较有限。加上各地宫庙又急着恢复妈祖信仰的香火，往往请当地的工匠赶工，所以这个时期的妈祖造像大多体量较小，做工也偏于简单粗略，但有一种自然朴实的韵味。位于龙岩泮境乡的彩霞天后宫，历经战乱和"文革"，庙宇几度废圮。2001年村民合资重建，宫内挂在墙上的捐款牌录显示，当时经济有限，村民力所能及地20元、10元地捐，努力要把妈祖像重新塑造起来。正是百姓积沙成塔的力量，让妈祖的香火得以延续。受制于资金有限，此时的妈祖图像形制较小，做工粗糙是在所难免的。

进入21世纪后，福建经济状况开始好转，各地掀起塑妈祖神像热潮，除了体现该地民众信仰的虔诚、人丁的多寡和经济能力之外，也掺杂了暗中较劲、互相比拼、颜面竞争的成分。这个时期妈祖造像出资方的审美定位主要体现在比规模、比精致。在聘请匠师制作神像时，也是采取按制作日程计酬的做工方式，且薪资优厚，给匠师提供最佳的创作环境条件。因此，匠师没有赶工的压力，可以精心展现功夫，尽量将自己的技法淋漓尽致地展示出来，一些精湛的妈祖造像就是这样诞生的。随着妈祖信仰的复苏，福建各地妈祖庙宇可以说是数不胜数，几乎每个村落、每个乡镇都缭绕妈祖庙的香火。有些地方宫庙中本来不奉祀妈祖，因当时妈祖是官方认可的神，就增祀妈祖作宫庙的保护神。例如，龙岩地区有不少的漂洋过海的华侨、台胞捐资赞助家乡妈祖庙的建设。有了源源不断的经济支持，妈祖造像的规模自然宏伟。还有一些政府行为，目的是把妈祖文化的推广与当地旅游挂钩，如福州马尾区政府投资重建的世界上唯一一座木结构妈祖庙宇——船政天后宫。2006年福州马尾区政府斥资千万，委托东南大学城市规划设计研究院与福州市规划设计研究院策划修建天后宫建筑，委托中国工艺大师佘国平制作殿中妈祖神像，资金充足，自然造像精雕细琢。大殿供奉的妈祖（图6-1-2）、陈靖姑及柳三娘三尊神像，造像俱为木质、粉面。正中妈祖像脸部刻画细腻，身上黄色大袖袍上的祥云龙图案设色层次复杂，运用了晕染、描金等多种工艺手法，处处体现制造者的用心与高超的技艺，其艺术水平当然远远超越普通妈祖庙神像。

图6-1-2　福州马尾船政天后宫妈祖像

其次，图像赞助人的审美观点和要求，也会左右匠师的艺术创作。历史上一些地方有名望的大家族捐地捐资，并直接参与妈祖庙修建，推动了妈祖信仰的传播。这些家族士绅大多具有一定的文化素养，他们的审美观念也自然浸染到了妈祖神像中。

如圣墩顺济庙的修建得力于白塘李氏。《敕封天后志》中"枯槎显圣"条载宋代莆田李制干首建妈祖庙之事："宋哲宗元祐元年丙寅（1086），莆海东有高墩，去湄百里许。常有光气夜现。渔者疑为异宝，伺而视之，乃水漂一枯槎发焰。渔人拾置诸家，次晨视之，槎已自还故处，再试复然。当夕托梦于宁海墩乡人曰：'我湄洲神女，其木实所凭也，宜祀我，当锡尔福。'父老异之，告于制干李公。公曰：'此神所栖也，吾闻湄有神姑，显迹久矣。今灵光发见昭格，必为吾乡一方福，叨之庇，其

图 6-1-3　李氏大宗祠，原为李富故居

在斯乎。'遂募众营基建庙，塑像崇祀，号曰'圣墩'，祷应如响。"①李制干即李富（1085—1162），字子诚，号淡轩，因曾任殿前统制司干办公事官，所以世称李制干，后为秦桧所恶，降为承信郎，又称承信郎李富。（图 6-1-3）圣墩建庙时，他方一岁，所以不可能参与建庙，应是李富父亲或李氏族人。白塘李氏时为莆田望族，家资宏厚。李富诞生当年其母捐地创建莆田梅峰寺，李富本人也于1150年"首建其议，捐钱七万"，重建顺济庙。元天历二年（1329），全国诏祭的妈祖庙有二，除了湄洲祖庙，

① 《敕封天后志·枯楂显圣》，福建师范大学图书馆复印藏本。

图 6-1-4　慈惠宫的妈祖神像

另一则为白湖顺济庙。白湖位于宋代兴化军城东门外，即今日莆田阔口村，是当时莆田重要的港口，交通和经济发达。白湖顺济庙创建与当地陈氏有关，陈氏有"一门两丞相，九代八太师"之誉，家族显赫。陈氏后裔陈俊卿（1113—1186），字应求，号六梅，官参知政事，登高倡导建白湖庙，为妈祖请求朝廷封号，并积极宣扬妈祖信仰。妈祖快速由"夫人"封号晋升为"妃"，白湖顺济庙成为官方举行祭祀的庙宇。从此，"白湖香火几半天下"①，香火鼎盛，信众如云，成为当时妈祖信仰的中心。

李富积极参与抗金，宋建炎元年（1127），变卖家产募义兵3000人从莆田北上，加入韩世忠麾下，投入助南宋抗金的斗争。陈氏家族也是募兵保卫的地方，莆田籍将士们英勇抗敌的同时，也不忘传播妈祖神迹。所以他们修建的妈祖像身上，有莆田人英勇忠烈的影子。"独有女神人壮者尤灵"，他们心目中的女神应是英姿飒爽的形象。

台湾板桥慈惠宫，本是清乾隆年间板桥当地地主乡绅筹募经费建造，用来安置天妃神像，后由台湾首富林本元家族出资改建。林家竭尽所能，将慈惠宫的妈祖神像（图6-1-4）装饰一新，赋予神像富贵华丽的韵味。

---

① 陈宓：《复斋文集》，载蒋维锬编校《妈祖文献资料》，福建人民出版社1990年版，第7页。

大多神像赞助者在脑海中都有自己的精神偶像，因此赞助人的个人意愿与喜好或多或少会影响到妈祖图像的风格，比如妈祖的形象应该是哪种脸色，面貌特征又是如何。这些印象也许是原先庙宇供奉的妈祖神像形象，或者是在哪座庙宇观摩过的妈祖神像形象，当神像制作完成时，他们都会进行认真的观察、揣摩，与自己脑海中的神的形象进行比较，如有较大的差距时，就会要求民间艺人遵从他们的意愿进行修改。还有赞助人直接规定了形象，如台湾丰原镇清宫。台湾丰原镇清宫建庙前期一直因为经费不足，后刘兴荣慨捐数百万，建庙方案才得以实施，刘兴荣因此成为重要赞助人。"时值上梁前一日，主任委员刘兴荣于十五时十分在镇清宫后面墙壁，赫然发现雨后浮现一尊手捧玉旨、神态庄严、栩栩如生的妈祖站立圣像。显然是天上圣母于上梁大典降驾发迹于此。"[1] 现今丰原镇清宫室外妈祖手捧圣旨像的特殊造型，便是产生于赞助人的一次偶发意象。

即便是湄洲妈祖祖庙的妈祖造像，也体现出资方的审美。1988年，湄洲岛妈祖祖庙董事会准备制作巨型室外妈祖雕像，全国各地许多雕塑家参加了这次妈祖雕像制作权的投标。经过多轮的角逐，雕塑家厦门大学艺术系教授李维祀与蒋志强中标。半年之后，雕像竣工。这尊造像既融合了传统的各种妈祖雕像造型特点，又赋予现代审美意识，最终好评如潮。之后，李维祀教授在《城雕创作杂谈》一文中谈到，他当时的设计理念是要设计一尊"富有新的时代特征的妈祖户外大型雕塑艺术品""要塑造一尊既是神又是人的传统的妈祖形象"[2]。为了达到目的，他八上湄洲，勘察环

---

[1]　《台湾妈祖文化展》，台湾历史博物馆2008年版，第168页。
[2]　李维祀：《城雕创作杂谈》，《美术》1994年第10期。

境，走访专家、教授，搜集文史、图片，请教渔民，多处修改，才创造出这尊"头戴凤冠冕旒，身披斗篷，手托如意，漫步山巅，巡视海峡，注目彼岸，盼望和祝福回归、团聚、国泰民安的庄严而慈和仁爱的海神妈祖雕像"[①]。可是在这中间还有一个不为常人所知的过程，就是如何让这尊妈祖像"达到既能使人人都能接受，又能满足不同文化层面上的审美需求"[②]。众所周知，公共场合的造像，不单单是雕塑家的个人行为和创作，还需得到赞助方层层的专家以及各界人士的审核首肯。李维祀教授参加投标的原本设计方案中，妈祖昂首翘望，双手斜托着一条鲤鱼，本来意图以此暗示其渔家女的出身和渔民保护者的身份。最后，评审团要求将其改为如意，理由是与着装较统一，比较符合身份。于是，妈祖手抱鲤鱼变为手持如意。现在，这尊高高昂立在湄洲最高点的和平女神像，成为湄洲岛的地标，也成了各地妈祖造像纷纷仿效的范本。只有明眼人才能发现，女神手持动作有一点点的别扭。总而言之，出资方审美定位的影响可以说是无处不在。

可见，宗教信仰图像不是艺术家为所欲为的个人作品，而是社会群众审美与艺术家技巧的结合。如果妈祖身着高贵服装而手捧鲤鱼，虽有新意，总有些不伦不类，只能适合当个人案头欣赏的艺术品，而不宜当公众接受的图像。艺术也有逻辑规律，小范畴服从大范畴。公众信仰的图像须经受历史积淀与广泛认可。以李先生的艺术水平，若制作出捧鱼渔女，定可作为某次美展的一件作品，但很难成为今天五洲普遍认可的和平女神。

---

① 李维祀：《城雕创作杂谈》，《美术》1994 年第 10 期。
② 李维祀：《城雕创作杂谈》，《美术》1994 年第 10 期。

还有一些妈祖造像，赞助人即造像师。如位于龙岩永定虎岗乡虎东村的虎岗天后宫，1990年由当地人林荣煌牵头捐资重建。林荣煌夫妇成为这个天后宫的管理人，在附近以养殖生产的方式来维持天后宫的各种开支。天后宫殿上的神像全部是林荣煌自己雕刻的，这位民间艺人用自己的巧手塑造他自己心目中的妈祖形象，也筑造了他自己心目中的精神神殿，这种造像方式受到创作者之外的影响较少。

此外，妈祖图像的主事人也对妈祖图像塑造有重要影响，这种主事人一般分为两类：一类为妈祖庙管理委员会，另一类为主持妈祖庙庙务的僧道人士。

目前闽台妈祖庙多采取管理委员会或信民委员会总理宫务，如台湾湖西天后宫"庙务之管理，遂由全体村民共同负责，其方式系采甲头轮流制，将全村分为首、二、三、四四甲，继自各甲中推选一名年长望高者为当值老大（长老），以决定一切庙务事宜。另选出头家一名，协助老大处理宫务，另兼财务之收支，其产生过程是，召集有意服务斯职者至神明之前掷筊，得圣杯最多者，即获当选。老大与头家之任期咸为一年为限"[①]。

由僧侣创建或住持妈祖庙由来已久。宋末太学博士李丑父《灵惠妃庙记》中称重修妈祖庙可以让"守僧与祀享者皆有所止"，说明当时已经有僧人参与妈祖庙的建设与管理。明代危素所撰的《河东大直沽天妃宫碑记》中也记载了几代僧人主事的情况："庆国利民广济福惠明著天妃祠，

[①] 台湾省议会洪性荣研究小组寺庙整编委员会：《佛刹道观总览·天上圣母专辑》，台湾桦林出版社1987年版，第196—199页。

吴僧庆福主之……众请主西庙僧福聚来继其任。"①清《复县天后宫碑记》里极力褒扬僧人努力募款建庙之举："天后之庙独阙……沙门心灵，乃奋然起矣，持戒行深，蓄愿宏达，苦心造诣，有志竟成。"②福建漳浦东山铜陵西门外天后宫的牌坊横匾，左款识为"住持僧祖镖募缘重建"，可以作为僧人对妈祖庙建设与管理做出贡献的物证。在粤东，有些妈祖庙便为僧人所倡建或住持，庙内亦并祀妈祖与佛陀。如坐落于澄海县城外校场的天后庙，"正殿祀天后，后殿设佛像，乾隆二十七壬午副将陈应钟率庙僧晓昙募建"。台湾妈祖庙由僧人住持的也很多。如北港朝天宫，康熙三十三年（1694）临济宗三十四代禅师树璧奉湄洲妈祖像到北港，街民恳请留以供膜拜，并集资建庙请树璧主持香火，后由徒弟能泽接任，一直持续至今。又如凤山龙成寺，"当时董事蔡藏……原出家'心德堂'。后住本宫，全心舍身为公、为神"③。日本长崎三大寺也一直是由僧人住持妈祖庙。长崎紫山福济寺珍藏有宽永十九年之上谕《吉利支丹禁令》，里面声明："本寺虽属妈祖香火道场，实乃祝国梵修，摧邪辨正之伽蓝也。是昔起建后，宽永壬午十九年三月，曾蒙镇守马场三郎左卫门公转奉大将军上谕言：唐船至崎贸易，重禁者莫如邪教。仍恐唐船往来，混载南蛮恶党之人。况所来者不出南京、福州等处。故尔三寺住持，凡唐人上岸，入寺烧香顶礼，必须严查，亦得辨明白。又给此禁条，张挂在寺，永远流传。"④其声明自己虽

---

① 危素：《河东大直沽天妃宫碑记》，载蒋维锬编校《妈祖文献资料》，福建人民出版社1990年版，第52页。
② 《复县天后宫碑记》，载蒋维锬编校《妈祖文献资料》，福建人民出版社1990年版，第266页。
③ 台湾议会洪性荣研究小组"全国寺庙整编委员会"编：《全国佛刹道观总览·天上圣母·南区专辑》卷三，台湾桦林出版社1987年版，第15页。
④ 转引自刘序枫《明末清初的中日贸易与日本华侨社会》，台湾《人文及社会科学集刊》第11卷第3期。

有祭妈祖的道场，但主体是佛寺——伽蓝。

妈祖庙由道士来住持的也不在少数，如《宋会要辑稿》中称兴化道观张天师祠供妈祖与天师，妈祖与道教神祇共处一室接受信民香火。元代宋渤的《顺济庙记》中也有妈祖庙修道馆延请道师的记录："道馆翊其后，礼致道师黄德文奉岁时香火。"① 明代丘浚撰《天妃宫碑》中记载天妃宫由道士住持："京师旧有庙，在都城之巽隅大通桥之西，景泰辛未，住持道士丘然源援引南京例，请升为宫。"②

这些僧道修建住持妈祖庙的同时，必然对妈祖造像形式进行渗透和影响。众所周知，佛教和道教的造像同他们的建筑要统一，有许多精细的仪规。哪一殿堂配置什么神像，都有规定，不能随意篡改。对供像造型的服装、冠饰、姿态、仪容、手势、尺寸、比例等方面也皆有严格的模式。如佛教有"三十二相""八十种好"的仪规要求，并公布有专门的造像尺度书《造像量度经》。福建福清黄檗山万福寺住持隐元访问日本，看见日本的佛像，认为其"不甚如法"，违反了佛教和道教之规范，说明造像仪规之严格。道教也有"真人又不得散发、长耳、独角，并须戴芙蓉、飞云、元始等冠"，"左右二真皆供献或持经简，把诸香华，悉须恭肃，不得放诞手足，衣服偏斜"③ 等详细的规定。按照宋代郭若虚的理解就是："释门则有善巧方便之颜；道像必具修真度世之范。"④ 这都是对神灵图像的形制规范，以图像描绘来表现神灵的力量和庄严。

---

① 宋渤：《顺济庙记》，载蒋维锬编校《妈祖文献资料》，福建人民出版社1990年版，第22页。
② 丘浚：《天妃宫碑》，载蒋维锬编校《妈祖文献资料》，福建人民出版社1990年版，第74页。
③ 《洞玄灵宝三洞奉道科戒营始》，《道藏·太平部六卷》第24册，文物出版社、上海书店、天津古籍出版社1988年版，第741页。
④ 郭若虚：《图画见闻录》卷一，人民美术出版社1963年版，第9页。

民间神像的特点就是散漫无固定程序，一般没有统一的造像形制，基本上就是按照各地方民众的喜好和对神灵形象的理解来塑造的。如龙王庙的龙王像，有的如年龄较大、神情严肃的人间显贵，有的是龙头人身的怪诞形象。而且由于民间信仰封神的随意性，神灵大多男的封王称帝，女的封妃称后，所以神像衣着打扮多是与戏剧服装相似的冠帽袍服，又喜在神像帽上插花，身上加披风等，且面目多相似，很难识别，很多时候甚至要依据神像前面的神位牌才能辨识出是何方神灵。妈祖庙神像与其他民间信仰神像相比，其配置和形貌有比较固定的模式，如冠服较一致，神像的姿态和手势也比较相似，应该是受到佛教和道教造像严谨形制观念的影响。

人们由于对妈祖的信仰崇拜，创造了妈祖神像艺术。出色的神像本身具有艺术感染力，可以给了人们神圣与光明的启示，营造出妈祖信仰的神圣氛围。而高明的赞助人，能理解妈祖造像艺术的重要性，尊重造像师的艺术追求和对信仰的理解，共同创造出具有妈祖信仰精神的神像作品，为世间留下信仰文化瑰宝。

第二节
妈祖图像技艺的交流

福建地处中国东南一隅，远离中原文化中心。但从秦汉开始，中原移民带来的中原文化就深深扎根在八闽大地之上，其在宗教文化的接受上也是积极主动的。从东汉时期传入的道教及从三国时期传入的佛教等，都在福建扎根成长并长盛不衰。唐末、五代、宋元时期，福建民间信仰中展开热闹哄哄的造神运动。福建古田的临水夫人陈靖姑、莆田的吴圣仙妃吴兴之妹吴媛、仙游法主圣妃许氏，都是唐五代时民间供奉的女神。宋代祠祀颇滥，不论何种神祇，只要祈祷有所感应，皆得封赐，妈祖就是在这个时期被塑造出来的土生土长的神灵。之后，福建的民间信仰形成了众多的信仰神灵，出现了佛教和道教渗透混杂的宗教形态。妈祖信仰也出现由僧尼或道士参与管理庙宇和祭典主持的现象，无形中，佛教、道教的造像理论与形制观念对妈祖图像产生直接渗透。

神像的设立使神的观念进一步具象化，也使信仰的意识得以更具体的表达。古代许多名画家都画过神像：吴道子用变化丰富的"莼菜条"所创造出来"天衣飞扬，满壁风动"的"吴家样"，对后世人物图像创作影响很大，在绘画史上被尊为"画圣"，被民间画塑艺人奉之为"祖师"；"周家样"的创始人周昉所创的"秾丽丰肥"富有贵族气质的妇女形象也一直为后代所模仿；顾恺之人物线描、阎立本的历代帝王像都是后代神像造型的滥觞。

福建宗教信仰图像艺术基本属于中原图像文化的移植和发展。五代闽国时期，闽王王审知大力扶植佛教，大兴寺院建筑，仅福州府兴建的寺院就达219座，大批画工塑匠为寺观绘制壁画和塑造仙佛偶像，可惜由于频仍战乱和地理气候，至今没有留下任何痕迹，我们无从考证其造像风格。如今我们只能从建于五代后晋天福六年（941）的福州乌石山崇妙保圣坚牢石塔内外壁的佛龛佛像中，看到略带唐代遗风的丰满端庄形象，其线条流利、疏密有致的衣纹，粗犷古朴、富有绘画性的刀法，可以让人领略到当时闽中佛教造像和人物画的风貌，证实闽造像受中原造像的直接影响。

中国与亚洲其他国家在造像艺术技艺上的交往历史已久。早在17世纪，明代僧人逸然（1601—1668）东渡日本，移居长崎，善于绘制佛画、人物画的逸然吸引了许多日本人拜其门下，学习中国绘画技艺，并因此产生了长崎画派。18世纪初，有一些擅长绘画的商人来到日本，卖画授徒，如清商人伊孚九带了宋元画法，沈南苹带去明代院体画画法等，还有高钧、陈贤、陈元兴等。日本也有不少画家来中国学习绘画技艺。如日本著名画僧雪舟曾随遣明使到中国，学习中国绘画，其画艺精湛，甚至得到明宪宗的赞美肯定。17世纪，中国画家孟冰光来到朝鲜，在朝鲜居住四年期间，有些朝鲜画家拜其门下学习。朝鲜画家金正喜也在19世纪中期来华，与中国文人画家交往，切磋画艺，其画风深受扬州画派的影响。

中国台湾信仰文化是从大陆移植过去的，台湾庙宇供奉的神明，追溯起来都是来源于大陆。台湾本土制作的第一、第二代神像皆出自唐山师傅之手，而本土制作的神像亦承袭来自唐山师傅技艺，代代相传，延续至今。由于地理之便，福建师傅经常赴台制作神像，对台湾神像制作的影响广泛而深远。目前中国台湾神像雕刻工艺比较集中的地区为台南、台北、高雄、鹿港一带。（图6-2-1至图6-2-4）据王嵩先生调查研究指出，台湾的雕刻师傅几乎全部来自福建的漳、泉、福三州的后裔，或者追溯其祖

图 6-2-1　台湾台北龙山寺附近神像店 　　　图 6-2-2　台湾高雄凤山神像店

图 6-2-3　台湾鹿港神像店 　　　　　　　　图 6-2-4　台湾台南神像店

师必是来自这三个地方。①

　　福建的神像制作工艺历来十分发达，形成以福州、莆仙和泉州为主的几个民间神像制作区域。福州"龙眼木雕"自清代乾隆年间孔氏始创，历经嘉庆、道光时期的发展，涌现出众多高手，在清末出现了"黄杨木雕"新品种。由于福州木雕工艺精湛，因此在台湾的神像雕刻中影响很大。早期台湾的妈祖造像多为福州师傅所造。福州师傅制作的神像形体较大，制

---

① 参见王嵩山《神像、信仰、仪式——兼论台湾木雕的保存、维护、发扬、更新的理念》，《中国民间传统技艺与艺能调查研究第三年报告》，教育管理部门委托台湾大学人学系调查，1981—1983年，第113页。

作工期较短，又造型精美，很受人们欢迎。在台北、台南、嘉义、北港、彰化等地，俱留下福州师傅精湛的神像作品。陈俊柽生于1894年，系福州大坂流派创始人柯传钟师傅的高徒，他擅长木雕、泥塑、脱胎佛像。赴台后，他制作了很多佛像工艺品，在当地很受追捧。此外，较有影响的福建民间艺人还有林发本、林邦铨、林福清、陈禄君等，他们给台湾留下了许多传世木雕神像。[①]

泉州素有"东南佛国"之称，佛像制作工艺历史悠久，著名神像店有"西来意""西方国""西明国""西藏国""西化天""西竹轩""小西天"等。明代的何朝宗瓷塑、王弼的泥塑出神入化，名扬一时。清代更是名家辈出，出现了许陋司、黄友泽、姚松林、马裳棣等神像制作艺人。民国时詹鸣皋、蔡尚、鲍虞皆等，现代詹振辉、王静远等皆是名家。泉州神像工艺精巧，擅长用陶粉末配上大漆和油，搓揉成细如毫发的漆线，以漆线装饰神像，形成独特风格。闽南神像雕刻师傅技艺精湛，台湾各地妈祖庙争先聘请。台北县新庄慈佑宫中大大小小的神像都是请泉州师傅制作的，其中制作于清代康熙年间的一尊妈祖像，造型端庄大方、神态慈祥和善，具有很高的艺术价值。台南大天后宫的镇殿妈祖像亦是泉州师傅的杰作。2004年台南大天后宫镇殿神像发生塌倒，在对其进行维修的过程中，发现神像腹内有三块小石碑，其中一块刻着："道光元年天上圣母宝像，泉郡晋水陈成居敬造。"泉郡晋水，即现在的福建晋江，证实了这尊妈祖像的制作者为福建泉州神像匠师。鹿港天后宫（旧祖宫）的"镇殿二妈"为同治年间泉州"西来国"神像匠师连来赴台制作的软身妈祖。1913年，鹿港天

[①] 参见陈扬富主编《福州工艺美术》，海峡书局2010年版，第68页。

后宫从福建泉州聘请名雕刻师连咏川来台湾，为鹿港天后宫重新修补原有妈祖神像，并且新刻33尊妈祖圣像。泉州闽台缘博物馆至今还珍藏着一张当时连咏川赴台雕刻妈祖像的工资清单："兹将支出诸费并列于左。一开泉郡师阜（傅）重修金身及新雕，计大小三十座，去工资金壹千伍佰六十六円四拾钱

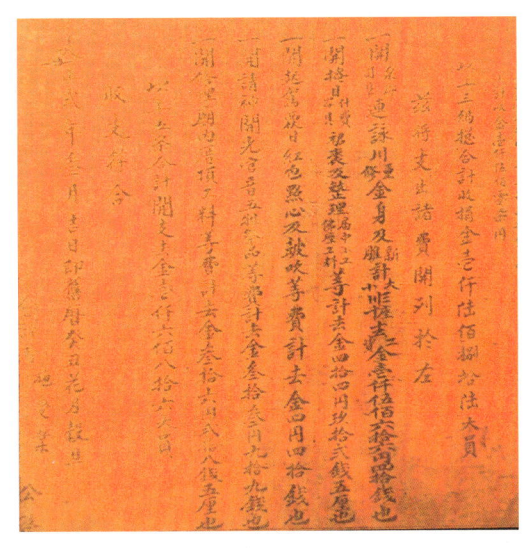

图6-2-5 鹿港天后宫收藏的1913年收支清单中有泉州师傅连咏川赴台雕像的记录

也……大正式年叁月吉日即旧历癸丑花月谷旦。"（图6-2-5）据鹿港人王嘉祖老先生口述，日据时期鹿港旧祖宫曾有一次重修，特从唐山聘来雕刻师傅，常住庙中雕刻神像。因来鹿港旧祖宫分香的外地宫庙太多，神像供不应求，因此常托泉州的神像店帮忙制作。[1]

不仅如此，福建匠师还在台湾定居，开设神像店，收徒授艺。根据台湾日据时期的工商年鉴资料可以知道，当时的台南神像店有福州派的"人乐轩"，泉州派的"西佛国""西方国""来佛国"等。[2]如福州派匠师在台南市民权路开设"和成轩""人乐轩""金佛轩"等，广收学徒。"人乐

---

[1] 参见林文豪主编《海内外学人论妈祖》，中国社会科学出版社1992年版，第238页。
[2] 参见吴有松《台湾妆佛工艺的先驱——府城的神像创作者》，《传统艺术》2002年6月。

轩"的创始人林亨琛，1896年生于福州，1927年始至台南开设神像店。"二战"后，林亨琛回福州，后又回台南重新开业。他在台湾收授了很多徒弟，现在台南民权路一带的神像店多为林亨琛徒弟所开设。林福清，1890年生于福州，在台湾有着"木雕佛像状元"的称誉。他到台湾传艺，广纳当地学徒，培养了如新竹的彭木泉、基隆的陈连紫等众多高徒，为台湾本土神像工艺的发展做出了很大的贡献。台北龙山寺附近正龙山的神像店是龙山寺附近第一家开业的神像店，已有百年以上的历史，现任董事长李子勇是福州匠师在台湾开展佛具工匠事业的第七代传承人。

泉州派在台湾也开设了很多神像店，如在台南市神农街开设的"西佛国"店，在台南民权路开设的"来佛国""承西国"店等。其中"来佛国"是唐山师傅在台南开设的第一家佛像店，创始人泉州师傅蔡四海在清道光年间为台南大天后宫重修了镇殿妈祖像。"西佛国"代表匠师为蔡义培、蔡心，"承西国"代表匠师为陈达，"西方国"代表匠师为庄和。泉州派匠艺大多是家族传授，有部分泉州师傅选择留居台湾并将手艺传于后人。至今很多泉派匠师后裔扎根台湾，兢兢业业承袭祖业。如"承西国"传承人为陈纹锋、陈威廷，"来佛国"的传承人为蔡金永。也有一些泉州师傅收授台湾当地学徒，如鹿港佛像最负盛名的"神刀"施礼，其师傅为泉州匠师"凤勾师"。

莆田神佛造像雕塑高手云集，其中以城厢的廖明山及其传人、游桥的游伯环最为出名。廖明山的雕工超群，甚至能在方寸木料上做多层镂刻，人物、花卉栩栩如生。其子廖熙等五兄弟继承家学，均是雕刻高手，备受世人称赞。游伯环则精于紫檀人物雕刻，手法精湛，苍古有劲。莆仙两地自古是绘画之乡，书画家辈出，名家高手灿若繁星。《莆画录》中所载明清时代莆田著名画家就有80余人，包括名扬海内外的李在、吴彬、曾鲸、黄巻、戴昂、杨津、杨舟等，他们均是擅长人物故事、仙佛、肖像和仕女画的名家。至清末民初，李霞与李耕在本地人物画传统的基础上又汲取清初闽西画坛上官周、华嵒、黄慎等名家的人物画技法，脱颖而出，自成一家，加上有其高足黄羲等一批追随者，形成了影响深远的地方性画派，称"仙游画派"。作为妈祖故乡的莆田，在现代与台湾雕刻神像工艺进行频繁交往。莆田神像工艺精湛，价钱与台湾相比却低廉得多，吸引了不少来湄洲朝圣的台湾信徒，他们纷纷邀请莆田神像工艺师为他们设计和制作各种妈祖神像，以供祀奉或收藏。近年来，闽台之间妈祖神像艺术交流更是源源不断，例如：1995年郑福焰为台北士林妈祖宫制作高6.8米、宽11.3米的大型红木组雕《妈祖故事》围屏；2003年，陈宝如为台南南圣官制作铜雕《妈祖圣迹图》；2006年10月，朱伯雄为台中县丰原镇清官创作并安装高15米的立式石雕妈祖一尊，等等。台湾工艺师也看好大陆的制作工艺，纷纷来大陆办厂。如台湾苗栗三益雕刻家陈进财，1989年来莆田办木雕厂，多次参加大陆工艺美术协会举办的交流活动；台湾神像雕刻家吴进生在莆田涵江与典雅工艺厂合作，创作了大量的宗教作品；台北翁毕祥，1993年来仙游赖店创办公司制作宗教造像；台湾宜兰设立的6米高铜雕妈祖室外立像，亦是由他在仙游赖店工厂加工制造的。我们深切地认识到，一个人或一个族群是不能也无法与曾经孕育其成长的历史文化截然隔绝的。近年来闽台妈祖信仰艺术交流频繁，对闽台地区的艺术发展及整个社会的文化发展都是非常重要的。妈祖造型艺术在当代社会和文化中兴重建时扮演历史前进的推手，妈祖信仰艺术的交流使两岸人民更加紧密、亲近。

第三节
妈祖图像工艺的传承

造像师是图像直接的创造者。每个神像造像师都有自己的工作范围。如木雕神像师，根据工种不同分为大匠师、打坯师、磨光师、彩绘师等。其中大匠师的工作最为重要，他们要决定制作神像的尺寸与施工程序。除此之外，他们还必须非常了解神像的设置方式与配祀方式，能根据神殿的供奉空间准确估算出神像的位置及大小，有的大匠师还要兼做简单的神像造型设计。神像的图式大多是通过师徒关系传承下来的。闽地匠师所用测量尺寸的工具仍为鲁班尺。早期的匠师一般都未受过良好的文化教育，因家贫少年就拜师学艺。

妈祖图像作为民间信仰艺术，具有一定的因袭性和文化的传承功能。在样式上，民间工匠往往秉承前代的样式，不做大的更改，使传统造型得以持久流传。如今传统手工艺的妈祖图像，渐临后继乏人、技艺失传的尴尬处境。

现今台湾的神像雕刻主要传承泉州和福州两派的造型工法。其中以泉州派工法较普遍，其成为台湾神像木雕工艺的主流。

雕刻技艺的传承，一般是通过师徒传授。而泉州派的雕刻技艺传授与其他派系的工坊式授徒方式不同，仅在家族间授艺承传，"技艺传承以家族关系为最先考虑条件，一般来说，是以父传子为正统，若无子，则以传侄为次等考虑"。授艺也是极其认真严格，其传授内容与方式是"经由传统口授心传方式",阐释"中国传统的神像造型与神话传说,仪式规则及其内在意义","学习神像雕刻的过程通常是由认识木头的种类、特性开始,再熟悉刀法"。学徒"除先学习磨刀外,还要不停地练习使用工具,直至收放自如,并学习修光、粉饰开眼等,然后观摩各种神像的特色、造型;学习构图——在木材上'量绘'神像的身体比例,并要熟知各种典故,以免配置不当;再来便是学习雕刻'粗坯',能学至此,技艺便学成了。而一般学习年限为三年四个月"[①]。

如此漫长的学习时间,耗时耗力,非常辛苦。学徒必须有耐心,长期坚持才能成功。加上神像制作过程繁杂,工艺难度较大,急功近利的现代年轻人不愿意花如此长的时间与精力去学习一样工艺,往往学了一招半式便急于自立门户,然功夫经不起考验,在市场上难以生存。所以,妈祖神像制作传统工艺如今就面临无人传承、逐渐没落的困境。

大陆妈祖造像技艺的传承也是不容乐观的。妈祖故乡莆田以造像工艺高超而驰名,历代擅长装饰雕刻神像的艺人很多。20世纪初活跃在民间的名匠如朱榜首、陈仙阁等人,以著名画匠刘永麟的画稿为样,糅入仙游李霞、李耕等人的人物画意蕴,创作圆雕人物造型,风格独特。涵江区梧塘镇九峰村的方氏,以精致雕刻的佛像和妈祖像远播海内外。莆田传统神像雕刻的工艺的艺术价值主要表现在精细、严谨的工艺流程方面。"斧子功"是莆田木雕较具特色的传统技法。在雕刻时经常使用中、小两种特制斧头。中斧头因为重量大、速度快、力度强,主要用于打粗坯阶段,讲究稳、准、快,做大面积的块面切割,劈出神像大体轮廓;小斧头用于局部

[①] 林恩显:《民间技艺人才与民族艺术传承研究报告》,台湾政治大学1990年版,第65—68页。

修坯阶段，可以对人物衣纹、脸部五官等部位起定位作用。用了斧子功之后，还要用凿子凿中坯进行局部调整，凿出细坯，定位细部，交代人物神态、服饰、须发等细节部分。再就是"修光功"，莆田木雕界有一句行话叫"打坯不足修光补"。修光次序讲究削、剔、抠、刮等技法，追求"柔、顺、薄、飘、灵"等效果。修面是整体修光中最关键的一道程序。人物面部修光不仅涉及五官及毛发的结构排列，更重要的是通过五官肌骨及毛发的变化，表现人物情感，使作品的神态在修光刻画中栩栩如生。最后一道工序是用木贼草磨光、菠草（砂草）擦光，做表面的上蜡推光、髹漆推光、上化学漆、彩绘贴金装饰。这些基本功都需要学徒花时间与精力认真学习。

莆田神像雕刻工艺的传承主要还是父子、师徒的传授模式。

新一辈雕刻工艺师如方文桃、闵国霖、佘国平等都接受过较为严格的学院雕塑专业训练，对形体、结构、比例等把握熟练，有扎实的造型能力，又有对传统工艺精神的理解，所以造就了神像雕刻的一个新的辉煌。他们制作的妈祖造像既符合严格的造型标准，又能准确把握妈祖的神态气

图 6-3-1 李凤荣妈祖木雕作品

图 6-3-2　余黎明妈祖像作品　　　　图 6-3-3　朱伯英妈祖像作品

质，有很强的艺术性。（图 6-3-1 至图 6-3-3）

但传统神像雕刻也面临传承断层的尴尬。面对传统技艺濒临失传、人才日益凋零的现状，工艺师余黎明忧心忡忡地说："现在为经济问题，还有真心想学的人。但现在的人很浮躁，有的学一半观念就改变了，去赚钱了。当年跟我们一起学的，后来改行的人太多。现在聘请一个月一万元工资的人找不到几个。对这个行业担忧，后继没人。繁荣的是商业化的，去研究的没几个。以前老艺人的技术是几代传下来的，没有追求名利，现在做半代就断掉了。"[①] 浮躁的学艺心理，无法深刻体味传统造像工艺的精髓，

---

① 若水：《莆田的佛像艺术：余黎明先生专访》，转自 www.fjdh.com/wumin/2010/04/ 225231108593. html。

自然也无法造就妈祖造像工艺新一代的辉煌。

雕塑神像传统工艺的传承遭遇如此困境让人忧心,其他信仰造像如壁梁绘画等传承现状更不容乐观。能在墙壁、梁枋上绘制图像,要求师傅有一定的传统绘画功底,勤摹各种传统画谱,一般的油漆工是无法胜任的。以前,壁梁绘画一般是由比较能了解传统民间绘画文化的专业画师来担任。现在,有绘画功底的画师畏惧画壁的苦累,都沉溺于传统文人水墨画中。壁梁绘画在福建民间俗称"爬壁",意为很艰难的累活。试想,在酷暑寒冬高空攀桌爬梁,是多恶劣的绘画环境。所以西方画家如米开朗琪罗之类,也以画壁为耻,一再拒绝。现在那些接受过绘画训练,有一定笔墨功夫的现代年轻人都不愿意做画壁绘梁的事。

一种文化之所以能够稳定地延续发展,文化生产和再生产的形式起着积极作用。目前最大的影响因素是严格的师徒相传的传统产生变化,再有就是外来的艺术影响与新材料的干扰,造成传统工艺传承之危机。如何传承传统艺术匠师的造像工艺,如何防止这个文化的断层和终止,使妈祖造像艺术保持原有的活泼生命力,成为闽台两地共同的难题。现在闽台两地都开始重视神像雕刻传统工艺的传承延续问题,并开始做抢救工作。在这方面,台湾先行一步,取得了一定的成绩。

早在1964年,台湾艺术专科院校就聘请神像制作师傅黄龟理担任木雕教师。黄师傅曾经制作过台湾虎尾麦寮拱范宫镇殿妈祖,以及罗丹妈祖宫、东港妈祖宫等的千里眼和顺风耳等作品,其作品造型优美,气势雄伟壮观,深受好评。[1]1986年,台湾彰化县立文化中心还举办过"神像雕刻

---

[1] 参见林恩显《民间技艺人才与民族艺术传承研究报告》,台湾政治大学1990年版,第116—117页。

训练班",请鹿港的神像雕刻师吴清波先生任教。[①]吴清波先生作为鹿港小西天神像雕刻铺的第五代传人,其神像雕刻以泉州派手法闻名,雕工、造形、漆线、纹饰、色泽皆具闽南工艺特色。传统匠师的口传手教,培养了青年人对传统艺术的兴趣。相关机构还制定了《重要民族艺术艺师遴聘办法》《民族艺术训练机构设置办法》等,希望以此维护民俗技艺的薪火传承不熄。

大陆方面,现在莆田也在大力发展工艺雕刻,在莆田荔城区黄石横塘建立了一个规模庞大的工艺城。工艺城交通便捷,是内陆前往湄洲岛朝拜妈祖的必经之地。工艺城附近一带,有悠久的工艺雕刻制作传统,历代出现不少雕刻工艺名家,如佘文科(1918—1994),涵江镇前村人,从小拜师学艺,练就一手好雕功,创作了大量优秀的木雕作品。1976年,佘师傅被福建省工艺美术学校聘为木雕教师,专门传授传统木雕工艺,培养了大批优秀的工艺师。近年来大陆也开始重视传统造像工艺的传承与发展,如莆田工艺城每年举办雕刻工艺大赛,旨在鼓励年轻一代学习传统工艺,挖掘传承人才。

[①] 参见庄伯和《台湾民艺造型》,台湾艺术家出版社1994年版,第95页。

第四节
妈祖图像艺术的保护

妈祖信仰历史悠久，其造像文化底蕴深厚，艺术品丰富。这些妈祖造像历经无数次风雨水火，见证了闽台两岸人民勇于拼搏的历史里程。这些妈祖造像承载着民间朴实可贵的审美文化，是中华辉煌文化的组成部分。

20世纪六七十年代，大陆妈祖信仰曾一度被打入"地下"，各地妈祖庙也惨遭厄运，或被当作他用，或被拆毁，神像除了被信众藏匿起来的之外，几乎全部被破坏。改革开放以后，妈祖信仰重新得到认可，许多妈祖宫庙特别是沿海的妈祖庙也随即得以重修或复建。现存的古庙大多被列为文物保护单位。如湄洲妈祖祖庙、泉州天后宫、西陂天后宫俱被列为国家级文物保护单位，被列为省级、县市级文物保护单位的更是数不胜数。台湾于1997年5月14日公告的古迹有296处，分一、二、三等级，与妈祖信仰有关的古迹有21处，其中一级2处，二级2处，三级17处。这些都说明了两岸对妈祖信仰文物的重视。

应引起重视的是，除了上述人为的破坏之外，还有其他因素的破坏。一种是自然的破坏。一方面，时间为神像增添了一份古老沧桑美，神殿中经年累月缭绕的烟雾使神像蒙上了一层岁月积淀的凝重美。但是另一方面，时间也有巨大的破坏力。大部分妈祖神像为木制或泥塑，经历了年代风霜，很多造像材料已经老化，导致神像塌毁的事件时有发生。更为棘手的是妈祖圣迹壁画的保护问题。墙壁上供作壁画的白灰层本来就很薄、很脆弱，加上受熏受潮，很多名家绘制的壁画都已进入垂老期：有的色彩掉落，露出白壁；有的是壁面鼓泡，时有剥落之虞；也有的被香火熏成黑黝黝一片，不经清洗几乎难辨内容。如图6-4-1所示的台南天后宫正殿壁画《武穆精忠》（1976年丁清石所绘）：图A壁面左边部分发生脱落，主要人物还较完整；图B壁面剥落面积已近半幅，但依然可以辨析出人物情节；图C彩绘脱落已经超过画幅的三分之二，整幅壁画除了中间的一部分人物隐约可辨，其余的已全部剥落。再过几年，这面墙体上可能就觅不到一根墨线了。

另外，人为的破坏还在继续。妈祖信仰中有一些古老的神像是不可多得的珍贵文物，但至今还作为一般的神像供奉在宫庙中，香火不断，接受信民的叩拜，没有丝毫文物保护措施。近年来，由于社会经济发展，民间财力较充足，不少妈祖庙进行翻盖重修，有的出于显耀和攀比心理，将妈祖庙盖得如暴发户的楼房，外观雄伟有余，内部像设空间则严重不足。神龛内的神像过多，塑像又穿着层层厚重的蟒袍，密不通风，再加上烟火熏烘，造成造像材料强度减弱而损坏。有的不注意造像表面的清理工作，造成遍体尘埃，白蚁蛀蚀。神像上出现的裂纹只是简单地加涂新漆、贴新箔来应付，结果是治标不治本。有时还发展为集体式的破坏行为。如台湾彰化县芬园乡宝藏寺正殿供奉了一尊有350年以上历史的木雕妈祖神像，因为被传说神像身体有帮民众治病的功效，民众纷纷跑去刮下神像的木屑当药引。日久天长，妈祖神像底部被挖出一个大洞，原来重量有18台斤（约10.8千克）的妈祖神像现在只有15台斤（约9千克）。人类在对信仰的坚守中，盲目地参与了破坏，使得对圣像的"崇拜"（icoodulism）演变为对圣像的"破坏"（iconoclast）。壁画更容易遭到人为的破坏。有些地方如长汀县濯田镇桥头的妈祖庙，有关调查者曾见有精美的妈祖壁画，但仅过了半年时间，此壁画已被人为破坏。仙游枫亭灵慈庙，庑廊两墙壁上

252　妈祖图像审美文化研究

A. 2002 年摄

B. 2005 年摄

C. 2010 年摄

图 6-4-1　台南大天后宫壁画近几年风化破坏变化图

图 6-4-2　有两段不同绘画风格的福建仙游枫亭灵慈庙壁画

有 56 幅从妈祖出世至济民降妖的圣迹图，每幅为 60 厘米见方，为 1880 年绘制，不但历史较早，而且保存了许多民间传说，有较高的文物价值。"文革"期间，灵慈庙被当作仓库，壁画下半部分被严重破坏。20 世纪 80 年代时，该庙请当地画师重新对壁画做修饰和残缺部分补绘。由于缺少文物保护意识，全凭画师随意处理，又遭受一次新的破坏。所以，上半部分壁画大部分保留了原壁画古朴的造型和艳丽的岩彩色泽，而下半部分则是截然不同的现代水墨风格。（图 6-4-2）如此崇拜成为破坏，不能不说是一个遗憾。

台南市大天后宫镇殿妈祖像已经有三百多年的历史。妈祖神像是倚座姿态，冕垂九旒，冠顶配九龙二凤，双手持笏，总高约一丈八尺（约 4.5 米），雄伟壮观。依庙方考证，这尊妈祖像是在康熙二十三年（1684）建庙时一并塑造的。神像脸庞圆润、丰颐厚颊，上眼皮较厚，眼珠镶嵌玻璃，目光炯炯，唇形较方，雍容华贵中流露出一些威严。这尊妈祖像不但

图 6-4-3　台湾台南大天后宫镇殿妈祖像修复前后

经历了自然的破坏，也遭受了人为的伤害。神像外表虽是泥塑，内部主体框架为木质。随着时间流逝，内部杉木骨架遭受白蚁的侵蚀，日益腐朽老化，神像颈部的木料长时间受百来斤头部的重压，没有及时维修，终于在2004年发生断裂，导致发生神像断头的严重后果。对神像翻修时，翻修者没有注意恢复原貌和修旧如旧，最终失去古物原貌。我们可以从图6-4-3中三幅图看出：左图为翻修前的妈祖神像，被烟火熏黑了的脸庞丰硕如满月，眼半垂敛，鼻圆如蒜，嘴角含笑，散发着一股朴实、仁慈的韵味；中图为才修复后的神像，神态变样了；右图为被二次整理上两层金粉后的神像，眉毛被仔细描过，嘴唇也被修饰成棱角分明的朱唇，完全丧失了以前古拙、仁厚的神韵。翻修后的妈祖神像摇身变为养尊处优、趾高气扬的霸气贵妇人。神像及时维修有利于神像的牢固持久，但神像的维修要对神像原先的材料、制作工艺、流程等有详细的分析了解，还必须尽量保持神像的神韵。否则看似重视妈祖信仰，实际也对妈祖信仰艺术造成很大的破坏。为此，台湾有关专家大声呼吁"当今古迹维护施工权尽归建筑学界和营造厂商，从二者联手一把抓的事实观察，则毋庸讳言，长年来以理所当然的心态，并短视古迹维护仅为大木结构整建工程的结果，基本上，已危害到传统民间美术工艺的传承及良性发展的严重性，可以说已到恶劣至极的态度。"[1]如何树立现代科学意义上的文物与维修保护观念，保护这些珍贵的图像艺术，使现代与传统之间进行很好的沟通，这已成了妈祖造像文化时不我待的紧迫任务。观念认识的改变才能带动行动。令人稍稍欣慰的是，两岸已经意识到信仰图像文物保护的重要性，并出台了一些相关的规定。譬如，中国在1982年、2002年两次修订了《中华人民共和国文物保护法》，于1990年设立中国文物保护基金会，积极投入信仰文物的抢救、保护工作中。两岸都认识到对妈祖神像文物保护的重要性，并采取了相应的措施，也都从中积累了一定的经验，可供互相学习。

图6-4-4 莆田荔城区文峰宫的宋代妈祖像

莆田荔城区文峰宫的宋代妈祖像（图6-4-4）至今已经有八百多年的历史了。为了保护这尊既古老又有艺术性的神像，庙方特地在大殿的左侧

---

[1] 李奕兴：《鹿港天后宫彩绘》，台湾凌汉出版社1998年版，第13页。

另辟一神室安置神像并设置了保护铁栏，平时这间神室的门是严锁着的，不对外开放，只有特殊的日子才供信众瞻仰。这样既维持了神像的供奉功能，又起了保护作用。平时只有庙方管理人员按时进去更换供品，有效地隔绝了烟火的熏烤，并对室内的温度、湿度都做了精心的调控设计，尽量避免神像因温度和湿度的变化而木质开裂和油彩剥落，创造最适宜神像保存的环境，科学有效地保护了神像。庙祝给笔者特殊照顾让笔者进去近距离瞻仰了这尊神像。虽然之前在图册照片中早已见识了她的风采，但在柔和灯光笼罩下亲眼看到神像真身时，笔者内心还是受到震撼，感动不已。沧桑岁月使神像衣裙褪去昔日鲜艳的彩饰，但无法磨灭神像睿智而深邃的眼神；磨去了额头的粉彩，但磨拭不了嘴角荡漾的笑意。古人精湛的造像技艺使我们无法不被折服。在对妈祖文物保护方面，台湾也做了很多努力。为了抢救珍贵的彩绘壁画，台南大天后宫管理委员会委请台南艺术大学古物研究所教授林春美带领研究团队展开彩绘壁画受损现况调查，着手抢救彩绘壁画工作。其抢救工作符合现今国际修复古迹的原则，修复材料的选取具有"可逆性"，亦即材料施用后能容易去除，若发现材料不适用于此，不会因不可去除而造成二次伤害。全色处理时留下痕迹，使其具有"可辨识性"，清楚了解哪些是经过修复的部分，哪些是壁画原作，不会有造假伪作之虞。修复的部分远看可和原壁画融为一体，近看可观察出与原作不同之处。

　　图像文物是我们对历史记忆的浓缩，如何抵制人为的破坏和拙劣的修复，让图像文物能在闽台大地长期存留，不但要在思想上达成共识，更要付诸行动。因此，对图像文物的保护与修复应是一个备受关注的话题和一项任重道远的事业。闽台两地在妈祖图像文物的保护与修复方面各有所长，两地应该携起手来，共同维护图像，共同维护图像的历史完整性。

第七章 文化交流下妈祖图像的演变

第一节
妈祖图像模式化与权威地位的确立

作为信仰艺术的具象载体，妈祖图像不同于普通图像，其创作受到信仰文化、传统审美文化特殊性的限制。而宗教美术图像所具有的象征性决定了图像制作必有一定的程序规范。黑格尔说，象征首先是一种符号。只有重复的图像信息，才能在人们的视觉经验积累中形成符号，并产生象征联想。"象征所要使人意识到的却不应是它本身那样一个具体的个别事物，而是它所暗示的普遍性的意义。"[①] 视觉上的程序化与重复，才能产生普遍性的象征意义，从而更容易被理解。因此，模式化与程序化的信仰图像更容易被信众与社会接受。

一、图像模式的合法性

清代，妈祖信仰在全国影响越来越大，统治阶级为了利用信仰来收服人心，把妈祖纳入官方信奉的神灵系统。清雍正十一年（1733），朝廷大规模推行在全国县以上地方设置妈祖庙，供奉妈祖神像并春秋致祭。据民国

---

① ［德］黑格尔：《美学》第二卷，朱光潜译，商务印书馆1997年版，第10页。

《福建新通志》中记载，福建内地大多天后宫就是在雍正年间建造的。清代嘉庆帝甚至想在皇宫御园内建河神祠，专门供奉妈祖等神，特地下谕，命两江总督百龄到清江惠济祠查明奉神规制作模仿。完成任务后的两江总督百龄在嘉庆十七年（1812）八月初四上奏折汇报中说："将惠济龙神庙殿宇层数基址丈尺详细查开绘图贴说，附报呈览，以便仿照建盖以妥。神灵庙内如系书写神牌即遵前旨将封号字样敬录陈奏；若神位或系塑像，该督并即遴选工绘事者敬谨摹绘，装裱进呈。将来庙宇落成，庶可虔诚供奉也。"[①]

看来，就连官方祀神亦是讲究规制和模式的，不能凭空想象。不但建筑要有一定的模式，神像也要遵照一定的要求。清江惠济祠位于江苏清江浦，为南北水陆交通要道，清代特在该地设河道总督。祠中供奉天后，因屡有显应上报，备受朝廷重视，是当时重要的妈祖庙。朝廷之所以会选择清江惠济祠中的神像作为宫中供奉妈祖像的范本，说明清代妈祖信仰图像的模式化与规范化已是一种普遍性的存在。妈祖图像模式能被代代传承下来，其中重要原因就是得到了皇权的支持，使图像具有了合法性。

二、图像模式的权威性

妈祖信仰发展与传播需要对妈祖图像进行调整和组合，形成规范模式，并将模式加以固定与推广。湄洲妈祖祖庙作为妈祖信仰的中心，供奉的妈祖神像自然是众多妈祖庙的仿照对象，成了图像模式的权威。原湄洲妈祖神像在"文革"中已经被毁，还好新加坡侨胞朱光地捐赠给中华妈祖

[①] 《清代妈祖档案史料汇编》，中国档案出版社2003年版，第21页。

图 7-1-1　湄洲妈祖祖庙妈祖神像旧照

文化研究院的历史照片"湄洲祖庙圣母玉照"(图 7-1-1)为我们提供了可寻觅的记录。据藏者叙述,此照片拍摄于湄洲祖庙被毁前的三四十年,即 20 世纪二三十年代。照片上,妈祖神像端坐于神龛中间,头戴九旒冕冠,身着圆领袍服,双手朝天持圭,为天后装束,应为康熙年间封天后之后所塑。两边的侍女为女官打扮,疑原为双手执扇,但两女手俱断失,羽扇也不知所在。安置神像的神龛虽然雕板犹在,但并无帏帐装饰,简陋不堪。圣像前供炉内也是香火零落。这与当时湄洲妈祖信仰处境一致[①],拍照年代应该不假。神像前的牌位刻着"敕封护国庇民妙灵昭应弘仁普济天妃"。按康熙《大清会典》记载,康熙十九年(1680),朝廷敕封妈祖为

[①] 妈祖信仰从清末废庙运动中受挫,之后又在孙中山与陈独秀的打破偶像运动中遭受了巨大的打击,1929年虽经国民政府批准予以全国保护,仍日趋衰落。1916年4月15日,《台湾日日新报》中说,"是庙年湮代远,栋宇倾颓"。

"护国庇民妙灵昭应弘仁普济天妃"。所以照片中古老的妈祖神像应是在这之后制作的,但具体是什么时候,至今还是一个谜。

我们试从文献中寻求答案。历史上对湄洲妈祖神像制作的文字记录只有一条,《天后显圣录》中描述洪武七年(1374)泉州卫指挥周坐领战船,海上哨捕遇险,得到妈祖庇护,回来后"乃运木赴湄屿修整宫殿……复塑宝像,制旗鼓,延途鼓吹送至庙"[①]。但照片中妈祖造型明显为清代天后装束,不该是明代作品。还有一种可能是神像是在之后某次重建中制作的。查翻湄洲祖庙的历史记录,较近的只有康熙时期的一次重建。"湄洲在莆田东南七十里海中,旧有天后宫,神故居地。庙创于宋,至我朝康熙间重建,厥后屡有修葺。"[②]清建立后,为了切断据台明郑部队的内地供给,顺治十八年(1661)颁布"迁界令":"着沿海居民搬入离海二十里内居住。"[③]兴化府莆田、仙游二县和沿海所有岛屿都被划为界外。大规模的迁界移民使福建沿海很多妈祖庙被迫遗弃或遭焚毁。被划在界外的莆田沿海各地妈祖庙,如忠门港里天后祖祠、平海天后宫等全被拆毁。湄洲祖庙是否也遭拆毁,文献中无记录。但多处记录祖庙于康熙年间重建,如雍正十一年(1733)六月二十七日闽督郝玉麟等奏折上称康熙帝"敕建神祠于原籍莆田县湄洲地方"[④]。一般情况下庙毁像必毁,庙重建像也重塑。照片中的这尊妈祖像,应该是康熙年间重塑的。

由日本长崎地方长官中川忠英主持的,出版于1799年的《清俗纪

---

① 蒋维锬等编纂:《妈祖文献史料汇编·著录卷》,中国档案出版社2009年版,第265页。
② 何璟:《重修莆田县湄洲天后宫碑记》,现藏于湄洲妈祖祖庙。
③ 陈鸿:《莆变小乘》,载朱维干《福建史稿》下册,福建教育出版社2007年版,第341页。
④ 《清代妈祖档案史料汇编》,中国档案出版社2003年版,第41页。

闻》书中有《天后圣母像》(图7-1-2)，并如此描述："前左赤鬼黄裙蓝裤，右青鬼粉裙绿裤。圣母衣暗绿色，金冠。"①图中的妈祖身材匀称，面貌清秀，持圭而坐，可以把它看作当时供奉妈祖像的一种普遍性图像形式。重刊于雍正三年（1725）的《天后显圣录》书首的湄洲妈祖像与《清俗纪闻》中的妈祖图像如出一辙，只不过多了所处场景顶上的宫殿屋檐及帷幕，说明《清俗纪闻》中的图像是从当时流行的《天后显圣录》或相关书籍中模仿过来的。

图7-1-2 日本《清俗纪闻》中的《天后圣母像》

图片右上角有"天后圣母像"五字，并附有日本平假名注音，原书附言"附于右侧之平假名为唐音"，也就是以日本片假名标识当时流行于福建、浙江、江苏一带的日常官话。图中"天后圣母"四字的平假名读起来与今天普通话"天后圣母"有很大差距，更像是福建莆田一带"天上圣母"四字的发音。由此我们可以推断这幅天后圣母像应该是对莆田湄洲妈祖庙妈祖像的摹绘，同时也说明，18世纪中后期，妈祖已经被福建民间

---

① ［日］中川忠英：《清俗纪闻》，方克、孙玄龄译，中华书局2006年版，第512页。

敬称为"天上圣母"[①]。

不管朱光地先生所捐照片中的妈祖像造于何年，但其造型与《清俗纪闻》和《天后显圣录》中的妈祖图像应该说是同一模本，都是身材匀称、面貌俊秀的年轻女性，戴平顶冕冠，上面的九条旒串垂于额前，圆圆的脸上一团和气，甚至妈祖背后两名侍女的女官打扮与持扇的动作都是一样的。

这种具有权威性的图像模式直接影响了其他地方妈祖图像的制作。台湾北港朝天宫镇殿木雕妈祖像（图7-1-3），据庙方宫志记叙，是乾隆四十年（1775）修建新宫时，从湄洲妈祖庙请来的。这尊妈祖像与朱光地先生所捐照片中的康熙之后所塑湄洲妈祖像非常相似：头戴九旒冕冠，双手覆巾朝天持笏。冕冠的形状和博鬓精雕的纹样也相似，连面貌亦是如出一辙，都有较为集中的眉眼，宽厚的脸颊，微凸的下巴，仁慈雍容的神态。由此我们可以推断北港朝天宫妈祖图像是湄洲妈祖图像的仿照。此尊神像座椅后雕刻着一排文字："道光己酉年（1849）桂月泉城西天国小灵山陈希诚重修造。"仔细观察，我们还可以看出北港朝天宫镇殿木雕妈祖像的衣领为竖领状，与湄洲妈祖图像不同。另外，北港侍女的造型与动作也有很大的不同，左者拿瓶，右者捧炉，而不是执扇。看来各个地方在对图像模本仿照当中，亦根据自己的需求，对图像做了一些改动，可见妈祖图像的模式因袭并不是一成不变的简单的复制。妈祖图像的模本化是从两个方面进行的：一方面是在模仿中传承，另一方面是在模仿中改造。

台湾北港朝天宫这尊木雕妈祖像成为台湾当地妈祖图像的一个模本。

[①] 朱天认为道光以前是没有"天上圣母"这一神称，但从此图可见这个推断是不准确的。

图 7-1-3　北港朝天宫镇殿妈祖像

在台湾，北港朝天宫的分庙有三百多座，成为台湾妈祖信仰的主要庙宇。"北港朝天宫天上圣母，信奉遍及全岛……其像不足应迎请者之求，近该庙董事等，乃协议更雕刻数十尊，供有志者迎奉。闻定自出庙之日起每日征收金二元，将来即以此款置产业作该庙基本金，目下台南厅下打狗请得一尊，苓雅寮庄亦请一尊……"[①]这些从北港朝天宫迎神像回去供奉的庙宇，成为北港朝天宫的子庙，亦延续了其妈祖图像的模式。除此，台湾其他地区的一些妈祖庙，如台南善化庆安宫、海安宫、安海宫、善化安庆宫、西港庆安宫、屏东兴安宫、台北龙山寺（图 7-1-4）等的妈祖神像，

---

① 蒋维锬等辑纂：《妈祖文献史料汇编·史摘卷》，中国档案出版社 2009 年版，第 258 页。

图7-1-4 台北龙山寺妈祖像

皆是受了这种模本的影响。

三、图像模式的稳定性

在妈祖图像创造的过程中，产生了一些具有普遍性、代表性的图像模本。这些图像能被立为模本，一般是神像所在妈祖庙在信仰中具有重要地位。这些重要庙宇，信众在认可其在信仰上的重要地位的同时，也会接受和肯定其庙宇中妈祖神像的造型模式，并将这个图像模式运用在新造妈祖神像上，形成了造型上的模式化，使图像模式得以延续。人们仿照造这些图像，是因为他们觉得大庙的神像灵性强，更具有神圣性。所以一些历史悠久的大庙神像都成为各地纷纷仿照的对象。据泉州天后宫董事介绍，"文革"之前泉州天后宫的明末大型泥塑妈祖神像，高达二丈（约6.7米），造型美丽且淑端，吸引了不少妈祖庙管理者来参观学习，远在海峡对岸的台湾鹿港天后宫还专门派人前来参观。这些大型古庙的妈祖图像被模式化、固定化，并迅速在周边渗透、蔓延，形成了图式的稳定性。

当然，现代妈祖图像模式传播的过程中，也产生了一些新的审美造型，亦可以成为新的模本规范。福建妈祖信仰受"文革"冲击，20世纪80年代之后始恢复。在恢复妈祖信仰初期，能建庙塑像就可以了，图像各异，受模本的影响较小。妈祖图像模式较为简朴，大多由艺人根据以往对妈祖图像的模糊印象再加上个人想法来进行创造，所以图像的形式非常自由多样。面貌特征不一，冠帽也有凤冠、通天冠、旒冕等纷杂形式，冕旒的旒数更是随意而定。进入21世纪之后，福建妈祖信仰图像在继续发展中开始趋于规范化。由于信仰的重要地位，湄洲妈祖新图像继续成为被仿照的图像模本。其中2001年新建南轴线正殿新塑的妈祖像（图7-1-5）由王琛设计、佘国平塑造，高达8米。妈祖神像面貌为中年，体态雍容端庄，神态祥和，符合现代人的审美，很快得到信众与社会的肯定，成为其他地方妈祖图像纷纷仿照的对象。此后制作的宁德天后宫（图7-1-6）、马尾船政天后宫、莆田江口东岳观妈祖阁等的妈祖像，皆是这个新图像模式的模仿本。

由李维祀、蒋志强设计的湄洲祖庙室外和平女神造像也成为新兴的妈祖室外造像的模本。台湾白沙屯拱天宫的天上圣母像、泉州海边的美山天后像、莆田平海东明宫妈祖像、莆田东庄马厂村妈祖生态园妈祖像、莆田新度西湖寺妈祖像、

图 7-1-5 湄洲妈祖祖庙南轴线天后宫妈祖像

图 7-1-6 宁德天后宫镇殿妈祖像

莆田新县文峰宫妈祖像、莆田月塘妈祖像、仙游鲤南妈祖像、厦门香山妈祖像、福州马尾亭江妈祖像、长乐壶江岛妈祖公园妈祖像、长乐潭头文石村妈祖像、广东陆丰天后宫妈祖像、广东惠来妈祖像、广东汕尾凤山妈祖像、苏州天妃宫妈祖像、南沙天后宫妈祖像、洪川天后宫妈祖像、上海曹妃甸天后宫妈祖像、金门妈祖公园妈祖像、澳门凼仔石塘山妈祖像、澳门妈祖文化村天后宫妈祖像等，这些室外雕像造型都与湄洲立像类似。甚至在偏远的闽西，连城罗坊天后宫门口亦竖立了这个模本的云龙妈祖像。偶尔也有正殿妈祖像的造型不是对称式的正襟危坐，如武夷天上宫妈祖像为立式持如意状，套用的是湄洲祖庙室外妈祖和平女神的造型。设计师估计不了解室外造像纪念性与室内造像神圣性的差别，但也从侧面反映了湄洲祖庙作为信仰发源地其图像的影响力。湄洲妈祖图像所具有的合法性、权威性和稳定性，使图像模式继续保持稳定的延续。

毋庸置疑，作为地域民间文化的表征之一，妈祖图像艺术无论是其实用功能，还是审美功能、艺术特点都是基本相似的。图像模本的模仿，使信仰精神与传统文化得以奕代延续。图像在神态、服色、手持物、姿态等方面，有传统的共同规则和模式，充分体现了海内外妈祖图像的同根同源，证明了妈祖文化的同一性，以及中华民族心理素质的稳定性。

妈祖图像的造型审美就是这样，在前进与传承中，在同一与多样中，延续着对中国女神图像符号的诠释，形成一个固定的模式与规范，并且组成一个新的民族图腾。

第二节
妈祖图像的流传

妈祖从一民间巫女到被百姓奉造为神，再被朝廷赐匾，封"夫人""后妃"等称号，其过程并无异常之处。在古代众多的造神运动中，有很多与妈祖一般身份的女巫被造为神，福建志书中所载的就有尤溪女巫顺应夫人、晋江三夫人、明溪莘圣七娘、寿宁马五娘、莆田吴天妃、仙游圣水仙妃等。女巫信仰当时很流行，如临水夫人陈靖姑，由巫而神，乡人祀之，一样被赐庙额"顺懿"，封"崇福慈济夫人"，甚至雍正七年（1729）被封为"天仙圣母"，咸丰年间加封"顺天圣母"，封号显赫，简直可以与妈祖相媲美。但是，随着时间的推移，她们只被某些地方供奉为神，大部分地区不认可，渐渐淡出了人们的视野，她们的图像逐渐模糊，有的甚至无踪可觅了。

与她们不同，妈祖信仰在历史长河的流逝动荡中，不但没有泯灭，反而神名愈昭，名扬天下。究其原因，有封建王朝的褒封和上层人物的推崇，也有华侨移民的积极传播等诸多要素共同推波助澜。但笔者在这里想强调的是，在妈祖信仰发展历程中，妈祖图像也起了很大的作用。

一、妈祖图像流传的广泛性

在信仰传播的过程中，妈祖图像无疑成了最佳、最直接的宣传品。更多时候，那些水域上的妈祖图像，随着水域的流通，以及各种妈祖显灵的传说，迅速将信仰扩散到各地。一尊尊安置在船舱的神像形成了一个个"流动的庙宇"①。

妈祖的发祥地湄洲湾秀屿港一带的船户，南宋时就首先把妈祖神像奉祀于船舶之内。他们的船舶驶到哪里，妈祖信仰就传播到哪里。

明代的海上航行，船上设有专供妈祖神像的神坛已发展成为一种共同例定的制度。"妈祖婆也叫天妃，船上的人对她的敬礼很勤，每天一早一晚总要用高香长烛在她的像前燃着，遇着非常的事故，还要用一种占卜的方法，请求她指示。"②"当东北季风徐徐起吹时，他们选择一个帆船启航的吉日。他们支付出口关税，然后海员们从船上的神龛取出海上女神'马祖'（Ma-tsu）的塑像列队到寺庙并献上祭品，以祈求航行得以一路平安。到寺庙朝拜还经常伴随有戏剧演出，而由全体海员共享酒和肉、鱼、菜等祭品。礼毕，把这尊佛像携回船上，在一阵锣鼓和鞭炮声中，起锚扬帆，满载的船只徐徐驶向大洋。"③这是17、18世纪欧洲人对中国远洋船只信仰活动的描述，其中，对女神妈祖像虔诚隆重的献祭与供奉让他们印象深刻，可见当时人们供奉妈祖之盛之诚。

明清两朝海外册封使臣是皇帝派往朝贡国家进行谕祭故王、册封新王的外交特使，因为册封使团多从福建出海，其航海人员和护送官兵均由福建地方官遴选派遣，他们都是妈祖的信众。船只在福州开航之前，要举行

---

① 汪毅夫：《闽台缘与闽南风》，福建教育出版社2006年版，第144页。
② 杨钦章：《海神天妃故事在明代的西传》，《海交史研究》1987年第1期。
③ ［荷］伦纳德·鲍乐史：《荷兰东印度公司时期中国对巴达维亚的贸易》，温广益译，《南洋资料译丛》1984年第4期。

隆重的妈祖神像登舟祭典。李鼎元在《使琉球记》中详细描述出使船只在福州举行的妈祖像登舟开航祭典："嘉庆五年（1800）闰四月十三日，黎明，恭奉谕祭加封天后文出城，至南台之冯港……十六日黎明，至冯港，恭请天后行像并拿公登舟祭，用三跪、九叩首礼……"平安抵达后，雕像建庙还愿酬神自是不可少。（图 7-2-1）《中山世缵·尚穆王纪》中记载："本年创建天后宫于姑米岛，先是，丙子封舟，在姑米岛破坏时，通船幸赖菩萨灵佑，得以活命。是以钦差（全、周）两位，欲建宫于该处，永致崇祀，以酬救生之德……故，王于此年命营造宫墙。至其神像，求于闽地，以致奉安焉。"①

图 7-2-1　《琉球国志略》中册封使所搭乘的封舟图像

普通船户出航，也是少不了妈祖神像。《历代宝案》记录了清乾隆时期琉球中山国政府的移交照会文书中有生动具体情况：

乾隆十四年十一月间，福建省兴化府莆田县商人船户黄明盛等共计三

---

① 赵庆华：《天妃信仰与明、清海洋东亚世界秩序的构建——以中国册封琉球国王为中心》，载《妈祖文化与海上丝绸之路论坛"论文集》（下册），第七届海峡论坛，2015年，第49页。

十名，驾船一只，漂至叶壁山地方冲礁破坏，人命无虞……除衣服外所捞物件计开：一、天后娘娘三位……

乾隆十四年十一月间，福建省漳州府龙溪县商人船户林顺泰等叁拾贰人，驾船一只，漂到大岛冲礁打破，所带物件沉空，只逃得性命上岸……计开货数：一、天后娘娘并将军三位……

乾隆四十四年十二月十五日，闽县难商船户林攀荣等三十三人遭风，驾杉板漂入马齿山地方……随带对象。一、天后娘娘一位，一、千里眼将一位，一、顺风耳将一位……①

这可以证明当时航船上奉祀妈祖神像已达到了相当普及的程度。

水域的流动传播可以消除地区间陆地交通所受到的重重阻碍，而陆地上信众抬着妈祖像绕境、互访，图像也形成了迂回式的流动。这种图像的流动可以跋山涉水、翻江过海，将信仰迅速广泛传播。因此，妈祖的影响也比其他陆地神灵要大。

人的流动意味着文化的流动。跨境而生的妈祖图像流传是妈祖文化传播最直接、最有效的形式和途径。

人是观念、信息、文化的载体。当人迁移流动时，不论是迁移流动的个体，还是群体，所具有的各种文化特征，所遵循的文化模式、价值取向和行为方式、生产生活方式，毫不例外地随之而移动。以生活方式为例，生活方式以人为载体，个人有个人的生活方式，群体有群体的生活方式，

---

① 蒋维锬等辑纂：《妈祖史料汇编·史摘卷》，中国档案出版社2009年版，第175—179页。

因此人口迁移的同时也迁移了他们的生活方式。语言文字、宗教信仰等也同样如此。①

二、妈祖神像漂移的传说

妈祖图像在传播过程中，还有一种特别的形式，即打捞漂流来的妈祖神像，并建庙供奉，延续香火。这种神像来源的说法在各地妈祖庙沿革志中多有述说。

别有来历的香港水上天后庙位于铜锣湾避风塘里。当地渔民说，水上天后庙已有四十多年历史了。当年一位罗姓渔民出海捕鱼时，意外捞到一尊天后娘娘像奉为神灵，于是便安置在船上供人参拜，初时相当简陋，最后得渔民集资，经四十多年的岁月沧桑，便成了今天的水上天后庙了。②

日本江户时代末期成书的《长崎名所图绘》记载了一则妈祖像漂流到长崎的野母半岛（现今长崎县野母崎町），后被当地人奉为日山权现的故事。过去渔民从纪伊熊野搬来此地居住，将熊野权现作为产土神（出生地神、故乡神）来奉祀。1859年9月23日，龙灯一样的光芒自西南海上而来，靠近后其光亮犹如太阳，后落于岸边道路之上。是夜，熊野权现的社司（神社的管理者）梦见名为娘妈神的大唐船魂神要求安放自己的神像，其容貌酷似观音菩萨。社司醒后至海边，见漂有一尊酷似观音菩萨的神

---

① 路遇主编：《山东人口迁移和城镇化研究》，山东大学出版社1988年版，第180页。
② 参见简培发《水上天后庙》，《文汇报》2000年2月15日。

像。社司将此像安置于山顶祭祀，是为日山大权现。日山大权现与熊野权现一起成为野母浦的产土神……此后，每年9月23日，日山大权现的神像都会发光；每当有航船夜间在附近海面迷失航路时，日山大权现就会发出火光为其引路……故事中的时间必是杜撰，但是遭难的中国船上的妈祖像漂流而至并被当地人奉为神明的事应该是实际存在的。

还有相传巽寮妈祖庙供奉的妈祖神像本是供奉在惠东稔山镇范和港，一次台风海潮后，妈祖神像漂流到了巽寮湾，当地渔民就在此建庙供奉。南投埔里兴安宫妈祖像为平埔族人巫阿新贺打鱼时获得的漂来的神像，高雄弥陀乡弥寿宫、梓官赤嵌赤慈宫、金门莒光田澳天后宫等神像传说俱是海港漂流而来。台北北部著名的妈祖庙关渡宫亦是供奉漂流至淡水河的妈祖神像，香火极为旺盛。

除了漂流而至的妈祖像被奉为神明外，还有渔民下海打鱼时网到妈祖像的例子。根据《长崎名胜图绘》(19世纪初)记载，位于现今长崎本河内的水神神社就曾合祀过"唐土的水神天后娘"。据说该神像是1716—1735年五岛的渔民打鱼时网到的，原被安置在有川村（现今长崎县南松浦郡有川町），后因屡屡显灵，才被移祀到供奉岩岛大明神的水神神社。

有的传说中还有妈祖的尸体漂至的说法，这也是对妈祖像漂流的一种讹传。

连江地区《马港天后宫·马祖灵穴记》记载：

天后妈祖闽莆田湄洲屿林氏女，名默娘，秉性贤淑，事亲至孝。其父捕鱼罹难，投海觅救，卒以身殉。负尸漂流至昔称南竿塘斯岛现址。乡人感其孝行足式，乃厚葬于此。嗣后常显神灵护佑渔航，民感慈德，立庙奉祀，尊为妈祖，敕封天后。本境因后名马祖澳列岛，亦因后称马祖，今庙遗墓石即为后之灵穴，庇佑历千余载，覃恩浩荡，坤德长垂，勒石永志。

《大日本国镇西萨摩州娘妈山碑记并铭》(17世纪80年代)记载：

有中华神女，机上闭睫游神……遂投身入海。其肉身临此，皮肤丽如桃花，身体软如活人。观者如堵，远近大惊之；知其非凡人也。举而以礼葬焉……国君特立庙山巅，号曰西宫。春秋二祀，虔依典礼。

海路艰险，船舶在渡海途中遭难沉没是常有的事。中国沿海渔船和商船大都供奉了妈祖，且妈祖像多是木制的，当船遭难沉没时，船上的妈祖像极有可能漂离船舱，随海流漂流到海岸。且不管神像漂流的真实性，我们感兴趣的是为什么人们如此钟情于被河海漂流送来的神像。究其原因有二。其一，漂流而来的神像与一般从大庙分灵而来的神像不同，不必依附在分灵主庙之下，因此更具有神格上的独立性。其二，神像漂流说是尸身漂流说的变异。在佛教和道教中，修炼成功的凡人会留下肉身，被视为极为珍贵和显灵的东西。妈祖为救难而献身海上，人们感念她的恩德，便编造了一个个尸身漂浮到各地的传说。台湾马祖列岛南竿岛流传妈祖尸身漂流的传说，遥远的日本野山岳《大日本国镇西萨摩州娘妈山碑记并铭》中也流传妈祖尸身漂流的故事，无疑是想借助尸身漂流到地，加强妈祖在该地的地位，彰显妈祖在本地的特殊灵异。如漂流的尸身是妈祖神灵的一部分能带来神奇力量一样，人们相信，漂流而来的妈祖神像也是妈祖神灵的寄附物，所以祭拜尤虔。

三、妈祖图像流传的双向性

江河在流动时顺势而行，经常在某区域形成迂回的流动。妈祖图像在流动过程中也出现迂回，这种迂回的图像交流，使图像文化互相融合、互相渗透，丰富了图像的内容，增添了图像的活力。

湄洲妈祖图像随着信仰的传播，扩散至福建之外的其他地区。显然，"湄洲妈祖"四字对台湾妈祖信众具有强烈吸引力。即使是在1949年后两岸互不往来的那段岁月，依然有台湾信众冲破重重难关，暗中敬请湄洲妈祖神像赴台。

宜兰县南澳乡震安宫总干事陈天水，福建福州人，于1948年来台，从事餐饮业，因思乡情切，通过渔民查明福州亲人尚在，遂于1983年私自返大陆福州探亲并在大陆对台办安排下赴湄洲朝拜，林聪治接待他。震安宫重建后神台空间较大，需大型神像坐镇，因大陆物价低廉，陈天水乃请林聪治代为雕造三尺六寸软身妈祖神像四尊空运返台，其中一尊留在震安宫，一尊转让给苏澳南山宫，一尊转让给花莲县美伦福慈宫，此举为两岸妈祖交流的滥觞。

....

南方沿海地区渔民利用渔季后空闲赴大陆沿海以物易物者也始走私妈祖神像牟利。1987年7月15日台湾宣布解除戒严，29日头城进三号渔船即走私五尊一尺三寸湄洲妈祖神像至南方澳渔港，被港警查获，依法本应销毁，但南方澳透过当地籍"国大"代表争取，将五尊神像安置于南天宫，此为两岸交流前新闻公开报导台湾庙宇奉祀湄洲妈祖之始。[①]

[①] 蔡相辉：《妈祖信仰研究》，台湾秀威资讯科技出版社2006年版，第470—471页。

随着台湾与大陆之间的往来开放，到湄洲祖庙朝圣，并请一尊祖庙的神像回台湾的妈祖信众日益增多，以至于湄洲祖庙董事会每年向莆田民间艺人徐锦明等人订制的"分灵妈祖"供不应求。台湾青年画家胡凯平1987年10月初来湄洲，请走一尊妈祖像回台湾，刚过二十来天，又专程第二次来莆田参加千年祭活动，并受其姑母委托，要在妈祖故乡再请一尊奉祀过的妈祖像。在莆田许多热心人士帮助下，十几天后，其终于得到莆田城厢一位老太太赠送的一尊珍藏多年的雕像，遂了心愿。[①]1988年，妈祖诞辰1028周年，一万多名台胞来湄洲参加妈祖庙会活动，请回妈祖神像一千多尊。据莆田有关部门的不完全统计，仅仅1987年、1989年两年，台胞请走妈祖像几千尊。1988年有37222人，组团843个，请回妈祖神像2639尊。1989年1—6月有20231人，组团660个，请回神像千余尊。这些当代从福建传入台湾的妈祖神像，数目众多，必然引起台湾现代妈祖图像审美新的变化。（图7-2-2）

除此之外，台湾民间私供的妈祖神像也有很多来自福建。2008年台湾历史博物馆举办了一场"台湾妈祖文化展"，展出了各种收集自民间的妈祖神像，有木雕、陶塑、铜雕等多种形式。这些妈祖神像与福建同

图7-2-2 湄洲祖庙待分庙迎奉的妈祖神像

[①] 参见莆田市政协文化文史和学习委员会编《莆田市文史资料》第13辑，1998年，第171页。

时期民间妈祖神像的造型、制作手法等极为相似,不排除其中很大部分来自福建,这说明了闽台两岸信仰神像的交流频繁和密不可分的渊源关系。

同样,通过互赠神像的形式,台湾妈祖像也陆续出现在不少大陆妈祖庙中。如泉州天后宫镇殿的粉面妈祖,即台湾新港奉天宫雕赠的。莆田贤良港妈祖祖祠正殿并供大甲镇澜宫、新港奉天宫一粉一黑二尊妈祖像,福建福鼎点头宫也供奉新港奉天宫、永兴宫赠送的妈祖像,等等。天津天后宫自1985年始专辟出一间台湾妈祖殿,殿内供奉台湾北港朝天宫、大甲镇澜宫、台南大天后宫等地雕赠的妈祖神像。这些台湾妈祖造像,也对现代福建妈祖图像的审美造成影响。

广东临近福建,是妈祖信仰比较早流传的地区。宋宁宗庆元四年(1198)加封诏中曰:"灵惠妃宅于白湖,福此闽粤。"[①] 可见,早在南宋,妈祖信仰已传至广东,而且供奉广泛,当时莆人刘克庄曾任广东提举,也感叹"广人祀妃,无异于莆"[②]。随着妈祖信仰在广东扎根,福建的妈祖图像融合了广东的艺术文化特色,形成了富有地域特征的妈祖图像。在之后的妈祖图像流传中,富有广东地域特色的妈祖图像又借助流动的力量流回福建地区,并产生影响。如长汀汀州天后宫妈祖神像,是清代雍正年间由广东潮汕民间艺人制作后迎到汀州供奉的。汀州天后宫建立在闽西最大河流汀江岸边。宋绍定五年(1232),汀州知州事李华与长汀县宋慈开辟了汀州至潮汕的水路交通航线,此后,广东的货物可以顺着汀江直接运到汀州,广东潮汕的妈祖图像也就这样顺着河流流传到了汀州,并影响了闽西

---

① 咸淳《临安志》卷七十三,载蒋维锬编校《妈祖文献资料》,福建人民出版社1990年版,第7页。
② 《后村居士集》卷三十六,载蒋维锬编校《妈祖文献资料》,福建人民出版社1990年版,第14页。

妈祖图像的模式。

台湾、广东与福建的妈祖图像就这样在流动中互融互汇，体现了妈祖图像博大的流动包容性。

不仅如此，妈祖图像之间也形成迂回流动交流。各地庙宇间的权威大小亦由系谱位置所占的上下关系来决定，各妈祖庙间以母子或姊妹的拟亲属关系应对，将人间社会的家族伦理次序原则投射到神明的世界里。妈祖图像成了社会群体整合和凝聚的重要力量。每年的妈祖神像的出巡和绕境活动，借助神像在区域间的流动，带动了人们互访交流，在共同行走中，促进了感情，加强了社群意识。妈祖神像与神像之间的"分灵""来往"，虚构了一个类似人类社会的神灵世界。一波波的图像交流，掀起了互相沟通与理解的浪花，将妈祖博爱的思想洒满历史的河床。

四、妈祖图像流传的向心性

妈祖图像流动还具有向心性的特征。

很多妈祖庙并不是由湄洲祖庙直接分灵，而是从大陆家乡妈祖庙分灵，所以，神像产生了各种如"湄洲妈""温陵妈""汀州妈"等不同称谓。但是，所有的妈祖庙都奉湄洲妈祖庙为母庙。如清代林则徐为湖北武汉福建会馆天后馆撰联"湄屿溯神踪，梓里升香通陟降；汉津崇庙祀，茭堤障水庆朝宗"，清代陈壬子为泰国洛坤天后宫题"福海毓元灵，波静风平，万派回澜依后德；湄峰开寿域，朝烟野祀，千秋血食颂神功"，明代魏之琰为日本长崎崇福寺妈祖堂作联"湄屿灵昭千古迹，寿山崇祀万年春"，今新加坡天福宫题"祥发湄洲，梯航捷至，恩垂北狄；德敷嘉里，栋宇聿新，福被南闽"，印度尼西亚丹戎槟榔天后宫题"显迹湄洲，航海梯山同庇荫；光辉南岛，华民异族共沾恩"，台湾云林二仑安平宫题"安澜海国，圣庇九州存万古；平稳湄洲，神庥二仑继千秋"，云林水林土厝通天宫题"通国仰坤仪，长留圣迹湄洲地；天妃隆秩祀，永建神宫土厝宫"，嘉义朝天宫题"朝野共尊崇，乃圣乃神，庙貌千秋壮嘉邑；天人同感应，封妃封后，灵踪万里溯湄洲"，台南开基天后宫题"开光镇殿堂皇，德被蒲田县以外；基础立宫显赫，仁敷大府城之中"，台南将军圣慈宫题"圣泽被苍生，殿貌崔巍瞻巷口；慈恩昭赤县，香烟缭绕溯湄门"，等等。随着妈祖信仰在闽台的广泛传播交流，具体承载妈祖精神的妈祖图像也在两地间频繁交流，在两岸之间架起一座信仰艺术交流的桥梁。台湾早期的妈祖图像是移民及官方将士带过去的。每一次移民赴台，都要将家乡的妈祖神像带在身边。历史上闽人大规模移居台湾主要有三次。第一次是在明代天启年间，泉、漳两府数千贫民应颜思齐、郑芝龙招募到台湾垦殖，涌入台湾的移民亦把家乡的妈祖信仰传播至台湾，并修建妈祖庙供奉渡海时为他们护航的妈祖神像。台湾民间习惯把颜郑时期移民请到船上护航的妈祖称作"船仔妈"。台湾魍港太圣宫至今还供奉一尊古老的明末木雕神像，据说就是当时外九庄移民所携带到台的。第二次的移民行动为1661年郑成功收复台湾，并在台湾屯军，两三万闽南人随之迁移。1662—1683年郑成功祖孙三代治台的这个历史阶段，台湾学界一般称"明郑时期"，人们习惯将这个时期跟随将士入台的妈祖神像称为"护军妈"。安平开台天后宫妈祖神像，相传就是1661年郑成功攻台前自福建莆田湄洲岛请来作为镇军之神。第三次为清朝统一台湾后大陆居民赴台开发垦殖的大规模移民行动。这个时期亦带入一批妈祖神像。如鹿港天后宫（俗称"旧祖宫"），相传庙中供奉的圣母像原供于福建莆田县湄洲岛贤良港的天后宫，乃湄洲祖庙六尊开基妈祖之一的"二妈"，是康熙二十二年（1863）福建水师提督施琅将军奉旨平台时，从湄洲妈祖庙请来为护军之神一起渡海过去的。

移居台湾的移民带去的妈祖神灵是从大陆祖庙带去的分灵神，这些家乡创造出来的神，被移民称为"桑梓神"。在他们看来，这些来自家乡的妈祖神像更为灵验，供奉他们，就可以得到祖先亲人的祝福与保佑了。所以，为了吸引更多的信众，台湾各座妈祖庙往往声称自家的妈祖神像来自大陆，纷纷通过编写宫志庙史，标榜"本宫神像系从湄洲直接分灵"。《北港朝天宫志》宣称该宫的渊源是，"康熙三十三年（1694），佛教临济宗第三十四代禅宗僧树璧奉湄洲妈祖神像来台，在诸罗海口笨港登陆……彼辈均来自福建，素感神灵，无从瞻拜，故见僧人奉神像来，遂议留为主持香火"[1]，并与新建之湄洲天后宫妈祖庙重新缔结亲盟。[2]《新港奉天宫简介》则称该宫妈祖是"开台妈祖"，是明天启二年（1622）随颜思齐开台的船户刘定国"亲自到湄洲祖庙恭请圣像祀在新船，途经笨港，神示永驻此地保护台疆"。《大甲镇澜宫简介》说，清雍正八年（1730）湄洲人林永兴携眷自祖庙奉请圣像到大甲堡定居谋生，当地居民纷纷前往参拜湄洲妈祖，并征得林氏同意，择地建庙于现址。除外，还有彰化天后宫、后厝龙凤宫、中港慈裕宫、台北关渡宫等都在宫志中声明神像来自湄洲。

台湾学者林美容在对高雄县妈祖庙进行调查中发现，就连小小的高雄县就有六座妈祖庙称神像来自湄洲：弥陀乡弥寿宫的妈祖自海港捞起后，用四角竹椅"关神"，自称是湄洲妈；冈山镇五甲尾圣母宫所供妈祖是孙姓信徒自湄洲引奉渡台；冈山镇刘厝宝公宫妈祖是刘姓祖先从大陆湄洲带来的，本来只是刘姓祭拜；桥头乡内庄天后宫的妈祖是明郑时期郑氏军民渡海来台时，自湄洲祖庙带来的；凤山市五甲龙成宫妈祖是先民自漳浦县

---

[1] 《北港朝天宫志·建庙沿革》，台湾北港朝天宫董事会，1995年，第106页。
[2] 《北港朝天宫志·大事年表》中记录："（1988）十月二日，本宫董监事一行，今日赴县湄洲岛寻访妈祖生前旧迹，并与新建之湄洲天后宫妈祖庙缔结亲盟。结盟书云：为发扬妈祖济世护航懿德，发展乡邦宗教文化事业，增进胞谊亲情，敬修厥德，利用厚生，永结至亲，实赖神庥，湄洲祖庙董事会董事长林文豪、台湾北港朝天宫董事长郭庆文。戊辰年八月二十三日。"

来台时带来的；六龟乡尾庄圣母宫妈祖系先后自二林路德堂与鹿港天后宫分香而来，但却自称为湄洲天上圣母。① 各宫庙都希望通过供奉神像的溯源，证实信仰传承血缘的近亲和纯正性，来提升自己的声望。（表2）

从大陆湄洲岛迎回的妈祖神像在台湾受到信众的狂热欢迎。

自从南方澳南天宫自湄洲迎回两尊六尺六大妈祖神像，一周来已吸引了上万信众来瞻仰，南天宫也因之成为台湾地区新的妈祖信仰中心。据南天宫管理委员会主委林源吉指出，十日以来，每天都有来自各地信众，闻名前来参拜妈祖估计每天都有数千人之多。累计一周以来，已有万余名信众特地赶来南方澳拜妈祖。事实上除十日迎回湄洲妈祖当天不计，十三、十四两日逢周六、日也引来相当人潮。②

大陆妈祖的新一轮入台，使台湾久已盛行的妈祖信仰更为炽热。

大甲镇澜宫表示，自从去年（1987）光复节迎回一尊湄洲妈祖后，至今半年多来，进香团人数大增，比去年同期约增加二百余个进香团，都是希望一睹历史最悠久、非常灵验的湄洲妈祖。而在今年（1988）元月湄洲妈祖空运来台，成为第二座进口妈祖的新港奉天宫也表示，自从迎回湄洲妈祖后，进香人数与往年同时期比较也足足增加三分之一左右。③

---

① 参见林美容《妈祖信仰与地方小区——高雄县妈祖庙的分析》，载《妈祖信仰国际学术研讨会论文集》，台湾财团法人北港朝天宫董事会、台湾省文献委员会1997年版，第98页。
② 《南天宫以湄洲妈祖庙台湾分庙自居》，《中国时报》1989年5月17日。
③ 陈炳宏：《请来湄洲妈进香圈激增》，《中国时报》1988年5月1日。

表2　台湾妈祖庙自称从福建分灵的妈祖神像

宫庙名称	建庙年代	供奉神像来源
嘉义魍港太圣宫	1621	1621年，颜思齐、郑芝龙屯军驻扎在台湾嘉义，在山的东南边修建小庙奉祀湄洲妈祖像。此尊妈像身体修长、脸庞较长，椅座低矮
嘉义新港奉天宫	1622	1622年，移居台湾的百姓为求平安，到湄洲祖庙请妈祖像奉祀于船只上，船只途经笨港，妈祖神谕定驻此地。后来颜思齐率移居者来笨港垦拓，由当地周边十寨的居民轮流奉祀此尊妈祖神像
台南月港护庇宫	1623	当地一家名为"崇兴行"商户从湄洲岛妈祖庙朝天阁迎来一尊妈像供奉
苗栗中港慈佑宫	1658	在当时汉人密集的"盐馆前"这个地方，草草创建了土壁茅草顶的庙宇，供奉由大陆请来台的妈祖像
正统鹿耳门圣母庙	1661	供奉的三尊湄洲妈祖像，与郑成功同舟来台
善化茄拔天后宫	1661	1661年，移居者曾从湄洲妈祖庙请妈祖分身像护身，随郑成功登台，后建庙供奉
屏东慈凤宫	1661	相传有一位僧人从福建湄洲妈祖庙迎奉妈祖分身往东到阿猴（即今屏东市）。最早暂时将神像寄于官衙中供奉，希望能防匪御寇。每天到半夜神像都会红光闪烁，人人惊讶并相信是妈祖显灵，于是集资建宫供奉
台北北投关渡宫	1661	福建僧人石兴和尚从湄洲岛请妈祖神像来台湾，在关渡山区以茅草建屋奉祀妈祖，人称"灵山庙"
安平开台天后宫	1668	1660年，郑成功在攻台前，自福建莆田湄洲岛请了三尊妈祖神像作为护军之神。占领台湾后，1668年在安平海边建立天妃宫奉祀妈祖，1876年改名"天后宫"
旗后天后宫	1673	闽籍渔民徐阿华海上遭遇飓风，漂流到此地后，搭建寮屋开始开发旗后。后来洪、王、蔡、李、白、潘等六姓移居者纷纷迁入，形成小渔村。公议捐款搭建妈祖宫，迎奉福建湄洲妈祖分灵作为村落的守护神
嘉义朝天宫	1677	泉州晋江温陵地区移居者从泉州天后宫请了妈祖神像渡台，并在嘉义西门内街建庙奉祀
鹿港天后宫	1683	1635年，福建水师提督施琅从福建莆田湄洲妈祖庙迎接妈祖像随军赴台，后留鹿港庙内奉祀
鹿港兴安宫	1684	福建兴化府周、苏两姓族人移居台湾，在鹿仔港捕鱼为生，后正式立庙供奉清顺治年间自湄洲天妃庙请来的妈祖分身
台中万和宫	1684	浙江定海总兵张国从湄洲圣地请妈祖神像护军渡台，在南屯屯军垦拓，并置祠庙祭祀妈祖

续表

宫庙名称	建庙年代	供奉神像来源
麦寮拱范宫	1685	湄洲纯真禅师从湄洲妈祖庙朝天阁分灵妈祖神像,并赴台建庙祭祀
嘉义朴子配天宫	1687	布袋半月庄的大陆移居者林马马笃信妈祖,1682年从湄洲祖庙请了一尊分灵妈祖回家供奉,走到牛稠溪(今朴子溪)畔时,在一棵千年朴树下休息,想起身启程时却发现妈祖像重如泰山,神谕要永驻此地,这也是朴子古名"朴仔脚"的由来
北港朝天宫	1694	湄洲树壁禅师携湄洲祖庙妈祖神像到台湾笨港,街民捐款建庙,称"天妃庙"
桃园慈护宫	1703	福建省游姓移民赴台前谒湄洲妈祖庙,并请一尊妈祖像供在船上渡海。到台后,信徒日增,膜拜不绝,遂筹资兴建妈祖庙宇
台南茅港天后宫	1707	1677年,移居台湾的人从大陆湄洲妈祖庙分灵带来妈祖像,到了1707年,兴建了天后宫供奉
大甲镇澜宫	1732	1730年,福建莆田湄洲岛人士林永兴从湄洲妈祖祖庙请一尊天上圣母神像赴台,途经大甲定居谋生。当时从福建渡海赴台人士都笃信湄洲妈祖,纷纷前来参拜,香火鼎盛。后于1732年兴建小祠,1770年改建小庙供奉湄洲妈祖神像
台中清水朝兴宫	1732	福建黄姓移居者携妈祖像赴台,先是在家中奉祀,后建庙供奉
台南镇港海安宫	1736	台南三郊从湄洲迎奉妈祖香火而建
新竹长天宫	1742	当地住户所祀奉的天后香火来自福建莆田湄洲妈祖庙分香,每隔三年,则专门雇船奉天后神像往湄洲进香
彰化埤头合兴宫	1743	康熙年间,大陆移居者从湄洲妈祖祖庙请妈祖像随身护佑。渡海到台湾后,在埤头合兴建庙奉祀妈祖
麻豆仁厚宫	1748	移居台湾的人回福建漳州龙溪县请妈祖分身像来台,最早奉祀于家宅中,后建庙供奉
松山慈佑宫	1753	雍正末年,泉州籍和尚衡真携湄洲妈祖分身像渡海来台,从沪尾(今淡水)登陆后托钵化缘至锡口。当地地方士绅大多为泉州同乡,都是妈祖虔诚的信徒,于是一起立庙奉祀此尊妈祖像
朝兴宫温陵庙	1807	妈祖宫设于泉州旅台同乡会馆内,奉祀的二妈像分灵自泉州天后宫二妈,是一尊制作于清嘉庆年间的软身木雕
港南慈安宫	1817	清嘉庆年间,林姓移民从福建漳州白礁请来妈祖像供奉

续表

宫庙名称	建庙年代	供奉神像来源
花莲港天宫	1796—1820	清嘉庆年间，福建莆田林姓移民从湄洲岛妈祖庙请妈祖神像渡海来台奉祀
台北板桥慈惠宫	1873	清咸丰年间，有位大陆师傅从湄洲祖庙请了妈祖分身像，渡海来台到枋桥。当地七十二贤士成立"天上圣母金浦会"，募资建庙供奉此尊妈祖像
台东天后宫	1890	台湾后山总兵张兆连倡捐创建天后宫，并从福建莆田湄洲岛妈祖祖庙迎请妈祖分身像供奉

妈祖神像有"回娘家"的仪式，母庙权威高于子庙。分身得在一定时间回到母庙加强灵力。例如，在妈祖故乡莆田，依例逢农历闰三月有"娘妈回外家"的传统习俗，即分灵庙的妈祖神像返回故乡，回到自己的出生地即母庙再度接受香火的仪式。湄洲妈祖祖庙成为世界妈祖庙的娘家。而台湾各大妈祖庙回湄洲谒祖进香，早已有历史记载。过去台湾的妈祖有每隔三年要从鹿港搭帆船回故乡湄洲老家，然后从台南安平港登陆回宫的惯例。鹿港天后宫因与福建来往交通方便，于是有"岁往湄洲进香"[①]之例。根据王见川考证，有正式文献记录的开始于日据时期。日据时期的《台湾日日新报》记载在1912—1924年之间，共有八个妈祖庙（嘉义篷溪北六兴宫、台中市万春宫、彰化鹿港妈祖庙、新竹天后宫、云林西螺麦寮拱范宫、嘉义朴子脚配天宫、新竹长和宫、基隆庆安宫）九次（新竹天后宫前后两次）前往湄洲进香。湄洲妈祖在1912—1925年之间赴台四次，分别由四个妈祖庙（基隆庆安宫、大稻埕天母教会、台中万春宫、鹿港天后

---

① 道光：《彰化县志·祀典志》，《台湾文献丛刊》第156册，第154页。

宫）迎请过。"回娘家"的神像活动体现了人们对祖居地的深厚感情，也是散居各地的华侨希望落叶归根的心理诉求。透过台湾妈祖神像"回娘家"这种宗教文化活动的表面，可以看到海峡两岸同胞共同的文化心理和不可分割的血肉联系，也反映了中华民族的巨大凝聚力。

美国人类学家桑格瑞（Steven Sangren）曾经说，台湾人很热衷于进香朝圣，他们平时拜的神好像都是地方的，但是一到进香朝圣之时，他们还是结成团体到他们的"根庙"去求取灵验。妈祖的信仰是全台湾的，而这个信仰来自大陆的福建省。实际上，妈祖信仰的进香朝圣，恰恰说明"根"对台湾人的重要性。①

费孝通先生曾提出，中国传统社会的格局是个"差序格局"："好像把一块石头丢在水面上所发生的一圈圈推出去的波纹。每个人都是他社会影响所推出去的圈子的中心，被圈子的波纹所推及并发生联系。"②

虽然全世界有数不清的妈祖分身，但妈祖只有一个。全球的妈祖图像关系也如这一圈圈的波纹，波纹的主旋心就是湄洲妈祖。曾有几段时间，闽台妈祖交流因为政治原因无法形成明流，却依然以潜流的形式一直在民间活动中流淌不息。可以说，妈祖图像的流动就是一种以湄洲妈祖像为代表的中国妈祖文化的扩散。

当然，妈祖信仰的落地生根并不是靠简单地舶来一尊神像，但是妈祖图像在妈祖信仰传播中发挥了很大的作用。在多次的田野调查中，我们目睹了很多这样的现象：占很大比例的乡村妈祖信徒文化程度都较低。那

---

① 参见王铭铭《村落视野中的文化与权力：闽台三村五论》，生活·读书·新知三联书店1997年版，第317页。
② 费孝通：《乡土中国　生育制度》，北京大学出版社1998年版，第25页。

么，他们是通过什么来认识妈祖信仰，并成为虔诚的信众呢？在这一点上，妈祖图像功不可没。妈祖信仰并没有什么深晦难懂的教义，只有神像和圣迹图故事。神圣场域中的妈祖神像，将抽象的信仰呈现为生动、通俗的具体形象，直观体现信仰的内容含义，唤醒人们内心对善与美的追求，并在人们脑海中深深烙刻上妈祖的形象；圣迹图寓言式的图像更是对人们起潜移默化的影响，妈祖精神就是通过这种方式代代延续传承。贝拉·巴拉杰认为在人类心灵沟通上，视觉传播有优势："因为视觉的传播是直接的，因此它必定在比语言更深入、更生动的体验层次上与人们的心灵相联结。"[①] 这说得有一定的道理。

[①] 转自[日]中川作一《视觉艺术的社会心理》，许平等译，上海人民美术出版社1991年版，第176页。

第三节
文化视角下的妈祖图像

在中西两大文明进行实质性的接触之初,西方的传教士、商人、游历者、作家、思想家们就习惯于把中国这个神秘、遥远的国度,看作是与西方世界迥然不同的一个"异类世界",他们也总是热衷于按照自己的意愿和想象来塑造自己心目中的中国形象,这也体现在他们对中国女神妈祖形象的观看与描绘上。

17世纪荷兰版画插图中,有两幅描绘中国民间信仰女神妈祖的图像:一幅名为《南澳庙宇中的中国女神》(*Chinese Goddess in a Temple on Nan'ao*),系马特里夫关于旅行报告中的插图,具体作者无考,目前由荷兰国立博物馆收藏;一幅为《第二、三次荷兰东印度公司使节出使大清帝国记》(*Gedenkwaerdig bedryf der Nederlandsche Oost-Indische Maetschappye, op de kuste en in het keizerrijk van Taising of Sina*)一书的插图。两幅图像作品中的妈祖形象既有中国民间信仰神像模式化的造型,又凝结了西方的异域观看与想象,构成了独特的视觉存在。

一、马特里夫旅游报告中的南澳女神插图

中国广东南澳自古便是中外海上贸易的要津,清代蓝鼎元在《潮州海防图说》中称南澳为"闽、广上下要冲,厄塞险阻,外洋番舶必经之途,

内洋盗贼必争之地"①。1518年,葡萄牙人率先来到南澳,追随葡萄牙人的脚步,荷兰人也开始踏上南澳的土地。1607年,荷兰海军上将马特里夫(Cornelis Matelief de Jonge)受荷兰东印度公司(VOC,Verenigde Oostingische Compangie)委派,携荷兰奥兰治亲王的信件,率船抵达中国南澳。关于此事,荷兰人有如下记载:"1607年,海军上将马特里夫的船队起程前往中国,停泊在南澳,希望建立贸易关系。但中国人只同意我们去澎湖……没有任何结果。"虽然通商要求以失败告终,但却把对中国观察的一手绘画资料带回了荷兰,这便是马特里夫关于此行报告中的插图《南澳庙宇中的中国女神》(图7-3-1)。荷兰国立博物馆对此幅作品这

图7-3-1 《南澳庙宇中的中国女神》

---

① 转引自司徒尚纪、曹小曙等《环中国南海文化》,商务印书馆2014年版,第13页。

样介绍:"1607年7月,在南澳岛祭坛上的中国偶像。在卡的右上角,可以欣赏到海景。1605—1608年,马特里夫为荷兰东印度公司前往东印度群岛和中国,在旅游报告中的插图部分,第9号,作者佚名。"这幅南澳女神版画的创作目的是记录东方神奇国度中国的社会信仰状况,是荷兰东印度公司第一次调查了解中国时留下的图像印迹。

《南澳庙宇中的中国女神》画面为一间庙宇的室内图,中间女神头戴冠帽,手持笏坐于椅子上,面朝观者。女神头顶的冠帽呈上宽下窄状,两边垂着弯曲的博鬓,身着云肩,是明代典型的妈祖服饰造型。女神座前是张桌子,虽然位于画面的中部偏下方,但因为背后三面毫无装饰的墙壁、女神及神龛都处在暗处,桌面上的物品成了画面最吸引观者视线的部分。桌上物品较多,从前到后依次排放杯、碗、炷香筒、花瓶、大香炉等物。前排两边有并列的两块椭状物,这是南方沿海一带民间信仰常用的筶杯。卜杯也称"掷筊",是一种起源于闽南的占卜方式,即双手捧杯,扬起后丢下:若两杯一背向天、另一背朝地则称"圣杯",意为得到神的允许;而两杯皆背朝天的"阳杯"和两杯皆背朝地的"阴杯"均不允。桌上还有两名侧面相向站立的侍从,做执扇状。画面右边有一尊小神像,一位长胡须老人坐在椅子上,这应是中国东南沿海信崇甚广的土地公,即福德正神。我们可以看到,这些物品大多是按对称的方式排在桌子的两边。除此之外,桌面左边还有一张迷你的小靠背椅。据笔者多年田野调查经验,南方民间每逢元宵或妈祖诞辰纪念日等重要节日,都有打着凉伞抬妈祖神轿出游的风俗。小椅应是妈祖出游时由信民抬着的神轿,只不过被画成极其夸张的迷你型。画面右边墙角竖立的伞状物,则是出游凉伞的简略版。

看来画者对南澳妈祖庙中国式信仰场所充满好奇,并做了细致的观察,在画中一一记录了神像及祭品供奉模式,甚至还有神像出游的道具。

此幅作品目的是对中国沿海盛行的妈祖女神信仰神庙状况做真实的记录，但是画面内容与现实景象并不是很吻合，如把妈祖与侍从面貌绘成凹眼翘下巴的西方人形象，神龛的形状描绘成西式的帐幔，神像出游的幡盖伞画成了油伞状，缩小的神轿和配神，等等。这明显不是现场写生作品，很可能是根据观察记忆描绘出来的。版画图片的绘图者也非专业人士，画面造型比较笨拙，用线小心拘谨，雕刻的技法也比较简单。

二、《第二、三次荷兰东印度公司使节出使大清帝国记》插图

荷兰东印度公司在1607年试图与中国开展贸易遭到拒绝后，于1657年、1659年分别派遣商务员及商船再次前往中国，试图说服中国新的王朝政权清政府开放自由通商，但皆未成功。使团虽然出访失败，但还是带回大量有关中国的文字记录和图像描绘。其中第二次使团成员纽霍夫（Nieuhof，1618—1671）将出行途中所见的建筑、城市、景观、习俗等用版画形式做了尽可能详细的描绘，并编成书出版，在欧洲大受欢迎。

受纽霍夫成功案例的影响，从未到过中国的游记畅销书作家达普尔（Olfert Dapper）出版了一本关于中国的"游记"，即《第二、三次荷兰东印度公司使节出使大清帝国记》。该书于1670年在荷兰阿姆斯特丹出版，书籍为黄色皮面16开精装本，长32.5厘米，宽22厘米，高7.5厘米，内容为介绍中国的风土人情，其中包括福建沿海地区。书中共有98幅铜版画插图，有一幅就是介绍中国的海神妈祖（图7-3-2）。

达普尔曾撰写了有关非洲、中国、印度、波斯、格鲁吉亚和沙特阿拉伯各地的游记，但他本人从来没有离开过荷兰，版画作品是根据苏格兰人莱特（David Wright）有关台湾的文字笔记来绘制的，莱特笔记中谈道，"娘妈，或者某些人叫做妈祖"，"她的雕像照她生前大小被立在那里

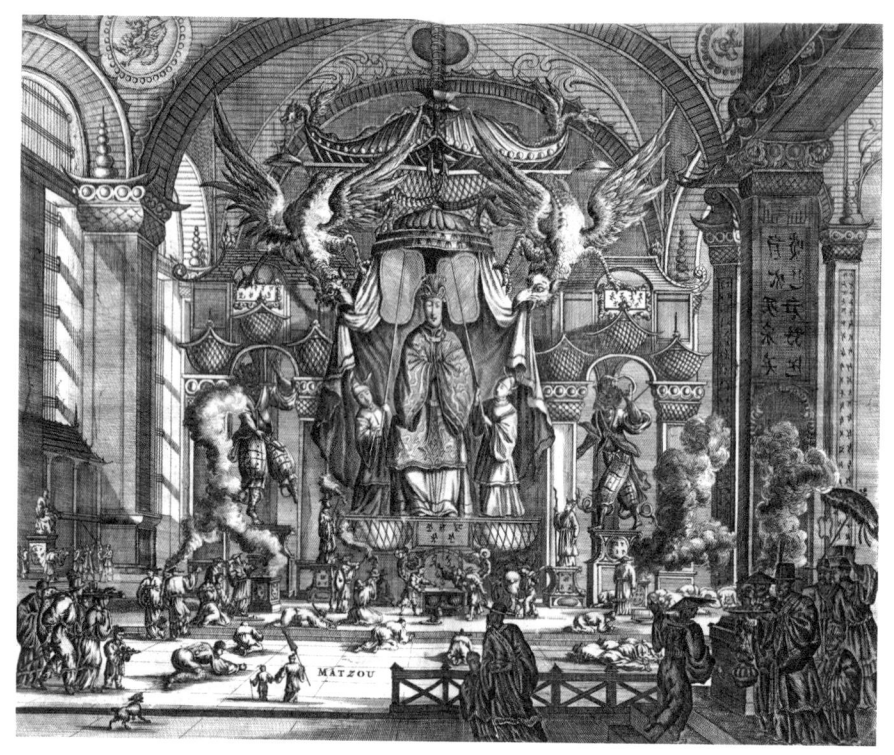

图 7-3-2 《第二、三次荷兰东印度公司使节出使大清帝国记》中的插图

的庙里,并雕有两个女侍,一个在右边,一个在左边,每人手里都拿着一把扇,用以覆盖在娘妈的头上,她们也一起过神圣的生活。她还有两个鬼灵受她指挥。她被中国人当作有能力的女神供奉膜拜,甚至没有一个皇帝不来恭敬跪拜这个娘妈的……每一艘船的船尾都有娘妈的雕像,海员每天都向这个雕像祭拜。"达普尔的创作目的就是根据别人对中国的文字描述,为对中国充满好奇的西方观众提供直观的视觉服务,所以在图像人物的塑造、内容的丰富、氛围的营造上,极尽夸张之能事。

《第二、三次荷兰东印度公司使节出使大清帝国记》有关妈祖的插图中,妈祖五群像占据画面中心位置,妈祖体形庞大,比旁边的护神以及信众和参观者大了好多,象征着她的神圣地位。帷幕下妈祖拱手坐着,外形圆润结实，脸庞圆润，二眼微睁含笑，但手中并没有常见的玉笏。头戴冕冠，甚至很认真画了披挂在腰间的蔽膝。妈祖两旁是身体扭曲的千里眼和顺风耳两将，后面两名戴帽宫女手执大扇，这些完全符合妈祖神像组合的真实状况，没到过现场的人是很难想象出来的。从形象造型来看，妈祖五群像很有可能是借鉴了当时明末《天妃显圣录》中的妈祖绣像"圣容"。《天妃显圣录》由湄洲天妃宫住持僧照乘纂印及刊刻，林尧俞1626年为之作序。之后刊行的妈祖志书都是依照其版式、结构和体例。现存《天妃显圣录》刊本藏于台湾，为百年后的雍正重修本，里面共有三页图版，板刻较粗糙，且图里平海"天妃行宫"标为"天后行宫"，明显已不是初刊本。对照之后的《天后圣录录》图版，可以发现台湾藏《天妃显圣录》缺失第一页全页，这一页的前半页就是"圣容"绣像，后半页是湄洲图的第一分幅"观音石"。可见，明末刊行的《天妃显圣录》已有妈祖像版刻插图，并且是五群像。当时《天妃显圣录》流行甚广，被荷兰人发现收集并当绘画素材是很有可能的。

为了吸引观众，插图画面内容也画得很繁杂。画面左下角一群背着行囊的男女老少，手捧或头上顶着贡品走向神殿，衣着打扮简单，应该是平民。右下角也是一群走向神殿的人群，戴着各式帽子，穿着官服，看起来身份比较高贵，应该是作者所理解的来恭敬跪拜妈祖的皇帝一行。他们捧着祭品，手提香炉，从台阶上走了下来。画面下方有一条西洋贵妇犬朝神殿狂吠。地上满是朝着妈祖下跪的人群。第一层阶梯上有穿着清朝补子官服光着脚丫磕头的官员，还有穿着明代服装、举着伞、挂着拐走向殿中央的人，以及三四个戴着圆筒帽穿明代官服匍匐在地行礼的男人。往后的第二层阶梯上有戴着斗笠帽趴地行礼的明装男人、将香炉高高举起的女人，还有两个清兵正比量着什么，他们的脚下地面上散落着装祭品的碟子。在妈祖神像脚下三个光着脚短衣打扮的平民头朝祭桌注视，其中一位手里扔了两三个小黑点（疑似筶杯），另外两位很紧张地注视着。在这组祭桌前疑似占卜的人群两侧，各有一个戴凉帽的男子双手高举棍棰，敲击悬挂在木架上的锣。在这些人后面，画面左侧方有四个西洋打扮的人，左边一位戴凉帽的中国人正向他们解释或者介绍什么。整幅作品内容繁多。信民手中点着香的香炉，还有庙中造型西式的方形炉，都夸张地冒着长长的浓烟，试图营造烟雾缭绕的中国庙宇氛围。

画面把妈祖神像安置在西式教堂里——巨大的拱形穹顶，高大的墙柱和同样高大的拱形窗户，阳光从左映射，光线聚在妈祖神像前膜拜的人群身上，营造了一种舞台般的聚光效果。图像写实逼真，试图制造图像的真实情景和真实人物。画面篡改了妈祖信仰的原始语境，导致了中国妈祖信仰的人们错乱穿梭在不恰当的教堂式场所，明显套用了西方天庭壁画的模式，以祭坛式的神像供奉模式突出妈祖的神圣，把妈祖由遥远的异国他乡搬到他自己所熟悉的环境中。

由于文字素材非常有限，图像制作者为了丰富画作内容，做了不少想象加工。如画面里运用了大量的动物元素，其中龙元素被反复运用。妈祖头顶两只怪龙从天而降，两尾交叉，用嘴叼起神龛的帷幕。俯冲的怪鸟和两将的动势与妈祖的庄静形成了鲜明的对比，营造了浓郁的戏剧氛围。在它们后面有座亭子，屋脊亦饰有两条龙，龙全身有鳞片，头部长有角和褶片，形体比较接近中国南方庙宇脊饰的双龙，跟中国庙宇脊饰的双龙相向不同，两条龙头部各朝一边，身上长着翅膀，嘴里叼着一盏洋灯。画面的最上边，屋顶穹顶的两侧各有一个圆形徽饰，形似中国的秦汉动物瓦当图案，左边为白虎，但身上有翼，右边应为青龙，但画如蛇状。妈祖身上衣裳上绣的龙图案看起来也像一条条花蛇。妈祖头顶两只怪龙是作者自己对中国龙的幻想，造型是西方龙与中国龙图像的混杂。西方的龙"dragon"起源于希腊语中的蟒蛇"drakon"，龙的形象为蛇与鸟的结合象征体。例如，16世纪德国画家丢勒版画作品《圣乔治屠龙》（图7-3-3）中的龙，有着鸟头、无角无鳞片的身子和大大的羽翼。除此之外，各种中国符号布满画面，牌坊、宝塔、莲花等元素被多处运用。屋顶上的莲花、神殿的柱子、柱头中国式的屋顶翘檐和滴水瓦等，表明画家极力在运用他所认为的中国元素，塑造当时中国人极崇拜的女神神殿。画面中充满奇幻色彩的东方形象，人物装束多样。有人戴着明代梯状方巾"四方平定巾"或圆桶黑笠"大帽"，有人是戴花翎帽、穿补褂的清代打扮。这些信众跪拜动作夸张，甚至有的光脚进庙宇卧地膜拜，并不符合中国民间信仰的祭祀礼仪。这说明画家对中国人形象一知半解。

图7-3-3 《圣乔治屠龙》

　　两幅插图虽然绘画目的与技巧不同，但都制造了真实与虚假掺杂的怪异画面效果。在场景上，把中国妈祖放置在一个类似舞台场景的空间之中，重新构图、布光、取景、拼凑，以西方人之眼，将中国民间信仰的女神塑造成西方人既熟悉而又陌生的存在。这些图像彰示西方画家作为他者对中国信仰的兴趣与观看的同时，也反映了当时妈祖信仰及图像供奉在中国东南沿海盛行的状况。

第四节
妈祖图像的误读

一、图像的误读

"误读"（misreading）原指"错误地阅读或阐释文本或某一情境"[①]，图像的误读，主要是双方对图像的不同理解造成的。

"碧霞元君"原为北宋宋真宗给泰山娘娘的封号，全称是"天仙玉女碧霞元君"，也称"天仙圣母"，传为东岳大帝之女，司人间生育之事。徽宗宣和五年（1123），妈祖也被封为"碧霞元君"。天津天后宫之前正殿供天后和各娘娘，大殿背后的凤尾殿供泰山娘娘及诸多配神，女神神职难于区分，经常造成误读，1986年改建后撤去了泰山娘娘神位。

澳门居民最为崇拜的两位神明是观音和妈祖，观音和妈祖经常被供奉在同一庙宇甚至同一神龛中，两位神祇的服装比较相像，当地居民经常把两位神祇混同。当一位西方的人类学学者向一位澳门渔民提出"谁是天后

[①] 赵一凡等主编：《西方文论关键词》，外语教学与研究出版社2006年版，第6页。

（妈祖）"的问题时，得到的是十分肯定的回答："天后就是观音。"①

在现代台湾，"天后圣母"既是妈祖也是圣母玛利亚的称呼，甚至存有"天后圣母圣玛利亚"雕像［台湾嘉义市内的本尼迪克特会（本笃会）总院］。在台湾进行的问询调查也显示，人们对玛利亚的印象和对妈祖神的印象往往没有差别。

位于以色列拿撒勒的圣母领报大教堂，四面墙上悬挂着各国教会赠送的圣母像，每尊神像都富有各国的乡土气息，如韩国的圣母身着韩服，清秀可人。其中一尊是由中国台湾天主教团体赠送的圣母像，身着清朝满族旗服，但头上戴的是民间信仰中常见的冕冠，插着许多颜色鲜艳的红色大绒球，富有中国戏剧服饰特色。神像下附有标签：Quess of China。其经常被导游或游客误认为是中国的妈祖。葡萄牙探险家平托在书中描绘他在中国沿海地区看到的天后宫：

我们通过一道大门进入内院，大门口有两尊奇形怪状的地狱门神像，据他们说，一尊叫巴察龙，一尊叫瓜济伐。两尊神像都手持铁制的大头棒，面目狰狞恐怖，令人不寒而栗……大殿深处有一个圆形的高台，有15级台阶，高台上有一个与其比例对称的祭坛，上面是天后塑像，这是一个非常美丽的妇女形象，松散的长发披肩，双手高高举向空中，塑像用纯金铸成，表面光滑，闪闪发光，像镜子反射一样发出耀眼的光芒，令人不能直视……当地人虽然如此称呼，却并不了解她的真实身份，就是圣母玛利亚。②

---

① 路易：《艺术、传说和宗教仪式——关于中国南方渔民特性的资料I》，《文化杂志》1988年第5期。
② ［葡］费尔南·门德斯·平托：《葡萄牙人在华见闻录》，王锁英译，澳门文化司署、东方葡萄牙学会、海南出版社、三环出版社1998年版，第231页。

图 7-4-1 日本明治版《增补诸宗佛像图汇》之"船玉宫"

作为虔诚的基督教徒，平托坚信天后像就是圣母像。当然平托游记中多有夸张成分，显而易见，西方圣母堂是不会供奉中国妈祖的，沿海的天后宫也不会供奉西方圣母，但对妈祖与西方圣母图像的误读现象，也反映了在部分东西方人民心目中，妈祖与西方圣母是可以同列并提的。同样在日本，日本的"船玉神"图像与妈祖也形成误读。日本的船玉神是海民们在渔船祭祀的神灵，位于九头龙川河口的三国凑海港，每年正月船户都要悬挂"船玉明神"图像，聚会饮酒。明治版《增补诸宗佛像图汇》中有一幅插图（图7-4-1），上方书"船玉宫"三字，画面正中绘一女神头戴垂旒冕冠，双手持笏朝天，身上穿镶边的大袖衫，披帛飘扬，腰间垂着蔽膝，衣裙佩饰与明代公主寺壁画中的圣妃圣母图像极其相似。左边有一小童捧书，右边一小童执长扇。图旁边还注有文字："宋，太宗时，系渔人女也，雍熙四年九月九日升天，云中云：我则观音化身，今升……"藏于日本京都市立艺术大学资料馆的《六角堂能满院佛画粉本》，是江户时代末期京都六角堂佛画画工临摹的粉本，里面也有一幅题为"船玉明神"的图像，画右侧写道："船玉明神之缘起，据云唐福建郡兴化府有一林氏刘骥船商，祈求十一面观音授子。十二月晦日八时生一女。其商家另有杨氏玄凯妇人祈爱染明王、李氏征辽妇人祈不动明王，三女同日同时生。此女十七岁三月二十一日于海中显现入海。"按图像中的女神造型与文字描述，当地船户所信仰的"船玉明神"，其实是日本化了的妈祖。

二、图像的意义

早期东西方宗教图像文化交流中，存在一段迫害和隐忍的历史。例如，日本方面为了警惕玛利亚借妈祖像之名进入日本，考察中国船只上的妈祖像是十分重要的事情。在中国的日本传教士在1704年书信中记述：从海路到长崎进行贸易的中国人，都要接受踏踩圣像，检查和发现是否为天主教徒。甲板上摆放着一块长1尺宽半尺的铜板，铜板上面雕刻着一个钉在十字架上的圣像，让每个人脱帽，光着脚从圣像上踩踏过去。

妈祖信仰在新加坡传播也遭遇基督教会人员的阻挠。由于当时南下南洋谋生的中国人都流行拜妈祖婆，以求其保佑一帆风顺，1825年新加坡传教士尚德撰写劝人勿迷信妈祖之《妈祖婆生日之论》：

古来有云：富贵有命，生死在天。且若有命住（注）定，都系天意，何故大家专想妈祖，而望女神保佑平安乎？一块木头，不得行动，不识好歹，都像死物。安能保佑船只，而免失事也。若海面遇风，其不能止，而船底逢石，其不能免。及船沉之时，则妈祖亦沉。至若自己都不能救，焉能振（拯）救他人哉……故万劝诸兄，勿拜如此之神。盖木头之像，实不得听闻，不会庇佑。就是有妈祖之神，来赴其像，亦不能时刻赴之，又不能各处遍救百船，所以无用祀事此物，乃求向神天，托仗其能，更为有理之甚也。①

尚德企图证明妈祖并非什么神通广大的神明，我们也可从中了解当时海上航行者对妈祖崇祀之热衷。

正如霍米·巴巴（Homi Bhabha）所说，"文化是在与他者的接触和碰撞的过程中获得意义的，是在与异质文化的相互定义中被产生和确定的"②。在文化碰撞中，人们会自觉采用一些协商式的对抗策略。

17世纪初，一尊漂流在菲律宾拜斯毕河面上的妈祖像被渔夫发现，并捞起供奉。这尊神像在天主教信众的心中是圣母玛利亚的象征，但在华人心中却认定是来自遥远家乡的女神妈祖，之后形成了这样一种奇特的习俗：每逢礼拜四下午，将这尊妈祖像由塔尔凯撒赛大教堂送往当地妈祖庙供奉，到了礼拜六下午，又将神像送回教堂。而且，每年的妈祖诞辰，当地民众都会举行各种仪式庆典，传统的搭戏台请妈祖看三天大戏，燃香点烛献上丰富的祭品，行磕头敬拜大礼，都是少不了的。同时他们还请天主教神父主持弥撒，并且在庆典的最后一晚举行天主教式的花车游街。这便形成了菲律宾华人宗教民俗的混杂融合。

在西班牙统治者软硬兼施的宗教同化政策下，菲律宾华人表面上信仰天主教，崇拜天主教圣母，而内心把此天主教圣母当作妈祖来信奉。至今，这尊安置在菲律宾描东岸省达社天主大教堂里来自中国的妈祖像，被信众认真地披上卷曲的假发，身披金黄色斗篷，穿上精心绣上太阳、月

---

① 尚德：《妈祖婆生日之论》，原刻版，卷五，第5页。
② Homi Bhabha, "The Postcolonial and the Postmodern: The Question of Agency", in *The Location of Culture*, NY: Routledge, 1994.

亮、星星图案的裙袍，头顶一圆环镶钻加六角星的夸张王冠，已经被当作西方圣母的另一种形象。

事实上，"圣母化"的妈祖像有助于平息当时华人移民与当地居民之间的一些冲突。两个不同的神龛是双重系统，给中国华人与菲律宾当地人一个信仰的选择。

在移居地文化与本土文化造成冲突的历史中，妈祖图像历经复杂的文化协商调和，形成一种更丰富的图像语言，而非单一简单的复制。妈祖与西方圣母图像在这里得到了统一。来自中国的妈祖神像在菲律宾被东西方信仰共同供奉，形成非常独特的图像交叉。究其原因是妈祖图像对爱的主题阐释吸引了人们，突破了信仰的限制，形成共同的膜拜。

第八章 现代妈祖图像的形象符号编码与意义建构

神像，是人类欲望与理想的影射。"人类的目光，远远不能把神明凝结为一种跟它那样固定的形象（figmentum），反倒是在神像中，不断地看到看不见之物的浪潮一阵阵地袭来。"① 这些看不见的物体，来自神秘的世界，来自人们内心深处追求生命尊严与实现个人价值的意识，是一股看不见的强烈欲望。正是这个看不见的力量，赋予了神像重要的精神指引功能，成为凝聚与团结信仰群体的力量，推动着人类历史的前进步伐。

---

① 转引自［法］让-皮埃尔·韦尔南《神话与政治之间》，余中先译，生活·读书·新知三联书店 2001 年版，第 440 页。

第一节
地域文化观念中的现代妈祖造型

"文化大革命"时期,神州大地刮起"破四旧"之风,横扫旧神,妈祖文化遭到严重破坏。几乎所有的宫庙与神像均遭浩劫。福建的妈祖庙,除一些规模较大的庙宇被占用为商场或车库外,其他全部遭受拆除或破坏。以莆田湄洲岛为例,当时岛上14座妈祖宫,除了下山麟山宫(清代重修)、下山田厝的龙兴宫(1947年重修),当时建筑物尚好被留作他用,其他如寨下天后宫、上兴宫、上林宫、上英宫、莲池宫、湖石宫、泗龙宫、白石宫、仁福宫、后巷宫、天利宫等,俱夷为平地,到20世纪80年代或近几年才重建。目前规模宏伟壮观的湄洲祖庙,当时也被夷平,也是20世纪80年代以后才开始重建的。之后,随着落实宗教政策,信仰复苏,妈祖被奉为海峡和平女神,各地又纷纷重修重建妈祖宫庙神殿,重造妈祖神像。现代社会是个交流频繁、信息灵敏的时代,区域间图像艺术创作也经常交流,而且有些庙宇由于规模大、财力足,也会请一些外地的造像名家为他们造像,因此妈祖图像产生了丰富复杂、多样交叉的模式。虽然现代文化发达、信息交融快、艺术交流频繁,但是各个地区的妈祖神像还是有着自己的区域特色。妈祖信仰作为现代的一种特殊文化形式,在中国大地上萌芽生根,与地方的生产、生活关系密切,形成了具有地方特色的文化内涵。如辽宁地区妈祖造像面色以金面为主,眉毛弯弯与鼻梁相连,眉眼低垂,鼻梁较平,比较类似佛教造像。山东地区妈祖造像正襟危坐，丰颐厚颊，前额隆宽，表情冷寂，面貌严肃，姿态沉静质朴。山东亦多金面妈祖像，如长岛山后天后宫、唐王城天后宫、长岛显应宫、蓬莱天后宫、威海石岛天后宫等妈祖像皆为金色。河南、河北地区妈祖造像比较接近真人，以粉面为主，造像两眼距离比较远，颧骨较突出，嘴唇偏厚，观之可亲。天津地区妈祖造像眉弯，上眼皮厚，眉眼距离较宽，鼻窄，口小唇薄，精神饱满。江浙地区妈祖像造像多为粉面，含笑超尘，眉目有神，身姿匀称，秀媚之中有刚毅之感。广东地区妈祖造像也以粉面为主，眉眼距离较宽，眉毛不与鼻梁相连，眼睛圆睁，眼白清晰，多描有浓黑眼线，鼻梁较低，二边鼻翼略宽，口略大，有南方人的面貌特征。海南地区妈祖造像带有浓浓的热带风情，色彩浓烈奔放，对比强烈，五官拙趣。（图8-1-1）贵州镇远天后宫粉面妈祖像，身着粉紫服饰，手执如意，坐姿，但妈祖头上冕冠明显参考了湄洲妈祖室外立像的造型。（图8-1-2）即使是同一地区的妈祖造像亦有着迥然不同的面貌，其构成了多姿的妈祖图像文化。以福建妈祖神像为例，闽东、闽南、闽西、莆仙等地形成了具有自己地方特色的妈祖文化内涵。

　　闽东与浙江接壤，民风崇尚平和舒缓。在霞浦，小小的一座沙江海岛上，窄小的渔民街，街头街尾鸡犬之声相闻，但却拥有两座历史悠久、规

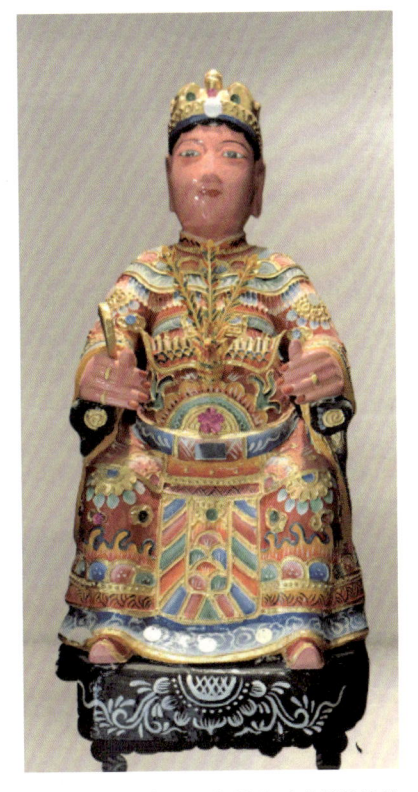

图8-1-1　现藏于一瓣香妈祖文化博物馆的海南妈祖像

图 8-1-2 贵州镇远天后宫妈祖像（郑秀全摄）

图 8-1-3 霞浦竹江后澳天后宫妈祖像

模不小的妈祖庙，可见当地妈祖信仰之真之深。这里人们把妈祖当作普度众生的形象代言人。在闽东的民间传说中，妈祖不仅是海上女神，还是人们期盼的救世主、救苦救难的佛陀菩萨。因此闽东的妈祖造像大多带有佛教造像的痕迹，体现在图像上就是追求一种宁静优雅的气质和唯美至善的韵味。闽东妈祖图像塑造得如瑶池仙女，超脱了世俗的美感，重点表现在面部丰腴，肌肤细腻，秀目半睁半闭，嘴唇有着花瓣一般的清晰的轮廓线，佩饰精美，衣裙华丽，线纹柔和流畅，风度俊逸，典雅优美，体现着柔情似水的南方文化。此类风格的代表作有连江凤岐妈祖庙、霞浦竹江后澳天后宫（图 8-1-3）、连江川石岛白马宫妈祖殿、长乐市江田克明湾天后宫等妈祖神像。闽东妈祖圣迹叙述式图像造型严谨、刻画精细、不施重彩，是为地方特色。其中线描功夫尤精，线条粗细变化合度，顿挫有致，节奏分明，深得传统壁画的表现手法之精髓，其代表作如福州螺洲天后宫壁画等。

　　闽西地处闽、粤、赣交界，为绵延的山区，亦是客家人聚集地，始终保持中原的传统文化特征和信仰习俗，同时又善于吸取新鲜事物。山区人民按照自己的愿望来改造妈祖的形象，因此妈祖的职能与传统的海神不同，其造型也与沿海地区有较大的差异，更接近于可敬的长者。踏进闽西妈祖庙，经常感到有一种神奇玄秘的气氛。这里的妈祖神像经常使用金、红二色，金色的脸，红色的唇，金色的袍服，红色的披巾，给人极强的视觉冲击力。红色象征着一种灵异的力量，使人兴奋，使人敬畏。金色的面部有写实意味，其中也有被夸张了的局部特征，给人神秘的美感。例如，龙岩武平太平山妈祖庙妈祖像，细长的双眼微微眯着，直挺的鼻子，嘴唇凹瘪，带着意味深长的微笑，很像乡村有道行的巫婆。（图8-1-4）闽南沿海是典型的海洋文化地域。海上生活与陆上生活相比，较少有人际方面的拘束，因此磨炼出当地居民追求刺激和独立不羁的性格。四处奔波的闽南人，亲身接触了形形色色的异态文明，他们善于广采博纳，从自己固有的传统文化框架里走出来，接受新事物、吸取新元素。在大风巨浪中滚爬的闽南人，把妈祖当作慈爱亲切的母亲，所以闽南一带的妈祖图像大都慈眉善目，透着母性的光辉。闽南现代妈祖图像一般都制作精美，形象丰满高大，比例匀

图8-1-4　福建龙岩太平山妈祖庙妈祖像

图 8-1-5　厦门何厝顺济庙妈祖像

图 8-1-6　莆田华亭郊溪明山宫妈祖像

称，面相丰腴，显示出温柔庄严的神采。（图 8-1-5）

莆田地处福建中东部沿海地区，是福建开发较早的古邑。此地重教兴学，崇尚儒风，有"文献名邦""海滨邹鲁"等美誉。勤劳是莆田地区妇女的传统美德。善良勇敢、辛勤和蔼是莆田百姓对妈祖形象的一种理解。莆仙普通乡野妈祖宫庙中的妈祖形象很接近于普通劳动妇女。（图 8-1-6）确实，瞻仰这些朴实的妈祖造像让我们有如目睹故人的感觉。五官说不上是多美，但都有一双善良的眼睛，没有一般庙中神像那种睥睨天下的傲慢眼神，都是充满关怀怜悯的凝视，让人感到贴心的温暖。

因为福建妈祖庙宇众多，神像自然也多，难免艺术水平参差不齐。其中不少的妈祖造像塑造得相当原生态。但这些造像师傅的原意是尽能力塑造出他们心目中妈祖的高大圣洁形象，只不过经济条件所限、艺术技巧不够罢了。

　　受现代社会价值观与审美观影响的妈祖图像，在体现图像文化的变通性的同时，继续保持对信仰主题的坚守。尽管妈祖图像与现代文化的碰撞中遭遇着各种各样的困难考验，但有一点是不可质疑的，有越来越多的造像师开始走上探索传统精神主题的道路。我们相信，新一代的妈祖造像师，能把握住妈祖图像的精神气质，塑造出新时代妈祖的完美形象，为千年妈祖造像系列增添灿烂的一笔。现代妈祖图像就是这样，继续徘徊在现代思想探索与传统再现之间。妈祖图像代表现代价值、理想追求，创造出全新的社会理想人格，也带来造像内在文化心理结构的革新。妈祖信俗图像为我们提供了一个个可供共同分享的象征形象符号，也给我们留下了共同的回忆。妈祖图像以中国沿海为中心，向四周不断扩散，成年累月不断叠加、不断调整，凝固成独特的图像文化，不断绵延，构成妈祖信仰文化史重要的一部分。通过对图像的观察，我们可以了解到妈祖信仰的生存方式，在不同时代是如何在不同族群与文化背景中逐渐杂糅、融合、交错的。新的时代，社会结构与文化价值观都在转变，但不变的是我们心中的信仰与爱的信念，告别心中的恐惧与孤寂。妈祖信仰作为中华文化的重要组成部分，随着与之相关的民风民俗融入海外华侨生活习惯中，妈祖信仰成为建构海外华侨文化认同的重要途径。大规模、大范围的妈祖信俗艺术的异地传播，形成一个巨大的环流，涌动着中华文化的精神内涵。在这一环流过程中，它吸收和附丽许多其他地域艺术的精髓，从而丰富并扩大了妈祖文化的内核与外壳，使得妈祖文化在与世界其他先进文化进行文明对话中充满深厚的底蕴与鲜活的气息。

第二节
现代信仰观念下的妈祖图像造型

自古以来,中国人就有立象、观象的传统观念。《易传·系辞传》中云:"圣人立象以尽意。"① 这就是说,圣人创立卦象是为了充分表达意念,只有"象"才是通达圣人之意的可靠方式,能够真正体现教化精神。人们通过对"象"的观照,认识到自己的社会性,保证自身社会属性的实现。"象"因此承担了社会的伦理教化功能,"观象"也演化为教化的一个重要手段。观物取象、立象取意的教化意识成为中国传统文化中本体论的思维方式。

受此影响,中国的传统宗教信仰造像凝聚着"劝善戒恶"的伦理观念。"古时多画人物,忠臣孝子、乱臣贼子,所以寓赏善惩恶之意,而匡伦理学之不逮。是人见了忠臣孝子的画像引起崇拜模仿的观念,见了乱臣贼子的画像,生出厌恶戒惧的观念。"② 以丹青画功臣,不光是表彰某个有功之臣,更重要的是承担着政治说教、宗教宣传的社会功能。体现出的精神不仅是中华民族的豪迈气概,更是华夏文化延绵流长的生命力之所在。

理学是宋儒家哲学思想,亦称"道学"。所谓"理",就是封建伦理准

---

① 金景芳、吕绍纲:《周易全解》,上海古籍出版社 2005 年版,第 567 页。
② 黄宾虹等:《中国书画论集》,台湾华正书局 1984 年版,第 251—255 页。

则"忠孝廉节、仁义礼智"。它对中国近千年的思想影响巨大。理学强调天性，神，正是宣扬理学的合适载体。郑玄说过："圣人的精气谓之神。"中国古代圣人都是伦理的典型模范，中国民间百姓称神为"圣人""圣明"。所以，我们所看到的神像都是社会意志，通过艺匠的手笔，借助抽象人的躯体概念塑造成为"圣人"，来体现所要宣扬的伦理内容。这种对图像的古典观看，使妈祖图像的外形亦有了古典的规范：身躯处理异常简练，衣纹处理力求平直、流畅，在单纯中求变化。在神像的塑造中，有关人体的骨肉细节和衣纹皱褶都被简化或删除。如最重要的脸部，本来有许多的骨骼肌肉，可以用来表情示意的，在"圣人化"的过程中都被淡化排除了，只表现人的概念化内容，如慈眉善目、怒目逼视，说教布道、劝导引渡等。妈祖图像脸部重点在于突出仁慈、端庄。体型、衣纹、绶带飘举等表达都有一套师传的模式。其中特别注重手式、眼神、法器、姿态的传神表现，使人物造型达到心与物、动与静、简与繁、平与直的完美统一。这些看似公式化、程序化的艺术手法，都是多年来社会和艺匠对神的理解的共同积淀，亦是社会审美共识。若有小小突破便会引起社会的注意，如蒙娜丽莎的微微笑痕就引起了一场艺术变革。和平女神像妈祖手中持鱼设计被否定，是短暂的社会观念和政治标准与悠久的历史文化和伦理道德的较量，在实践检验中前者被后者否定，从另一角度说明突破的难度。如上面所言，信仰图像是信仰的典型图像，具有相对的稳定经典造型。但在岁月的长河中，经久不变的信仰图像外形也会遭受社会意识力量的冲击。当代已是民权社会，广大民众对自身权利的保护意识提高。过去那些神圣不可亵渎的宗教神像，亦成为把玩于民众股掌之上的物品；过去至高无上的圣物，如今可以当作贴身的装饰物品。如把各式小佛像、观音像挂于胸前，还高调谓之"男挂观音，女挂佛"，以表对神的零距离的亲近与崇拜，这在以前是不可思议的事。有些工艺师把妈祖神像卡通化，当作书案上的

图 8-2-1　台湾彰化县鹿港镇玉渠宫斗拱彩绘（李奕兴绘）

摆设品或挂坠装饰品，那已是不难理解的事。

随着现代民间生活水平日益提高和生活方式日渐多样，中国民间宗教信仰渐渐出现了世俗化的痕迹，这种世俗性不知不觉也慢慢渗透到信仰艺术中。台湾彰化县鹿港镇重建主祀戏曲之神田公元帅的古老庙宇玉渠宫，主持重建策划的彩绘师李奕兴童心大发，将海绵宝宝、派大星、多啦A梦、米老鼠等图案画在梁柱斗拱上，意图将现代生活元素融入庙宇文化中。可爱的西方动漫、日本卡通图像与斗拱上的中国传统彩绘相映成趣，形成的巨大文化反差，大大地吸引了观众的眼球，同时也颠覆了人们对庙宇艺术传统的看法。（图 8-2-1）

妈祖图像造型创作中也出现了世俗化倾向，即Q版妈祖。Q为英语"Cute"的谐音，本意是可爱的意思。Q版漫画是日本漫画家手冢治虫于20世纪80年代开创的，Q版是一种可爱化，以儿童化的造型方法追求简洁明快的画面，最直观表现是改变人物头身比例，头夸大，身缩小。正常成年人一般头与身子的比例为1∶6或1∶7，Q版人物造型身高通常会缩小到六个头高以下，甚至只达到两个头高，起着简洁夸张的奇特效果。这种可爱化的造型方法很快受到社会上年轻群体的欣赏与追捧，为了投合这类群体的审美情趣，台湾妈祖图像也尝试着走可爱化的路线。位于苏澳海军基地的进安宫，其室外大型造像"海军妈祖"，就是明显的Q版化。Q版化过程首先是做比例变化，将妈祖的头部扩大，身子整体缩小，小小的身躯看似不堪承受庞大头部的重量，让人产生怜惜之感；其次做减法，完全不顾面部和身体的肌肉特征及解剖关系，面部简单化为圆溜溜的形状，如鸡蛋一般没有一点的起伏转折，旒冕的外形亦是简单概括，保留冕板覆盖加博鬓标志性特征，尽量去掉传统造型繁杂的装饰，连旒数也缩减到五条三条，身上的衣纹线也尽量地删减；再者就是运用夸张的手法，眼睛作为心灵的窗口，被夸张得非常大，而且形状像一粒圆溜溜的黑豆一样可爱有趣，小而塌的鼻子可以使妈祖看起来有些俏皮。这样经过Q版加工的妈祖形象看起来很有亲和力。宣扬妈祖圣迹的图像亦有Q版的样式。台湾云林县西螺镇福兴宫当地小学师生在后方墙壁创作Q版壁画，妈祖造型可爱逗趣。在妈祖圆圆的脸上夸张地塑造了一对棱角分明的大眼睛，仿佛在警惕地监视着海面的风浪起伏。两旁原本骨瘦如柴的顺风耳和千里眼也被孩子们夸张成圆墩墩的体型，千里眼手中拿着望远镜，顺风耳在聆听手机，场面诙谐有趣，充满了奇思妙想的童趣。澳南天宫那尊妈祖室外立像是根据妈祖伫立码头，眺望海边，指引海船平安航行归来的古典题材来塑造的。后来采用的是非经典造型，Q版幼龄化的妈祖面容，淋漓尽致地表现人们充满童真的幻想。尽管其有着非古典的外形，但所描述的还是妈祖形象母题所代表的古典信仰原型意义——守护与爱。

妈祖造像的"童心大发"，一方面表明了现代妈祖信仰文化发展的世俗化倾向，造型逗趣的妈祖颠覆了以往神圣的形象，妈祖原先的崇高性、威严性、神秘性相应弱化了。正如很多妈祖庙都建在民众生活聚集区里一样，现代百姓需求的是更容易融入百姓的日常生活，跟民众的生活打成一片的信仰神祇。各种Q版妈祖公仔、挂件拉近了妈祖与民众的距离，使妈祖信仰更易与现代普通民众亲近接触，从而达到推广信仰的目的。此外，

Q版的妈祖与传统的妈祖图像最大的不同应该就是简化——简单的外形，单纯的神态。Q版幼龄化的面容让人回念童年。"重新创造一个过去时代特有的艺术对象与形态，从事唤醒一种和这些对象相联系的昨日之感"[①]，让人们重归童年。可爱趣味的流行，体现了现代人对复杂人际交往的一种逃避态度，以及对淳朴、单纯的生活方式的向往。

另一方面，在西方文化影响下，有些妈祖图像也开始跟随现代造型的潮流，向西方的经典模式学习，用立方体、圆柱体构成造像结构，表现了工业时代特有的冷漠，与妈祖图像古典精神渐行渐远。

还有一种倾向是，妈祖造像虽有着古典化的图像外形，却代表着不同于古典原型的意义。如一些新创的妈祖图像，把那些传统的艺术类型处理成流行的具有观赏价值的样式，虽然古典的图像造型如冕冠服饰及面貌被延存下来，但我们不难觉察，这些手法更新颖、装饰更繁杂、趣味更浓厚、色彩更鲜艳华丽、材质更多元的妈祖像却无法引起心灵的触动。过去人们面对妈祖像不敢胡言妄语，妈祖造像带给观者的除了艺术价值以外，还有道德、文化以及心灵的象征价值。现在，人们面对妈祖像，更多的是寻找新鲜的视觉感受。

---

① ［美］弗雷德里克·詹姆逊：《文化转向》，胡亚敏等译，中国社会科学出版社2000年版，第18页。

第三节
现代审美观念下的妈祖图像造型

现代社会是个交流频繁、信息灵敏的时代，区域间图像艺术创作也经常交流，而且有些庙宇由于规模大、财力足，也会请一些外地的造像名家为他们造像，因此妈祖图像产生了丰富复杂、多样交叉的模式。

戏剧文化在现代妈祖图像上的影响是显而易见的。中国人好看戏文，所以，无论南方、北方，各地妈祖庙均修有戏台。（图8-3-1）戏台有的建在大殿门口宽敞的埕上，有的建在庙门后面，正对着正殿。老百姓酬神演戏是地方风俗，戏剧文化也潜移默化地对妈祖图像产生了影响。妈祖肖像式图像如神像、神符中妈祖的袍服与冠帽就是直接在戏服的基础上加以改造的。自古民间请神时都认为把所敬奉之神装饰得华丽富贵才能表达自己的诚意，这种思维也体现在一些地方庙宇妈祖像的戏剧化造型上。人们不但为妈祖像穿戴凤冠蟒袍，凤冠上还缀满各色各样灿烂夺目的珠子和绒球，贴着层层叠叠颜色鲜艳的镜片和贝片，做到绚丽璀璨至极。服饰上也是缀彩镂金、描花绣凤，不放过任何可以装饰的部位。妈祖像的脸部也是浓妆艳抹、描眉涂唇，擦着浓浓的腮红，额前贴满京剧花钿，充满喜庆的色彩。这种造型是直接模仿传统戏剧中的舞台服饰打扮，有一种喜剧般浓厚而夸张的美。民间喜欢热闹的审美习惯，使妈祖造像出现了这种装饰意味浓厚、色彩鲜艳、华丽而独特的形式。虽然乍的望去，花俏夺目，但也是老百姓对妈祖敬重的一种方式。莆田涵江前林宫、莆田梧塘后东坡天后

图 8-3-1　福建龙岩永定高陂西陂天后宫戏楼

宫、霞浦松江圣母行宫（图 8-3-2）等地妈祖神像皆为此类风格。圣迹叙事式图像中也可明显寻觅到戏剧文化的影子。民间对壁画最朴实的审美要求就是画中必须有戏，要求一幅画中要有耐看、让人回味无穷的细节。如仙游枫亭灵慈庙的圣迹图中，画师在构思情节时，发挥自己的聪明才智，安排了一个个跌宕起伏的故事，故事情节有张有弛，场景有室内室外，天上人间不断变

图 8-3-2　福建霞浦松江圣母行宫妈祖像

换，牵引着观众的视线，避免欣赏疲劳。妈祖图像造型、动作、道具均借鉴戏剧文化的模式，形象更为生动，富有浓郁的乡土气息。本来，创作历

图 8-3-3　仙游龙井宫壁画

史人物画，需对人物所处时代的服饰打扮、生活道具等有一定的了解，有时还需查阅相关的历史材料或图像，但这对民间画师来说，是很难做到的。于是，他们大胆想象，大胆组合，所画妈祖冠袍大多是明代服饰和舞台服装糅合而成。戏剧舞台上的动作往往夸张，以较为简练、有代表性的程序式动作来表达内容，其优点是便于观众辨别理解。在妈祖庙壁画上我们也经常看到这种戏剧动作的应用，如仙游龙井宫壁画（图 8-3-3），身着蓝衣的妈祖与众妖作战，一只脚踩踏在章鱼精上，一只手持宝剑，另一只手上举，面朝观众，仿佛是一招武打戏亮相，或剧情快要结束时，女主角摆出戏剧化典型造型在谢幕。这虽显夸张，但是不识字的老百姓可以很容易根据这些动作解读出图像内容，这正是图像所特有的功用。民间美术对妈祖图像亦有明显的影响。民间美术追求奔放粗犷的风格，民间画师用笔粗放，设色简略，有很强的写意性。民间画师善于应用纯度极高的原色，大胆用红、黄、绿、蓝等单色，不分浓淡深浅，随意而自然地平涂，用笔泼辣而毫不犹豫，制造出鲜艳夺目的画面效果，富有装饰的意趣。民间画师把民间美术审美运用在妈祖图像上，创造了许多相当出色的作品。例如，莆田秀屿东峤蒲弄宫妈祖故事壁画就是应用民间色彩平涂方法的典型范例，画面上妈祖红色的衣、绿色的云肩与裙、蓝色的蔽膝与披帛色彩纯度高，鲜艳夺目，但背景使用色泽淡雅沉着的赭色与花青色相间作铺陈。（图8-3-4）如此烘托之下，妈祖的服饰显得艳而不俗。说明民间画师在材料粗劣的情况下积累了自己的经验，很好地驾驭了画面的色彩处理。现代装饰艺术亦对妈祖图像图式表达方式产生影响，如马来西亚雪隆海南会馆天后宫壁画（图8-3-5）。马来西亚雪隆海南会馆天后宫建立于1989年，

图8-3-4　莆田秀屿东峤蒲弄宫妈祖故事壁画局部

图8-3-5　马来西亚雪隆海南会馆天后宫壁画

是移民至吉隆坡的海南人集资筹建的，为此重塑神像，绘制天后圣母故事壁画。壁画内容分为六部分——"天妃诞降""窥井得符""祈雨济民""拯灾救难""湄山升天""圣母助郑"，讲述了妈祖自幼天资聪颖，神异灵通，救民于疾苦，为神后经常显灵护航，备受民众崇信，成为南方海上女神的事迹。故事壁画充满浓浓的装饰风格，在构图上突破了时空，如"天妃诞降"一图，并不是按传统诞降图模式那样，描绘现实生活中的产房场景，而是在画面中间设计婴儿妈祖悬空躺着，四周光芒四射，前后左右仙女手捧明珠环绕。人物形象大小不受透视空间限制，妈祖形象明显比他人高大。服饰上也不拘泥于宋代，抹胸披帛，妈祖下半身衣裙夸张拉长，更显灵巧。这种装饰风格的现代壁画更多在抒发绘制者的造型理念，因此设计感强，风格独特，给予观众不一样的审美感受。

现代妈祖图像，大多是造像师从他们自己的实际生活中提炼出来的，从他们亲身感受的素材凝聚而成的。或许是出于对人性的注重，各地妈祖神像的艺术中往往带着一种平民的"俗"，人们希望通过妈祖的导引、赐福，能够过上高质量的生活。这种"俗"无疑是功利性的，然而比起文人士大夫阶层在艺术中追求的"雅"，态度更诚实。原因在于，它突出的是生命的基本内容与追求。事实上，正由于这种真实性的表露，妈祖现代图像没有太多框框条条的限制，本着对真实生活的理解来塑造平民心目中的女神，自有一股人情味和自然的气息。

第四节
现代文化心理观念下的妈祖图像造型

图像艺术作为符号，是人类情感的投射，亦是人类精神面貌和文化情感在空间、时间中的物化。刘文三在《台湾神像艺术》里说："人创造了神，赋予神的各种像貌与解释，到头来，是神创了人，赋予人各种能力，去展现神赋予人的生命。"[①] 无形中，妈祖图像的意义已形成社会价值体系中的美感经验或社会文化，这是不可漠视的。

现代妈祖图像艺术，借助妈祖图像母题来反映现代社会演化与集体心理，展示了来自于艺术家内心对生活的真实体验与表达。台湾艺术家杨英风创作的玻璃版画《妈祖》（图8-4-1），就是一幅勇于探索内心世界的作品。作品底板为黑色，妈祖胸像所占画面比例超

图8-4-1 杨英风玻璃版画《妈祖》

---

① 刘文三：《台湾神像艺术》，台湾艺术家出版社1981年版，第12页。

过了四分之三。由红、黄、蓝、白四主色略带写意地勾勒了妈祖充满民俗气息的服饰：点缀有各种绒球、珠钿、流苏的宽大旒冠，披在旒冠两边的红绸饰带，绘着龙头图案的圆领袍服和华丽的披风。这些由多样色彩和图案构成的带有符号标志的服饰，足以显示画面主人公的身份角色，也给人一种喜庆的心理暗示，暗示妈祖是给人们带来阳光与希望的喜神、平安神。这些热闹的色彩图案在观者观看的第一时间涌入人们视线中，接下来，在进一步的凝视中，它们慢慢隐入黑色的背景中，于是，妈祖的脸与有船只航行的海面背景在画面上浮现出来。妈祖的脸色被处理成深赭色，以黑线勾勒五官。海面背景则以黑色为底，赭色勾勒起伏的波浪与挂帆航行的船只。二者形成对比，突出了妈祖深赭色的脸。但在整幅作品中，二者又通过相同的黑赭相间色块统一在一起，形成了一种呼应。妈祖的脸呈现在观者的视线焦点上。令人奇怪的是，画中妈祖双目紧闭，若有所思。传统的妈祖图像一般为睁眼平视或双眼微睁，并没有完全闭眼的造型。这种闭眼的方式，也就避免了画面妈祖与观者的直视交流。观者更容易融入画面的氛围中去猜测——原来妈祖闭眼的"思"，是为了与背景的海面的"看"形成交流与感应。这种神秘的"神心"交流，在画面上蔓延，于是就这样，艺术家通过现代全新的图式构成与色彩心理，完成了他对妈祖古老神性（守护与爱）的理解与表达。现代大陆造像师亦孜孜不倦地追求对妈祖图像精神性的体悟。笔者曾在妈祖故乡莆田采访中国工艺大师佘国平先生，佘先生说的一段经历感受让笔者印象深刻。他说他曾经为广东陆丰碣石乌坭天后宫塑造了从莆田湄洲祖庙分灵去的一尊妈祖神像，到达当地时，几万民众去迎接，看到妈祖神像的刹那间，几万人静穆无语。他们惊呆了，妈祖神像庄严神圣的气质一下子征服了所有的信徒。在那一瞬间，他也被深深感动了。我想，此时，与其说他被自己创作的神像感动了，不如说他被自己艺术创作的妈祖图像的古典精神感动了。用他自己的话说就是："人生价值得以体现,有意义,有责任。"①也正是这种信仰民俗中的精神力量为妈祖造像艺术创作提供了强烈的原动力。佘先生说,为妈祖造像是一件庄重的工作,在造像之前,先要对神有所了解和研究。他制作妈祖神像前,先是被妈祖精神感动了,被妈祖体现出的崇高母性大爱感动了,然后心中也慢慢有了妈祖造像模糊的影子:不单单是塑造美女,而要往神圣靠拢,在造型表现中,不要用太柔软的线条,以免过

图 8-4-2　佘国平木雕作品《妈祖》

于甜俗。这样塑造出来妈祖神像作品(图 8-4-2)才拥有庄严神圣的精神气质,才能感动信众,征服信众。

---

① 此处根据笔者对佘国平先生的采访录音整理。

第五节
新时代妈祖形象的图像建构

图像并非孤立的个体，而是社会和文化互相融通的整体中的一部分。妈祖信俗图像的存在，首先是社会性的存在，一个社会角色的承担者。妈祖信俗图像为我们提供了一个个可供共同分享的象征形象，也给我们留下了共同的回忆。妈祖信俗不是简单的信俗现象，甚至不是单一的民众信仰现象，而是映射出种种的社会现象。妈祖信俗图像的生成，是处在一个多元维度场的交叠之中的。不同的社会境遇、地位、身份、环境等，都会对妈祖图像造成影响。其次，妈祖信俗图像又是文化性的多元存在，是一种文化宣言或社会符号暗示，隐藏了一种文化态度。妈祖形象以中国沿海为中心，向四周不断扩散，成年累月不断叠加、不断调整凝固成独特的图像文化，绵延构成妈祖信仰文化史重要的一部分。妈祖形象文化史固然是在叙述妈祖文化，包括地域习俗和宗教族群是如何在历史中形成与衍变的，也可从中关注原本散漫的文化，包括各种传说、习俗、信仰等是如何汇流且形塑出妈祖形象的。图像体现官与民、分裂与统一、生存与发展、传统与现代的冲突，成为各时代各区域社群的符号象征。作为信仰承物而存在的妈祖图像，是可以与外界进行沟通互动的"图像"，由一个个可视性的系列图像符号展现构成文化。

图像又是一种身份认同，图像符号语言本身具有世界性和跨文化性。妈祖图像的世界塑造，表达了和谐共处的视域态度，以直观的形式表达，不用翻译可以让人一目了然，有着清晰的身份认同，是整个人类都可以辨识与相互沟通的语言方式。徐光启感叹说："睹圣母像，心神若接，默感潜孚。"在现代社会价值观与审美观影响下的妈祖图像，在体现图像文化的变通性的同时，继续保持对信仰主题的坚守。今天的世界正发生着巨变，这个世界性在中国儒家认为就是"天下"的概念，"和而不同"。不同的事物与观念，都可和谐相处。"天下大同"不仅仅是从狭隘的国民性、阶级性、民族性和地方性来考虑图像的生存状态，更要转变到全球视角。全球化应该是"对世界关怀的内在化"。尽管新丝绸之路沿线国家和地区的政治体制、经济模式、风俗习惯和传统文化有差异，但各国百姓对妈祖"行善救困、舍身取义"的大爱精神却都能认同。（图8-5-1）

图8-5-1　湄洲祭典上的妈祖像

　　德国学者诺贝·伊里亚斯（Norber Elias）认为，文化是使民族之间表现出差异性的东西，表现民族的自我和特色，因此它没有高低之分。而文明是各民族差异性逐渐减少的东西，表现着人类的普遍行为和成就。妈祖信仰在各个民族地域形成不同的文化形态，但是妈祖信仰中对大爱的精神文明的追求，使各个地域族群的人越走越近。对爱与善的追求与向往是人类历史发展的必然方向，也就是这个原因让妈祖信俗图像有了广播广散的力量。目前，我国开始注意文化软实力的建设，借助图像将代表和谐共处、具有大爱精神的妈祖文化在海外大力传播，也是软实力提升的一个途径。讲好妈祖故事、塑造妈祖现代形象、阐述当代妈祖文化精神，让各个国家和地区的人民通过图像来深化对中国的理解与认识。这种理解与认可，最终可转化为对中国文化及中国国家形象的认可。

习近平总书记曾指出："丝绸之路经济带和21世纪海上丝绸之路倡议顺应了时代要求和各国加快发展的愿望，提供了一个包容性巨大的发展平台，具有深厚历史渊源和人文基础，能够把快速发展的中国经济同沿线国家的利益结合起来。"① 因此，作为中国与东南亚甚至全球的文化交流纽带，海洋女神妈祖图像文化的作用和价值将在这一倡议下愈发凸显。捕捉这些富有特色的图像，解析、挖掘、突出其中所昭示的文化意义，让妈祖信仰图像发挥图像的特点，真正成为展示中华文化的象征，这应该就是图像工作者的意义所在。

在世界人民看来，妈祖就是东方圣母的代表。她有着宽厚仁慈的母性，虽然不具备创造万物的能力，但她能唤起人们对崇高感情的向往。不同于西方圣母的温婉与柔弱，妈祖有着坚定、信心十足的眼神与宽广的胸襟。她是从民间走出来的女神，她身上高尚的品德与献身的精神，足以赢得世人的崇敬。从妈祖图像中我们读出道家仙质、禅门佛性和儒家风范的多姿形象，其中关键词是仁慈、奉献、博爱。妈祖形象中，又有着东方文化独特的亲和魅力，体现中国传统美学所提倡的"中和之美"。"和"是生命的一种属性，是生命的一种最纯最真的状态。正因为这样，所以妈祖信

---

① 习近平：《加快推进丝绸之路经济带和21世纪海上丝绸之路建设》，新华网。

仰与图像才有了在世界五大洲传播的原动力。

人们亲昵地用自己的方言称呼妈祖，无论"妈""祖""婆""母"，都是对母性的最亲热呼唤。人们用自己家乡、民族、国家最美的服饰来装饰妈祖像。无论何种装束，世界各地的妈祖图像永远是东方女性美与善的缩影。妈祖图像早已在人们敬仰的注视中，跳出地域与时空的限制，成为历史悠久而深入人心的文化，延续着信仰传统的古老魅力。而中华文化的传统与海洋信仰图像流动传播的特征，使妈祖图像具有流动传播的灵活性与广纳兼容的能力，迅速超越了海岛的限制及语言、民族、国家的限制，在世界舞台上，以其独有的东方魅力成为中华民族及东方文化的一个标志性符号。

人们努力用手中的画笔或刻刀去塑造他们心目中的女神妈祖，事实上，对妈祖图像的刻画阐释将永远是一个只有起点没有终点的过程。作为东方文明的一部分，妈祖图像将伴随着人类历史而不断延续着。而每一次的神像塑造都不自觉地融入了人们对妈祖形象的理解。妈祖宁静和睦的图像，涵映出东方文明的广大精微。妈祖不仅仅是中国炎黄子孙的，也是全人类的。在全球化的语境下，妈祖图像与世界信仰艺术的互融，无疑显示了一个极有开拓意义的研究课题，那就是，如何让妈祖图像作为民族符号的一部分，在世界宗教艺术的舞台上展示风采，这应该也是当代妈祖文化研究所需努力与建树的课题方向。

结论

妈祖图像是海峡两岸情系及中华民族宗教信仰艺术的重要组成部分。笔者在进行多年的田野调查中发现，海上丝绸之路沿线的各个国家和地区保存着大量不同时期的妈祖图像，而且图像形式颇为丰富。目前存在的图像实物最早的可追溯到宋代，而文物中以清代的图像最多。现代的妈祖图像形式也非常多样，这些图像系统地展示了妈祖形象变化和发展的历史轨迹。在妈祖图像的发展中，各地的妈祖图像又有一定的脉络关系：首先，各地的妈祖图像主要是受中国传统图像文化的影响；其次，在传统图像主体文化与各地区地域文化融合的过程中，又因地域文化的差异，表现出某些独特的内涵，而形成地域的图像个性特征；二者文化互相作用，从而形成闽台瑰丽多姿的妈祖图像艺术。

中国民间信徒们建构了妈祖图像"神圣空间"，展现了一个可以无限追慕的神奇境界。在这里，人们寄情于神像，借助与和蔼可亲的妈祖神像交心交谈，来向虚拟的"母性之神"诉说委屈，寻求解除精神苦闷的途径；匠师们借妈祖造像为人们提供温润的抚慰，重温童年时代积淀下来的对于母亲呵护、家乡生活、自然景观的亲切记忆，以及内心深处对于人生梦幻疑惑的解读；信徒借助不需规范的信仰仪式来舒展心灵，调节生活，积聚力量，寻求通往理想的途径；社会借助与妈祖造像的种种互动，创造一个独特的情与境，镶刻在人们永恒的记忆中，创建了民族的共有精神家园。妈祖图像体现了人们对本土思念情怀的"文化态度",是社会文化模式的显性物化。

妈祖图像是人们在妈祖信仰活动中所呈现出来的精神状态及情感流向的物化,反过来说,妈祖信仰民俗中的艺术因素所赋予妈祖图像的某种永久性的艺术魅力,也成了千百年间吸引人们顶礼膜拜的主要原因之一。

本文通过文献研究与图像分析相结合的方法,梳理了妈祖形象演变的历史。从宋初期的女巫形象到宋中期的红衣女神,从元代的护漕天妃到明代的女神之首,从清代的圣母天后到现代的世界和平女神,在漫长的历史发展中,各个时代人们根据自己的需要对妈祖形象做改进或重新诠释,为妈祖形象注入了新的内容。妈祖形象的变化可以窥察出中国传统造神的规律,包括造神的宽泛性,神界模拟人类等级社会、神的形象对社会的变通和适应等。而妈祖信仰的民间属性,也使妈祖造像深深打上民俗性的印迹。

从历史和民俗的视野,我们可以发觉历代妈祖造像受中国传统审美理念、民间造型观念等诸多方面因素的影响,逐渐形成了妈祖造像趋于规范的服饰、面色、姿态、执物等模式。各个时期妈祖身份不同,被赋予各种不同的服饰,并加上人们的想象而加工妆扮,旨在宣扬其身份尊贵,表达美好的祝愿,并有道德教化的意义。妈祖造型始终保持拘谨严肃的一面。各地"乌面妈""金面妈""红面妈""粉面妈"等妈祖多样的面色,是人们用民间带有道德审美的色彩来塑造和解读他们所崇敬的女神。但无论哪个面色,都没离根,都符合中华传统理念。为适应环境的变化与现实的需要,妈祖神职功能产生"增值"现象,所供奉的妈祖图像面貌特征也相应发生一些微妙的变化,追寻原因,是人们把妈祖当作现实生活中的真实强人来看待,把她当作人类的英雄,当作人类的卫士和人类的救星。

而妈祖圣迹图的图像则演绎了不同地方文化，反映了不同社会需求角度、不同绘画艺术观念中的多元妈祖形象。妈祖图像是真实存在的实体，必然会与环境和观看者、制作人及出资人等人群产生互动。从视觉观看来说，妈祖图像由于供奉形式与空间的不同，对图像所处周围环境的空间安排、装饰、光线及观看者的观看角度都提出具体的要求。高明的造像师利用观看者对图像的观看诉求，根据实际像设的位置，设计出与空间融为一体的图像。而多人的组合图像又利用向心式构图，引导观者将视线集中在对主要人物妈祖的图像观看上，突出了图像的信仰功用。圣迹叙事式图像以更复杂的画面和更丰富的内容，加深了人们对妈祖信仰的理解，也承载了不同区域的不同群体对妈祖形象的观看。霞浦松江妈祖圣迹挂图中塑造了在海上英勇作战的渔家女子妈祖，是疍族渔民文化对妈祖勇敢无私形象的倾慕与大胆歌颂。闽南漳浦地区的妈祖圣迹图中，妈祖被塑造成大家闺秀般的神女，佑护帮助林氏族人获取功名，寄托了林氏家族对振耀族风、子孙出人头地的殷切希望。莆仙地区圣迹图中，妈祖与蝴蝶精形象的双重交叠，寓托了莆仙百姓对妈祖忘我牺牲精神的肯定及对幸福美满生活的诠释观点。所以，妈祖图像体现了多元视点、多元文化、多元需求的交叉观看。

妈祖信仰是全球华人重要的民间文化纽带，妈祖图像清晰地体现了中华传统文化的审美观、人生观、宗教观、艺术观，是两岸同胞的共同财富。本书将妈祖图像置于闽台文化的大背景中进行考察，研究图像的形式规律、艺术手法、艺术风格、审美特征等，并挖掘隐在图像形式后面的精神内涵和文化意蕴。各地域的妈祖图像有着密切的渊源关系，形成了共同的图像理念、图像模式、图像审美等。这些都是中国传统文化的同一性使然。正因为这种传统文化的一脉相承，全球华人才更加亲密地走在一起，共同寻求妈祖图像传统美的传承与保护发展途径。

在现代生活中，妈祖图像继续用自己的形式来延续和阐释信仰精神。无论政治风云如何变幻，妈祖图像始终是人们心目中慈悲与大爱的象征，是任何势力也无法抹杀的精神旗帜。

粗略罗列阐释图像史并非本书的目的，细致入微地探讨图像语言的心理发展脉络也非本书所能企及。然而，笔者的秃笔，受到妈祖精神的感召而潜行于心理空间，感悟于妈祖图像艺术的独特价值层面，写出这本书，拙意认为还是有意义的。

参考文献

[1] 司马迁:《史记》,中华书局1959年版。
[2] 班固:《汉书》,中华书局1962年版。
[3] 李俊甫:《莆阳比事》,续修四库全书本,上海古籍出版社2002年版。
[4] 黄岩孙:《仙溪志》,续修四库全书本,上海古籍出版社2002年版。
[5] 朱彧:《萍洲可谈》,四库全书文渊阁本,上海古籍出版社1987年版。
[6] 梁克家纂:《三山志》,方志出版社2003年版。
[7] 洪迈:《夷坚志》,中华书局1997年版。
[8] 沈约:《宋书》,中华书局1974年版。
[9] 赵彦卫:《云麓漫钞》,中华书局1997年版。
[10] 脱脱等:《宋史》,中华书局1977年版。
[11]《宋元方志从刊》,中华书局1990年版。
[12] 黄仲昭:《八闽通志》,福建人民出版社1990年版。
[13]《三才图会》,上海古籍出版社1988年版。
[14] 吴还初:《天妃娘妈传》,明万历刊本,中华书局1990年版。
[15] 周瑛、黄仲昭:《重刊兴化府志》,清同治十年重刊本,福建人民出版社2007年版。
[16]《太上老君说天妃救苦灵验经》,明正统十年内府刻本,1445年。
[17]《三教搜神大全》,清宣统元年叶德辉校刊本,1909年。
[18] 叶溥等:《正德·福州府志》,海风出版社2001年版。
[19] 张廷玉等:《明史》,中华书局1974年版。
[20] 纪昀等撰:《四库全书总目》,中华书局1965年影印版。
[21] 徐松辑:《宋会要辑稿》,中华书局1957年版。
[22] 郝玉麟监修:《福建通志》,乾隆二年刻本,1737年。
[23] 廖必琦等:《兴化府莆田县志》,光绪五年补刻本,1879年。

［24］林清标：《天后圣母圣迹图志》，道光十二年（1832）上洋寿恩堂增补本。
［25］［德］黑格尔：《美学》，朱光潜译，商务印书馆1979年版。
［26］［英］E.H.贡布里希：《图像与眼睛——图画再现心理学的再研究》，范景中等译，浙江摄影出版社1988年版。
［27］［瑞士］H.沃尔夫林：《艺术风格学》，潘耀昌译，辽宁出版社1987年版。
［28］［德］莫里茨·盖格尔：《艺术的意味》，艾彦译，华夏出版社1999年版。
［29］［英］约翰·伯格：《观看之道》，戴行钺译，广西师范大学出版社2005年版。
［30］［美］鲁道夫·阿恩海姆：《中心的力量——视觉艺术构图研究》，张维波、周彦译，四川美术出版社1991年版。
［31］［英］E.H.贡布里希：《理想与偶像——价值在历史和艺术中的地位》，范景中等译，上海人民美术出版社1989年版。
［32］［美］列奥·施坦伯格：《另类准则》，沈语冰等译，江苏美术出版社2011年版。
［33］［美］巫鸿：《时空中的美术》，梅玫等译，生活·读书·新知三联书店2009年版。
［34］［美］巫鸿：《礼仪中的美术》，郑岩等译，生活·读书·新知三联书店2005年版。
［35］［美］欧文·潘诺夫斯基：《视觉艺术的含义》，傅志强译，辽宁人民出版社1987年版。
［36］［美］欧文·潘诺夫斯基：《图像学研究——文艺复兴时期艺术的人文主题》，戚印平、范景中译，上海三联书店2011年版。
［37］曹晖：《视觉形式的美学研究》，人民出版社2009年版。
［38］汪小洋、姚义斌：《美术考古与宗教美术》，上海大学出版社2008年版。
［39］李亦园：《文化的图像》，台湾允晨文化实业股份有限公司1992年版。
［40］丁宁：《图像的文化阐释》，中国人民大学出版社2005年版。
［41］葛兆光：《道教与中国文化》，上海人民出版社1987年版。
［42］葛兆光：《中国宗教与文学论集》，清华大学出版社1998年版。
［43］周博、孙欣、孙建君编著：《民间神像》，天津人民出版社2001年版。
［44］蒋维锬等辑纂：《妈祖文献史料汇编》第一辑，中国档案出版社2007年版。
［45］《世界妈祖庙大全》，国际炎黄文化出版社2005年版。
［46］《雪泥鸿爪》，马来西亚雪隆海南会馆天后宫2009年版。

[47]《新加坡民俗导览》，新加坡焦点出版有限公司2007年版。
[48]魏淑贞编:《台湾庙宇文化大系(二)天上圣母卷》，台湾自立晚报新文化出版社1994年版。
[49]郑振满、[美]丁荷生编纂:《福建宗教碑铭汇编》，福建人民出版社1995年版。
[50]李豫闽:《闽台民间艺术》，福建人民出版社2009年版。
[51]郑工:《文化的界限——福建民俗与福建美术研究》，海潮摄影出版社2002年版。
[52]颜娟英主编:《美术与考古》，中国大百科全书出版社2005年版。
[53]黄能馥、陈娟娟:《中国服饰史》，上海人民出版社2004年版。
[54]周锡保:《中国古代服饰史》，中国戏剧出版社1984年版。
[55]李淞:《论汉代艺术中的西王母图像》，湖南教育出版社2000年版。
[56]莆田县地方志编纂委员会编:《莆田县志》，中华书局1994年版。
[57]林晓东主编:《妈祖文化与华人华侨文集》，中国文史出版社2008年版。
[58]苏庆华、刘崇汉主编:《马来西亚天后宫大观》第2辑，马来西亚雪隆海南会馆(天后宫)妈祖文化研究中心2008年版。
[59]李献璋:《妈祖信仰的研究》，郑彭年译，澳门海事博物馆1995年版。
[60]汪毅夫:《闽台历史社会与民俗文化》，鹭江出版社2000年版。
[61]汪毅夫:《闽台社会与文化》，海峡文艺出版社1994年版。
[62]汪毅夫:《客家民间信仰》，福建人民出版社1995年版。
[63]乌丙安:《中国民间信仰》，上海人民出版社1995年版。
[64]《台湾常民文物展——信仰与生活》，台湾历史博物馆1998年版。
[65]《中国民间美术全集·神像篇》，台湾华一书局有限公司1993年版。
[66]《台闽地区第三级古迹档案图说》，1995年。
[67]林恩显:《民间技艺人才与民族艺术传承研究报告》，台湾政治大学1990年版。
[68]陈圣堂:《法鼓雷音妈祖情:2002台北县宗教艺术节》，"台湾台北县政府文化局"2002年版。
[69]洪敦光主编:《台湾先民宗教文物展览专辑》，台湾新竹县立文化中心1997年版。
[70]李亦兴:《鹿港天后宫彩绘》，台湾凌汉出版社1988年版。
[71]李奕兴:《府城·彩绘·陈玉峰》，台湾雄狮图书股份有限公司2002年版。
[72]刘文三:《台湾神像艺术》，台湾艺术家出版社1981年版。
[73]刘文三:《台湾宗教艺术》，台湾雄狮图书股份有限公司1976年版。

[74] 台湾省议会洪性荣研究小组寺庙整编委员会:《佛利道观总览·天上圣母专辑》,台湾桦林出版社1987年版。
[75] 曾吉连:《祀典台南大天后宫志》,台湾台南大天后宫管理委员会2000年版。
[76] 《妈祖信仰国际学术研讨会论文集》,台湾财团法人北港朝天宫董事会、台湾文献委员会1997年版。
[77] 《2007台中县妈祖国际学术研讨会论文集》,台湾台中县文化局2007年版。
[78] 蔡相辉:《北港朝天宫志》,财团法人北港朝天宫董事会1995年版。
[79] 黄美英:《千年妈祖——湄洲到台湾》,台湾陈永善人间出版社1988年版。
[80] 凡夫子:《妈祖》,台湾笙易出版社2001年版。
[81] 王见川、李世伟:《台湾妈祖庙阅览》,台湾博扬文化2000年版。
[82] 石万寿:《台湾的妈祖信仰》,台湾台原出版社2000年版。
[83] 林明峪:《妈祖传说》,台湾联亚出版社1980年版。
[84] 袁和平:《现代眼看妈祖》,台湾幼狮出版社1997年版。
[85] 林美容:《妈祖信仰与汉人社会》,黑龙江人民出版社2003年版。
[86] 刘枝万:《台湾民间信仰论集》,台湾联经出版社1983年版。
[87] 董芳苑:《台湾民间宗教信仰》,台湾长青文化事业股份有限公司1981年版。
[88] 李献璋:《妈祖信仰研究》,澳门海事博物馆1979年版。
[89] 澳门海事博物馆、澳门文化研究会合编:《妈祖信俗历史文化研讨会论文集》,1998年。
[90] 林国平:《文化台湾》,九州出版社2007年版。
[91] 林文豪主编:《海内外学人论妈祖》,中国社会科学出版社1992年版。
[92] 蒋维锬:《妈祖研究文集》,海风出版社2006年版。
[93] 《妈祖文化论文集》,香港凌天出版社2002年版。
[94] 《妈祖研究论文集》,鹭江出版社1989年版。
[95] 李露露:《妈祖神韵——从民女到海神》,学苑出版社2003年版。
[96] 马书田、马书侠:《全像妈祖》,江西美术出版社2006年版。
[97] 吴玉贤主编:《海神妈祖》,外文出版社2001年版。
[98] 上海云塔园天妃董事会编:《妈祖的故事》,2002年。
[99] 朱学浦:《珠还集》,莆田市政协文教卫体文史委,2005年。
[100] 中国人民政治协商会议莆田市委员会编:《履痕集·莆田市三届政协工作实录》,1998年。
[101] 罗春荣:《妈祖文化研究》,天津古籍出版社2006年版。

[102] 李露露:《妈祖信仰》,学苑出版社1994年版。
[103] 徐晓望:《闽澳妈祖庙调查》,澳门中华妈祖基金会2008年版。
[104] 徐晓望:《妈祖的子民——闽台海洋文化研究》,学林出版社1999年版。
[105] 蒋维锬等辑纂:《妈祖文献史料汇编》第二辑,中国档案出版社2009年版。
[106] 许在全主编:《妈祖研究》,厦门大学出版社1999年版。
[107] 《台湾文献汇刊》,厦门大学出版社2005年版。
[108] 林祖良编撰:《妈祖》,福建教育出版社1989年版。
[109] 《清代妈祖档案史料汇编》,中国档案出版社2003年版。
[110] 陈国强、林华章主编:《两岸学者论妈祖》第二集,香港闽南人出版有限公司1999年版。
[111] 黄国华:《妈祖文化》,福建人民出版社2003年版。
[112] 肖一平等主编:《妈祖研究资料汇编》,福建人民出版社1987年版。
[113] 陈国强主编:《妈祖信仰与祖庙》,福建教育出版社1990年版。
[114] 林国平:《闽台区域文化研究》,中国社会科学出版社2000年版。
[115] 《闽台民间艺术理论研究文集》,作家出版社2006年版。
[116] 陈国强、林瑶棋主编:《漳浦乌石天后宫》,漳浦县旧镇乌石旅游区管理委员会1996年版。

后　记

《妈祖图像审美文化研究》一书是在我 2012 年的博士学位论文《闽台妈祖图像研究》基础上修改而成的，并得到文化部文化艺术科学研究项目（15DH66）的资助。

本书的完成首先要感谢的是导师翁振新教授。无论是选题，还是框架结构、主题意义，都得到翁老师的悉心指导；还要感谢李豫闽教授，李老师开拓的研究目光及对民间信仰艺术的独到见解，使本书的撰写思路得以拓宽不少。

在论文资料收集期间，我得到诸多前辈的鼎力相助，中华妈祖文化协会朱合浦老师、周金琰老师、湄洲祖庙林金榜董事长等均提供了许多珍贵图片文字资料，支持我的论文撰写，让我非常感动。更让我感动的是，妈祖文化研究专家蒋维锬老师抱重病为我指导论文，并将妈祖圣迹图册等珍贵编辑手稿见赠。半年之后，蒋老师不幸仙逝。如今，摩挲着蒋老师手稿上端庄的字迹，如睹蒋老师慈颜，目光清澈依旧，感慨万千。

赴台考察收集资料期间，台湾艺术大学的张国治教授、成功大学的高灿荣教授，东海大学杨文景老师，以及鹿港乡土艺术基金会董事长李奕兴老师、张嘉镁学姐、苏翠芬学姐等提供了很多帮助，还赠给我很多妈祖文化研究资料。湄洲杜德伟先生、泉州一瓣香妈祖文化展览馆孙子璇女士等诸友也给了很多无私的帮助。在此一一致谢。

书中引用了林祖良、吴玉贤、杨永智等诸位专家的一些图片用于学术研究，因无法联系，在此一一表示感谢。若有版权问题，请联系我方。

　　本书的出版，文化艺术出版社杨斌社长、对外文化交流集团有限公司副总经理郑秀全先生给以极大的支持，责任编辑刘锐桢女士为本书勘校及订正谬错，花了很多心血，中国社会科学院古代史所研究员、中国国学研究与交流中心主任孙晓先生亲自为此书做序，在此致以特别感谢。

　　感谢我的家人的支持。我的父母，以古稀高龄坚持陪我在莆田山区沿海四处作田野调查，不辞辛苦；我的爱人，为熬夜的我端茶加衣；我的女儿，功课之余时陪在我的书桌旁；我的姐妹，积极帮忙收集资料、打印论文。他们的爱，是投射在漫长论文写作岁月中一股温暖的阳光，始终追随着我，给我希望与力量。谢谢！

王英暎
2021 年 8 月